甘肃省文化资源名录

（第三十六卷）

文化产业、传媒Ⅰ

新闻出版发行服务、广播电视电影服务、文化用品的生产、
文化产品生产的辅助生产

总 主 编：陈 青 王福生
副总主编：马廷旭
总 校 对：刘玉顺
本卷主编：段翠清

中国书籍出版社
China Book Press

图书在版编目（CIP）数据

甘肃省文化资源名录. 第三十六卷 / 陈青, 王福生总主编; 甘肃省社会
科学院编. — 北京 : 中国书籍出版社, 2018.1
　　ISBN 978-7-5068-6720-7

　　Ⅰ. ①甘… Ⅱ. ①陈… ②王… ③甘… Ⅲ. ①文化遗产—甘肃—名录
Ⅳ. ①K294.2-62

　　中国版本图书馆CIP数据核字（2018）第027830号

甘肃省文化资源名录　　第三十六卷

陈 青　王福生　　总主编

甘肃省社会科学院　　编

责任编辑　成晓春
责任印制　孙马飞　马 芝
封面设计　东方美迪
出版发行　中国书籍出版社
地　　址　北京市丰台区三路居路 97 号（邮编：100073）
电　　话　(010) 52257143（总编室）　　　　(010) 52257140（发行部）
电子邮箱　eo@chinabp.com.cn
经　　销　全国新华书店
印　　刷　三河市顺兴印务有限公司
开　　本　787毫米×1092毫米　　1/16
字　　数　430千字
印　　张　18.75
版　　次　2018 年 1 月第 1 版　　2018 年 1 月第 1 次印刷
书　　号　ISBN 978-7-5068-6720-7
定　　价　226.00元

/ 前 言 /

　　丝绸之路三千里，华夏文明八千年。甘肃是华夏文明的重要发祥地之一，是中华民族重要的文化资源宝库，是国务院认定的"华夏文明传承创新区"。为了保护和传承甘肃恢宏的历史与当代文化资源，使之能够汇总展示给世界，并永久流传，甘肃省从 2013 年 4 月启动了全省文化资源普查工作。在甘肃省文化资源普查和分类分级评估工作领导小组组织下，动员全省各市（州）县（区）、31 个厅局及省直单位的专业人员，数十位专家学者，历时两年，完成了普查和数据录入工作。对于全省文化资源普查成果，甘肃省社会科学院又经过两年时间整理完善、分类编辑、拾遗补阙、校对编排，现在终于有了《甘肃省文化资源名录》的付梓出版。

　　《甘肃省文化资源名录》集中展现了甘肃历史悠久、丰富多样的文化资源。甘肃历史文化遗存位列全国前茅，民族民俗文化特色鲜明，现代文化颇具实力。伏羲文化、大地湾文化、马家窑文化、齐家文化、寺洼文化、彩陶文化、周秦早期文化、长城文化、汉简文化、三国文化、五凉文化、敦煌文化、石窟文化、黄河文化等历史文化资源积淀深厚；道教文化、西夏文化、伊斯兰文化、藏传佛教文化等民族宗教文化资源星罗棋布；大革命文化、根据地文化、长征文化、抗日文化、解放区文化等红色文化资源耀眼夺目；工业文化、科技文化、歌舞文化、大众文化等现代文化资源特色鲜明。可以说，文化资源是历代生活在甘肃的华夏儿女留给这块大地的永不磨灭的最辉煌印记。

　　就甘肃省文化资源的精华而言，截至 2017 年初，全省馆藏可移动文物为 195.84 万件，各类不可移动文物 16895 处。有世界文化遗产 7 处，全国重点文物保护单位 131 处，省级文物保护单位 556 处，国家级非物质文化遗产代表性项目 68 项。有国家级历史文化名城 4 座，国家级历史文化名镇 7 座，中国历史文化名村 2 座，中国传统村落 36 个。莫高窟、嘉峪关、伏羲庙、麦积山、炳灵寺、阳关、玉门关、锁阳城、崆峒山、拉卜楞寺、中山桥……，都是甘肃文化的历史见证；敦煌汉简、悬泉汉简、铜奔马、牛肉面、剪纸、花儿、皮影、羊皮筏子、黄河水车……，都是甘肃永恒的文化名片；腊子口、哈达铺、会师楼、南梁……，都是甘肃代表性红色文化遗产；酒泉卫星发射中心、刘家峡水电站、玉门油田、《读者》《丝路花雨》《大梦敦煌》……，都是甘肃之所以为甘肃的鲜明标志；祁连山、雪山冰川、河西走廊、大漠戈壁、高原草原、天池梅园……，都是如意甘肃的生动写照。众多的历史、自然和现代文化资源犹如满天繁星，镶嵌在广袤的甘肃大地上熠熠生辉。

《甘肃省文化资源名录》汇总甘肃省文化资源的精华，完成了打造华夏文明传承创新区的基础工作。《名录》将文化资源分为二十大类，分别是：文物；红色文化；重要历史事件与人物；重要历史文献；民族语言文字；非物质文化遗产；自然景观文化；宗教文化；文学艺术；饮食文化；建筑文化；节庆、赛事文化；文化之乡；地名文化；文化传媒；社科研究；文化类高等教育；文化艺术机构团体；文化产业；文化人才。每类文化资源按属性又分若干子分类，每个子分类都有严格的界定。同时，将文化资源级别分为省级和市州级。省级文化资源是指国务院、国家有关部委、甘肃省政府和省直部门已经明确命名、认定、管理（或委托管理）的国家级和省级文化资源，以及甘肃省文化资源普查办公室评估认定并核定公布、报送备案的文化资源。市州级文化资源是指甘肃省各市州、县级政府及其管理部门已经明确命名、认定、管理的市县文化资源，以及甘肃省文化资源普查办公室评估认定并核定公布、报送备案的市县文化资源。甘肃省内世界级文化资源（遗产）纳入省级文化资源管理范围，暂未认定级别和不需认定级别的文化资源统一纳入市州级文化资源范围。

推出《甘肃省文化资源名录》，对于推进华夏文明传承创新区建设、甘肃文化大省建设、丝绸之路黄金段建设意义深远。《名录》不仅仅记录了甘肃文化资源的种类和数量，也使甘肃文化资源的资源类别、品相级别、蕴藏情况、流布地域、传承范围和衍变情况得以准确和清晰化。通过编辑出版《甘肃省文化资源名录》，形成一个科学完整的文化资源数据库、文化资源研究的学术平台、文化资源传承保护和开发利用的指南，有助于更好地挖掘那些具有世界影响、国家价值、显著特点、唯一仅存、开发潜力巨大的代表性文化资源，为文化资源的有效保护提供科学依据，为重点文化资源找到开发的机遇并重塑生长的价值，为文化产业项目的开发利用提供可靠的参考。所以，《名录》的推出，是甘肃省文化资源普查成果面向世界迈出的第一步，是文化实力助推甘肃转型发展的坚实步伐，它为甘肃省今后对文化资源进行保护传承、专题研究、数字展示、市场开发奠定了基础。

甘肃省社会科学院

2017 年 7 月

目 录

甘肃省文化资源名录

目
录

甘肃省文化资源名录

第三十六卷 文化产业、传媒 I

新闻出版发行服务

0001 甘肃文化出版社有限责任公司

注 册 地：兰州市城关区

主营业务：图书出版

主要产品：《中国敦煌学百年文库》、《中国西北文献丛书续编》、《西夏研究丛书》、《各民族共创中华》丛书、《甘肃大辞典》、《敦煌菩萨》（画册）、"墨香斋"藏书系列、《首席金座活佛》、《佛教的智慧》、《中国佛教图鉴》、《中华传统养生瑰宝》、《虚云大师说禅》、《国宝》等

简　　　介：甘肃文化出版社创建于1993年6月8日，社址位于丝绸之路历史文化名城兰州，是甘肃省新闻出版局主管主办的综合性国有出版单位。2009年12月，按照中央关于文化体制改革的要求，挂牌成立了甘肃文化出版社有限责任公司。出版范围包括：西北古籍整理和文化遗产类图书，工程技术、自然科学方面的论著，专业文集、社会科学方面的学术著作。建社以来，坚持"做西部文章，出文化精品"的办社宗旨，高度重视西部，特别是甘肃历史人文等方面得天独厚的出版资源，以精品出版和特色出版相结合，先后策划出版了《中国敦煌学百年文库》、《中国西北文献丛书续编》、《西夏研究丛书》、《各民族共创中华》丛书、《甘肃大辞典》、《敦煌菩萨》画册、"墨香斋"藏书系列、《甘肃史话》丛书、《中国发展之魂》丛书、《天·地·人生态丛书》《甘肃省志》系列、《回族典藏全书》等一大批高质量、高品位的精品之作，现已形成以地域历史文化特色图书和精品学术专著为主的出版格局。二十年风雨兼程，甘肃文化出版社经历了创建时期的艰难，也见证了"甘肃文化"出版品牌的辉煌。

0002 甘肃大地湾文化传播股份有限公司

注 册 地：兰州市城关区

主营业务：期刊编辑出版；设计、制作、代理、发布国内各类广告；商务信息咨询、企业管理咨询、投资管理咨询；旅游开发投资；会务服务、展览展示服务；企业形象策划、舞台艺术造型策划、市场营销策划

主要产品：《视野》杂志、《视野·管理通鉴》

从业人员数（人）：60

销售额（万元）：1558

资产总额（万元）：2995

简　　　介：甘肃大地湾为股份有限公司，现实际控制两个子公司，分别为兰大视野杂志社有限公司和甘肃赢在前沿企业咨询服务有限公司。

0003 甘肃神洲汉字文化有限公司

注 册 地：兰州市城关区

主营业务：图书资料印刷

主要产品：图书资料印刷品

从业人员数（人）：3

销售额（万元）：20

资产总额（万元）：50

0004　兰州凯丰音像

注　册　地：兰州市城关区

主营业务：音像制品销售

从业人员数（人）：1

销售额（万元）：2.5

资产总额（万元）：5

0005　兰州金色时空网络图书教育科技有限公司

注　册　地：兰州市城关区

主营业务：图书销售

从业人员数（人）：3

销售额（万元）：50

资产总额（万元）：10

0006　甘肃省标准化研究院发行站

注　册　地：兰州市城关区统办 2 号楼

主营业务：图书销售

从业人员数（人）：2

销售额（万元）：13

资产总额（万元）：7

简　　　介：甘肃省标准化研究院发行站主营业务为销售标准、计量类图书。

0007　兰州明浩典藏图书有限公司

注　册　地：兰州市城关区九州大道 27 号

主营业务：图书报刊销售

销售额（万元）：9

资产总额（万元）：50

资产总额（万元）：12.36

0008　兰州源启文化传播有限公司

注　册　地：兰州市城关区东路西路 271 号

主营业务：图书、报刊

从业人员数（人）：10

销售额（万元）：80

资产总额（万元）：10

0009　甘肃人民美术出版社有限责任公司

注　册　地：兰州市城关区南滨河东路 520 号

主营业务：美术摄影类图书、年画、挂历、各类宣传品等

0010　兰州润通出版发行部

注　册　地：兰州市城关区和政亲街 218 号

主营业务：图书、报刊、电子出版物

主要产品：《单开道岔结构与维修养护》

资产总额（万元）：15

0011　兰州兰大视野杂志社有限公司

注　册　地：兰州市城关区南闵北路

主营业务：期刊出版、发行、广告等

主要产品：《视野》

从业人员数（人）：20

销售额（万元）：560

资产总额（万元）：1049

简　　　介：兰大视野杂志社有限公司成立于2009 年 12 月 18 日，经营期刊出版、发行，设计和制作印刷品广告，利用自有《视野》杂志发布广告。《视野》杂志是由教育部直属重点高校兰州大学主管的综合性文摘类期刊，创刊十几年，赢得了读者及社会大众的肯定与信赖，成为兰州大学的"名片"之一，同时也成长为甘肃省继《读者》之后的第二大品牌期刊。2002 年《视野》杂志入选国家新闻出版总署组建的"中国期刊方阵"，被确定为经济效益、社会效益俱佳的"双效期

刊"。2005 年更是荣膺第三届国家期刊奖"百种重点社科期刊奖"。2010 年创办的《视野·管理通鉴》，是面向企业家、高级管理者及各大商学院的 MBA\EMBA\EDP 等人士的管理月刊。为应对出版业由传统出版向现代出版转型升级的趋势，建立真正意义上的市场主体，推动事业和产业发展，2012 年大视野杂志社进行改企转制组建了新的现代传媒公司。

0012 兰州广电报业有限责任公司

注 册 地：兰州市城关区庆阳路 92 号
主营业务：《兰州广播电视报》出版、发行；报纸广告设计、发布、代理、发布；相关媒体、文化产业相关服务产品的开发；文化产业投资；会展服务
主要产品：《呈川广播电视报》
从业人员数（人）：2
资产总额（万元）：300

0013 兰州都市生活杂志社有限公司

注 册 地：兰州市城关区玉泉西路
主营业务：杂志出版、设计、制作印刷品广告，发布广告
主要产品：《都市生活》杂志
从业人员数（人）：7
销售额（万元）：26
资产总额（万元）：100

0014 甘肃启明动漫制作有限责任公司

注 册 地：兰州市城关区酒泉路
主营业务：0-16 岁年龄段的婴幼儿图书的出版和印刷
主要产品：《三字经》、《故事大王》、《教宝宝看图讲故事》、《唐诗》、《寓言故事》、《幼儿彩色绘图》
从业人员数（人）：69

销售额（万元）：414
资产总额（万元）：938
简 介：甘肃启明动漫制作有限责任公司成立于 2008 年 6 月。公司位于兰州市城关区酒泉路 382 号，是一家集动漫制作、出版动漫类图书、少儿图书、全国各地图书发行，以及在全国范围内的图书零售等业务于一身的公司。

0015 兰州金科建图书发行有限公司

注 册 地：兰州市城关区庆阳路
主营业务：图书、报刊、文化用品的零售，电子出版物、计算机软件的批发、零售
从业人员数（人）：5
销售额（万元）：63
资产总额（万元）：40

0016 兰州华铁图书销售有限公司

注 册 地：兰州市安宁区第一建筑工程公司综合市场
主营业务：建筑工程等图书零售
主要产品：图书零售
从业人员数（人）：14
销售额（万元）：110
资产总额（万元）：110

0017 甘肃日报报业集团

注 册 地：兰州市城关区
主营业务：广告、发行、印刷信息
主要产品：《甘肃日报》《甘肃农民报》、《兰州晨报》、《少年文摘报》、《甘肃经济日报》等报纸
从业人员数（人）：828
销售额（万元）：13000
资产总额（万元）：50000
简 介：甘肃日报报业集团由《甘肃日报》及其所属的《甘肃农民报》、《兰州晨报》、

《少年文摘报》、《甘肃经济日报》等报纸媒体组成。

0018 甘肃日报报业集团有限责任公司印务分公司

注　册　地：兰州城关区白银路

主营业务：甘肃省内各类报刊杂志、书籍和画册海报

主要产品：《人民日报》、《参考消息》、《环球时报》、《光明日报》、《法制日报》、《中国青年报》、《工人日报》、《农民日报》、《体坛周报》、《中国电视报》等20余种中央报，还承印《甘肃日报》、《兰州晨报》、《甘肃经济日报》、《甘肃农民报》、《少年文摘报》、《读友报》、《定西日报》、《民族日报》、《张掖日报周末版》、《甘肃电视报》、《佛学文摘》、《老年博览》、《财富周刊》、《甘肃中医》、《唯物》、《奥迪时尚汇》

从业人员数（人）：260

销售额（万元）：10697

资产总额（万元）：12951

0019 甘肃西部商报传媒发展有限公司

注　册　地：兰州市城关区白银路123号

主营业务：报刊发行及投递零售；设计、制作、发布、代理国内种类广告；文化用品的批发、零售；信息咨询服务（不含中介）；文化艺术项目投资；报刊发行；日用品、计算机及辅助设备、电子产品的批发、零售；企业管理咨询；企业策划、设计

主要产品：《甘肃西部商报》

销售额（万元）：63531

资产总额（万元）：3113

0020 甘肃日报报业集团有限责任公司发行分公司

注　册　地：兰州市城关区白银路

主营业务：报刊发行代理、批发及零售；会展、论坛的举办及服务；再生资源回收；体育用品，工艺美术品、文化用品的批发、零售。（涉及行政许可或资质经营项目，凭有效许可证、资质证经营）

主要产品：省内各主要报纸的发行

0021 兰州辉东书刊有限公司

注　册　地：兰州市城关区雁滩路3604号

主营业务：图书、杂志零售

从业人员数（人）：5

销售额（万元）：14.8

资产总额（万元）：50

0022 飞天出版传媒集团有限公司

注　册　地：兰州市城关区曹家苍1号

主营业务：出版物经营及租赁、印刷业、物业

从业人员数（人）：5000

销售额（万元）：290000

资产总额（万元）：282000

简　　　介：2013年9月组建飞天出版传媒集团（简称"飞天传媒"），集团设总经理办公室、党群工作部、财务管理部、监察审计部等4个职能部门和甘肃新华书店飞天传媒股份有限公司、甘肃新华飞天印务有限公司、甘肃文化出版社有限责任公司、甘肃新华飞天文化集市商贸有限公司、甘肃省新华书店有限责任公司、甘肃新华飞天文化地产有限公司、甘肃新华飞天物业管理有限公司、甘肃新华飞天物流经营有限公司、甘肃新华飞天医药商贸有限公司、甘肃新华飞天印刷物资经营公司等10个子公司。集团总资产额达28.2亿元，净资产10.3亿元，职工5000多人，2013年生产经营收入达29亿元。

飞天出版传媒集团发展战略是：以打造资产总额和销售收入"双百亿"大型文化企业集团为总体目标，2013年实现资源、技术、人力、资产等生产要素的优化配置；2015年完成股份制改造任务，形成现代企业制度健全，法人治理结构完善，编印发一体化、集约化、规模化、专业化、多元化发展的总体格局，企业资产总额和销售收入分别达到50亿元。

0023 甘肃新华书店飞天股份文化传播有限公司

注 册 地：兰州市城关区

主营业务：文化产品、文体用品、数码产品经营；旅游文化产品开发营销；广告及租赁；幼儿教具；大中专院校、中小学科技馆设施（设备）、教学电子产品、教学仪器等产品；音像制品、图书；租型印刷业务、数字出版业务、印刷物资采购供应、出版物版权贸易。

主要产品：各类图书零售

从业人员数（人）：20

销售额（万元）：200

0024 甘肃省音像出版社有限责任公司

注 册 地：兰州市城关区东岗西路226号

主营业务：人文、科技、教育音像制品的出版发行

主要产品：《中国花儿》《人类文明之光——敦煌》和《裕固裕固》等音像出版项目

从业人员数（人）：24

销售额（万元）：320

资产总额（万元）：1353

简　　介：甘肃省音像出版社成立于1984年8月，是甘肃省成立最早、也是唯一的一家综合性音像出版社，现隶属于甘肃省广播电影电视总台（集团）。建社26年来，甘肃省音像出版社先后出版了1000多个种类的音像制品，发行总量达到1500余万盘（张），

形成了以甘肃地方戏剧、丝路文化、敦煌文化为特点的主导系列产品。其中，秦腔和花儿等产品已成为其拳头产品，《中国花儿》音像出版选题被列入国家"十一五"重点音像出版项目和国家出版基金资助项目，荣获第六届中国"金唱片"奖和第二届中华优秀出版物奖，这两项大奖在甘肃省都是首次获得。

0025 读者出版集团有限公司

注 册 地：兰州市城关区南湾间东路520号

主营业务：读者出版集团有限公司是于2006年1月在原甘肃人民出版社基础上改制组建的专业出版集团，每年出版图书及电子音像出版物1500种，出版《读者》、《读者·原创版》为代表的10种期刊

主要产品：《读者》（半月刊）、《读者》（乡土人文版）、《读者欣赏》、《读者》（原创版）、《读者》（繁体字版）、《读者》（盲文版）（与盲文出版社合作）、《读者》（维文版）（与新疆人民出版社合作）等系列杂志及《读者（精华本）》、《读者（合订本）》、《读者丛书》，以及多媒体光盘、明信片等相关文化产品

从业人员数（人）：330

销售额（万元）：50700

资产总额（万元）：91900

简　　介：读者出版集团有限公司是于2006年1月在原甘肃人民出版社基础上改制组建的专业出版集团，每年出版图书及电子音像出版物1500种，出版《读者》、《读者·原创版》为代表的10种期刊。为了顺应国家文化体制改革的要求，应对出版业由传统出版向现代出版转型升级的趋势，建立真正意义上的市场主体，推动事业和产业发展，2009年12月，经国家新闻出版总署、甘肃省委文化体制改革领导小组、甘肃省政府批

准，读者出版集团与中国化工集团公司、时代出版传媒股份有限公司、甘肃省国有资产投资集团有限公司、酒泉钢铁（集团）有限责任公司共同发起设立读者出版传媒股份有限公司，公司创立及第一次股东大会于 2009 年 12 月 24 日召开。股份公司的成立，标志着集团的体制机制改革迈出了关键的一步，市场化程度实现了质的突破，发展步入了新阶段。

0026 兰州万生玉书店

注 册 地：兰州市城关区火车路西路 722 号
主营业务：图书、音像制品的零售
主要产品：书刊、音像
从业人员数（人）：2
销售额（万元）：4
资产总额（万元）：4.6

0027 甘肃磐石图书发行有限公司

注 册 地：兰州市城关区盐场路 245 号
主营业务：图书、报刊网络发行、批发
资产总额（万元）：500

0028 《西部论丛》杂志社

注 册 地：兰州市城关区泰安路
主营业务：编辑出版《西部论丛》；利用《西部论丛》发布国内各类广告
主要产品：《西部论丛》
资产总额（万元）：32.4

0029 甘肃兰州天鸿书店

注 册 地：兰州市城关区小沟头 63 号
主营业务：图书、报刊销售
从业人员数（人）：2
销售额（万元）：10
资产总额（万元）：20

0030 兰州学乐教育科技有限责任公司

注 册 地：兰州市城关区成都路 365 号
主营业务：图书、报刊、电子出版物的批发；文化用品、日用百货的批发、零售；文化艺术交流活动策划（不含演出）；国内各类广告设计制作、代理发布、电脑图文设计；摄影服务、资料编辑、会务服务、企业形象策划
主要产品：新思维系列图书；学乐宝典系列图书；学乐贝贝系列图书
从业人员数（人）：20
销售额（万元）：3000
资产总额（万元）：300

0031 兰州卫生职业教育杂志社有限责任公司

注 册 地：兰州市城关区东岗西路 60 号
主营业务：卫生职业教育杂志出版、发行；利用《卫生职业教育》杂志发布国内期刊广告；承办分类广告业务、喷绘

0032 甘肃警院图书发行站

注 册 地：兰州市城关区大沙坪左家湾 55 号
主营业务：图书、报刊的零售
销售额（万元）：38.9
资产总额（万元）：66.3

0033 甘肃管道保护出版有限责任公司

注 册 地：兰州市城关区民主西路 39 号
主营业务：《管道保护》期刊的编辑、出版、印刷、发行；
资产总额（万元）：30

0034 甘肃夏林文化音像有限公司

注 册 地：兰州市城关区东郊巷 22 号
主营业务：文化艺术交流信息服务；书画装裱；文艺演出（凭许可证核定事项在有限公

期限内经营）；文体用品、办公用品、电子产品（不含卫星地面接收设施）、工艺美术品、演艺器材、音像制品（凭许可证核定事项在有效期限内经营）、镜框的批发、零售；代理、制作、发布国内各类广告；企业文化策划咨询（不含广告）；房屋信息咨询。（以上各项范围法律、法规及国务院决定禁止或限制的事项，不得经营；需取得其他部门审批的事项，待批准后方可经营）

主要产品：音像制品

从业人员数（人）：3

资产总额（万元）：100

简　　介：甘肃夏林文化音像有限公司成立于 2004 年 8 月 5 日，法定代表人为董虎。

0035 中国邮政集团公司甘肃省分公司

注 册 地：兰州市城关区酒泉路 2 号

主营业务：邮政基础（基本）业务；邮政增值业务；邮政附属业务；代理邮政储蓄业务；国家邮政局批准开办的其他邮政业务；国内（除港澳台）版图书、报刊、电子出版物主要产品：版图书、报刊、电子出版物

0036 甘肃每日传媒网络科技有限责任公司

注 册 地：兰州市城关区白银路 123 号

主营业务：计算机软件的开发销售；计算机网络工程；电脑平面设计、制作；互联网信息服务业务和短信息服务业务（凭互联网新闻信息服务许可证经营）

销售额（万元）：569.6

资产总额（万元）：144

0037 甘肃科学技术出版社有限责任公司

注 册 地：兰州市城关区南湾闵东路 520 号

主营业务：主要出版工业技术、农业技术、医药卫生类科普读物，应用技术读物和工具书；基础理论读物和科研著作，有关学科和

各类转业技术培训教材及参考书；科技挂图、历史、生活类科技读物，反映世界新技术观点、理论、成就的翻译图书；各新兴学科、边缘学科和交叉学科的科技读物、科普期刊。（凡涉及行政许可或资质经营项目，凭有效许可证、资质证经营）

主要产品：专业用书的零售

资产总额（万元）：700

0038 甘肃民族出版社有限责任公司

注 册 地：兰州市城关区南湾闵东路 520 号

主营业务：以藏文和汉文有计划地出版有利于民族团结和坚持四项基本原则，有利于提高少数民族的政治思想和科学文化水平，有利于发展生产和适合群众需要的各类图书；出版民族古籍和民族问题学术研究著作。（凡涉及行政许可或资质经营项目，凭有效许可证、资质证经营）

主要产品：《菩萨优婆塞戒经讲记》、《释量论》、《东莱博议》

0039 甘肃省人民政府研究室《发展》杂志社

注 册 地：兰州市城关区中央广场 1 号（省政府院内）

主营业务：国书、报刊、电子出版物、音像制品的经营

主要产品：《发展》

销售额（万元）：18.21

资产总额（万元）：10

0040 甘肃五凉古籍图书发行有限公司

注 册 地：兰州市城关区第一新村 81 号

主营业务：图书批发（凭许可证有效期经营）；古籍文献及资料编辑有偿服务；办公用品、工艺美术品的批发、零售。（以上经营范围国家法律法规禁止和限制的除外）

主要产品：古籍文献

资产总额（万元）：500

0041 甘肃苏商文化发展有限公司

注 册 地：兰州市城关区雁滩路 3188 号

主营业务：教学科教仪器设备、体育器材设备、幼教设备、检测设备、实验室设备、多媒体设备、通用设备、家具的销售；企业形象策划、赛事活动策划、公关活动策划、图书策划服务；发布、设计、制作、代理国内各类广告（国家限制的除外）；会议与会展服务；塑胶跑道设计及施工、室内外装饰设计及施工、园林绿化工程施工（均凭资质证）。（以上经营范围国家法律法规禁止和限制的除外）

主要产品：图书策划服务

销售额（万元）：56

资产总额（万元）：60

0042 甘肃省文化产业发展基金有限公司

注 册 地：兰州市城关区东岗西路 555 号

主营业务：新闻出版和发行、动漫游戏、广播影视、影视院线、文化艺术、文化科技、文化休闲、网络文化、文化旅游等文化产业项目及文化产业专项基金的投资。（凡涉及行政许可或资质经营项目，凭有效许可证、资质证经营）

主要产品：新闻出版和发行

0043 甘肃日报报业集团有限责任公司读友报社分公司

注 册 地：兰州市城关区武都路 365 号

主营业务：广告经营；为本公司省内报纸提供网站服务（不含互联网上网服务）；文化用品经营

主要产品：《读友报》

0044 甘肃农业出版传媒有限公司

注 册 地：兰州市城关区武都路 498 号

主营业务：《甘肃农业》《农业科技与信息》《甘肃畜牧兽医》出版、发行；广告发布。

主要产品：《甘肃农业》《农业科技与信息》《甘肃畜牧兽医》

0045 甘肃省新华书店有限责任公司

注 册 地：兰州市城关区曹家苍 1 号

主营业务：图书、报纸、期刊、电子出版品发行；场地、房屋租赁；文具用品、电子产品、印刷器材、纸张的批发、零售；出版物租赁、代印代发；资产管理及运营、受托资产管理；投资管理、投资顾问

主要产品：图书批发、零售

0046 甘肃教育出版社有限责任公司

注 册 地：兰州市城关区南滨河东路 520 号

主营业务：以教育类图书为主，直接服务于中等教育、职业教育、成人教育，以学生、教育工作者及自学者为服务对象，出版中学、大学教材、工具书、教学参考书、学生课外读物及教育理论、社科、文化等方面的著作。（凡涉及行政许可或资质经营项目，凭有效许可证、资质证经营）

主要产品：教育类图书

销售额（万元）：36613

资产总额（万元）：3225

0047 甘肃意林文化传媒有限公司

注 册 地：兰州市城关区雁宁路 372 号

主营业务：图书、报刊、电子出版物、租型、代印的经营（凭许可证有效期经营）；文化用品、纸张的批发、零售；应税咨询服务。（依法须经批准的项目，经相关部门批准后方可开展经营活动）

主要产品：《意林》

资产总额（万元）：1000

0048 甘肃学生双语报文化传媒有限公司

注　册　地：兰州市城关区嘉峪关南路 256 号

主营业务：报纸编辑出版、发行；会议会展组织策划及广告代理发布

主要产品：报纸编辑出版、发行

资产总额（万元）：302.7

0049 甘肃出版印刷有限责任公司

注　册　地：兰州市城关区东岗西路 316 号

主营业务：图书报刊、电子出版物、办公设备、家用电器（不含进口摄、录像机）、纸制品、文化用品的批发、零售，租型、代印

销售额（万元）：2809

资产总额（万元）：198.5

0050 甘肃泰晟文化传媒有限公司

注　册　地：兰州市城关区雁滩乡滩尖子 100 号

主营业务：图书、报刊的批发（凭许可证在有效期内经营）。一般经营项目：文化用品、办公用品、体育用品及器材、机械设备、教学设备、仪器仪表的销售；文化艺术交流策划、展览；文化宣传活动的策划、设计；图书宣传推广策划；电脑图文设计、平面广告设计（以上项目国家法律法规禁止及须取得专项许可的项目除外）

主要产品：图书、报刊

销售额（万元）：605.15

资产总额（万元）：1168.94

0051 甘肃建设报社

注　册　地：兰州市西潭东路 575 号

主营业务：甘肃建设报出版发行，并利用本报发布国内报纸广告，承办分类报纸广告业务。包装装潢印刷品及其他印刷品（限分支机构）

主要产品：《甘肃建设报》

从业人员数（人）：50

资产总额（万元）：50

0052 甘肃省出版总社

注　册　地：兰州市城关区庆阳路 230 号

主营业务：图书、报刊、声像制品出版、发行，租赁代印、印刷物资、美术装潢设计。

主要产品：《河州史话》、《小陇山林业志》、《中国工农红军西路军调查研究卷》

销售额（万元）：81.8

资产总额（万元）：36445

0053 甘肃今日文化传媒有限公司

注　册　地：兰州市城关区武都路 3 号

主营业务：网站建设及运营；互联网上网服务及业务经营；广告创意设计及制作发布；摄影服务；企业宣传片及图片拍摄制作；多媒体开发；画册、图书编辑；DM 报刊杂志设计、编辑、发行；户外媒体平面设计制作及发布；展览展示服务；企业形象策划及产品品牌推广；企业管理咨询；企业营销咨询；人力资源咨询；第三方评估；文化旅游项目管理；赛事及庆典活动策划实施；婚庆礼仪服务；民间民俗文化项目开发；文化艺术活动交流；影视节目代理发行

0054 人民法院出版社甘肃省发行站

注　册　地：兰州市城关区皋兰路 249 号

主营业务：图书、报刊的零售。

销售额（万元）：48

资产总额（万元）：95.44fn

0055 甘肃正诚招生服务有限公司

注　册　地：兰州市城关区皋兰路街道甘南路 478 号

主营业务：考试辅导服务；文化用品；普通

劳保用品的批发和零售；代理、制作、发布国内各类广告；图书、报刊的销售（凭有效出版物经营许可证经营）

主要产品：图书、报刊

销售额（万元）：1873

资产总额（万元）：265

0056 甘肃华章民族文化发展有限责任公司

注 册 地：兰州市城关区雁滩路 3884 号

主营业务：图书批发、零售、图书网络销售、办公用品、文化用品

资产总额（万元）：200

0057 兰州文利文化传播有限公司

注 册 地：兰州市城关区段家滩 149 号

主营业务：图书、报刊的销售

从业人员数（人）：2

销售额（万元）：50

资产总额（万元）：50

0058 甘肃省邮政公司

注 册 地：兰州市酒泉路 2 号

主营业务：邮政基础（基本）业务，邮政增值业务，邮政附属业务，邮政储蓄业务，国家邮政局批准开办的其他邮政业务，国内（除港澳台）版图书、报刊、电子出版物

销售额（万元）：7.8

资产总额（万元）：41.51

0059 新华网股份有限公司甘肃分公司

注 册 地：兰州市城关区东郊巷 15 号

主营业务：采集、传播、销售新闻信息产品；信息服务；信息开发与咨询；网站建设；网络采编；技术培训；计算机网络技术和产品的开发、转让、销售、服务；在"新华网"上开展互联网新闻宣传（均不含国家禁止经营的）

主要产品：《新华网》

0060 敦煌文艺出版社有限责任公司

注 册 地：兰州市城关区南滨河东路 520 号

主营业务：出版现当代各种文学艺术作品图书和敦煌类图书为主，兼及部分优秀古代文艺作品和外国文艺作品。（凡涉及行政许可或资质经营项目，凭有效许可证、资质证经营）

资产总额（万元）：3350

0061 甘肃现代妇女出版传媒有限公司

注 册 地：兰州市

主营业务：出版、发行《现代妇女》杂志，利用本杂志设计、制作、发布国内外广告。

主要产品：《现代妇女》

0062 兰州军科文化传播有限公司

注 册 地：兰州市七里河区

主营业务：会务会展服务

从业人员数（人）：2

销售额（万元）：24

资产总额（万元）：67

0063 甘肃新华影视新闻中心

注 册 地：兰州市七里河区

主营业务：影视新闻服务

从业人员数（人）：3

销售额（万元）：25

资产总额（万元）：17

0064 甘肃新华飞天印刷物资经营公司

注 册 地：兰州市七里河区硷沟沿 115 号

主营业务：各类印刷物资，安排部分图书、教材、杂志的印刷（不直接从事印刷生产）。代理、设计、制作、发布广告。纸张、印刷设备、材料进出口（不含国家禁限制项目）、

仓储服务，化工原料、煤炭经营

销售额（万元）：49.3

资产总额（万元）：1056

0065 甘肃中甘网传媒有限责任公司

注 册 地：兰州市城关区南滨河东路 522 号

主营业务：互联网登载新闻信息、提供时政类电子公告服务和向公众发送时政类通讯信息；计算机信息网络系统集成；计算机软、硬件及辅助设备开发、销售；电子产品（不含专项）、仪器仪表销售；各类广告的设计、制作、代理、在自办网站上开展广告发布业务（涉及行政许可或资质经营项目，凭有效许可证、资质证经营）

主要产品：《中国甘肃网》

销售额（万元）：80

资产总额（万元）：386.4

0066 甘肃日报报业集团有限责任公司甘肃经济日报分公司

注 册 地：兰州市城关区白银路 123 号

主营业务：报纸发行；代理、发布国内外广告；会展、论坛的举办及服务；文化活动、体育赛事的组织、策划和宣传；书籍的代理发行。（涉及行政许可或资质经营项目，凭有效许可证、资质证经营）

主要产品：《甘肃经济日报》

0067 甘肃教育出版传媒有限公司

注 册 地：甘肃省兰州市城关区雁宁路 399 号

主营业务：《甘肃教育》、《未来导报》、《学生天地》的编辑出版发行；广告制作、代理发布、图书营销（涉及行政许可或资质项目，凭有效许可证、资质证经营）

主要产品：《甘肃教育》、《未来导报》、《学生天地》

资产总额（万元）：310

0068 甘肃日报报业集团有限责任公司新旅游报分公司

注 册 地：兰州市城关区白银路 123 号

主营业务：报纸的出版、发行；承办国内报纸广告业务

主要产品：《新旅游报》

0069 甘肃人民美术出版社有限责任公司

注 册 地：兰州市城关区南滨河东路 520 号

主营业务：美术摄影类图书、年画、挂历、各类宣传品及图文并茂富有知识性、欣赏性的图书

主要产品：《敦煌艺术之最》、《跨越的甘肃》、《王维德书法集》、《姚文仓独字引言诗歌书法集》

0070 甘肃日报报业集团有限责任公司甘肃信息时空报分公司

注 册 地：兰州市城关区白银路 123 号

主营业务：报纸的出版、发行；发布国内报纸广告，承办分类报纸广告业务

主要产品：《甘肃信息时空报》

0071 甘肃地质矿产报社传媒有限责任公司

注 册 地：兰州市城关区红星巷 123 号地矿大厦 1406 室

主营业务：《甘肃地质矿产报》的编辑出版发行，企业宣传策划，利用本报纸设计、制作、发布各类广告

主要产品：《甘肃地质矿产报》

销售额（万元）：24.6

资产总额（万元）：51.7

0072 甘肃广电报业传媒有限责任公司

注 册 地：兰州市城关区张苏滩 541 号

主营业务：编辑、出版、发行《甘肃广播电

视报》及全省 14 个市州《地方周刊》并面向全省发行

主要产品:《甘肃广播电视报》、《地方周刊》

销售额（万元）: 854

资产总额（万元）: 2409

0073 甘肃日报报业集团有限责任公司甘肃农民报分公司

注 册 地: 兰州市城关区白银路 123 号

主营业务: 广告的设计、制作、发布；代理国内各类广告；网站服务（不含互联网上网服务）；会展、论坛的举办及服务；农机、农资产品销售；报纸的出版、发行

主要产品:《甘肃农民报》

从业人员数（人）: 18

销售额（万元）: 600

0074 甘肃人民出版社有限责任公司

注 册 地: 兰州市城关区南滨河东路 520 号

主营业务: 出版马列主义、毛泽东思想理论著作；以马克思主义为指导的政治、哲学、法律、经济、历史等著作。上述各门类辞书、工具书；当地党委、政府责成出版的宣传方针、政策的读物和时事宣传读物；党史、党建读物和通俗政治理论读物；青年思想教育读物及旅游读物；电子出版物出版。版权、图书出版发行的咨询服务

主要产品:《读者》、《飞碟探索》、《甘肃画报》、《故事作文月刊》、《妈妈画刊》

销售额（万元）: 1231

资产总额（万元）: 108.34

0075 甘肃飞天电子音像出版社有限责任公司

注 册 地: 兰州市城关区南滨河东路 520 号

主营业务: 文化、教育、科技方面的电子出版物和音像制品、光盘配套图书的制作、出版、发行，应用软件研制开发

主要产品:《读者》光盘

销售额（万元）: 75

资产总额（万元）: 66.8

0076 甘肃天人实业有限公司

注 册 地: 兰州市定西路 45 号 3 号楼

主营业务: 研制、开发、生产医药、电子新技术产品；引进、转让新技术项目、成果；合资开发、进出口联营农副土特产品、石油化工产品；五金交电、机电、有色金属、建材、粮油食品、服装、百货、图书、办公用品、开展各类贸易、咨询、培训、服务

销售额（万元）: 48

资产总额（万元）: 95.44

0077 甘肃省声像教材出版社有限责任公司

注 册 地: 兰州市城关区南滨河东路 571 号

主营业务: 立足本省出版普通教育、高等教育、职业技术教育、成人教育及社会教育方面的音像制品。经营图书、报刊、电子出版物及教辅音像制品；互联网音像出版物、互联网教育出版物。网络工程技术、网络资源服务；专业技术人才培训；文化用品、电子产品批发、零售

销售额（万元）: 9877

资产总额（万元）: 521.9

0078 兰州晨报传媒发展有限责任公司

注 册 地: 兰州市城关区白银路 123 号

主营业务: 文具用品、汽车及机械设备（不含小轿车）、计算机及辅助设备、工艺美术品、服装、纺织品、日用品、日用杂品、化妆品、卫生用品、体育用品、建筑材料、化工产品(国家限制经营的除外)、五金交电、电子产品、家用电器的批发、零售；房地产经纪、房屋

销售；文化、艺术项目投资；文艺演出策划；经济信息咨询；技术培训；广告业、设计、制作、发布、代理国内各类广告、报刊发行

主要产品：《兰州晨报》

销售额（万元）：7178.73

资产总额（万元）：4976.5

0079 甘肃飞天农村数字电影院线有限公司

注 册 地：兰州市城关区永昌路 360 号

主营业务：农村电影（数字、胶片）发行、放映；广告设计、制作、代理、发布；电影院改造、管理

0080 兰州广电报业有限责任公司

注 册 地：兰州市城关区庆阳路 92 号 2 号楼 3 层

主营业务：《兰州广播电视报》出版、发行；报纸广告设计、发布、代理、发布；相关媒体、文化产业相关服务产品的开发；文化产业投资；会展服务

主要产品：《兰州广播电视报》

0081 城关区鑫万书店

注 册 地：城关区民主西路 79 号

主营业务：图书、报刊零售

从业人员数（人）：1

销售额（万元）：3

资产总额（万元）：2

简 　 介：城关区鑫万书店成立于 2008 年，主要经营图书、报刊批发、零售等业务，现有员工 1 人。

0082 青云书店

注 册 地：兰州市城关区兰州大学校区

主营业务：图书零售

从业人员数（人）：2

销售额（万元）：2

资产总额（万元）：1

简 　 介：青云书店成立于 2006 年，主营图书零售业务，现从业人员 2 人，店址位于城关区兰州大学校区。

0083 兰州都市天地报业有限公司

注 册 地：兰州市城关区庆阳路 352 号世纪广场 C 座 24 楼

主营业务：主报出版、相关印刷、相关发行、广告，设计、制作、代理国内各类广告，文化、演艺庆典活动的策划、设计及咨询服务

主要产品：《兰州都市天地报》

资产总额（万元）：300

0084 甘肃夏林文化音像有限公司

注 册 地：兰州市城关区东郊巷 22 号

主营业务：音像制品制作、销售

从业人员数（人）：3

资产总额（万元）：106.5037

简 　 介：甘肃夏林文化音像有限公司成立于 2004 年 8 月 5 日，公司经营范围为文化艺术交流信息服务；书画装裱；文艺演出、秦腔演出；文体用品、电子产品、工艺美术品、演艺器材、本单位制作的音像制品、镜框制作批发、零售；代理、制作发布国内各类广告；企业文化策划咨询（不含广告）；房屋信息咨询服务。

0085 甘肃书之林教育图书有限公司

注 册 地：兰州市城关区南滨河东路

主营业务：音像制品、图书、报刊的零售、文化用品、计算机及耗材、教具、建筑教材、装饰材料

从业人员数（人）：3

销售额（万元）：20

资产总额（万元）：50

简　　介：音像制品、图书、报刊的零售、文化用品、计算机及耗材、教具、建筑教材、装饰材料。

0086　兰州中导报业经营有限公司

注　册　地：兰州市城关区雁南路 299 号兰州报业大厦

主营业务：主报的出版、印刷、发行、广告等相关业务，新闻研究、新闻培训、新闻业务交流

主要产品：《中学生导报》

从业人员数（人）：1

资产总额（万元）：50

0087　兰州新东方大愚图书音像有限公司

注　册　地：城关区中山路

主营业务：图书、音像、文化用品

从业人员数（人）：2

销售额（万元）：100

资产总额（万元）：30

0088　瑞云书屋

注　册　地：兰州市城关区

主营业务：图书、报刊

从业人员数（人）：1

销售额（万元）：1

资产总额（万元）：2

0089　甘肃新华影视新闻中心

注　册　地：兰州市七里河区硷沟沿 211 号

主营业务：影视新闻服务、文化艺术交流，科技信息咨询。

主要产品：《甘肃名特优》、《世纪回眸》

销售额（万元）：6575

资产总额（万元）：56.5

简　　介：甘肃新华影视新闻中心为事业单位，是一个部门完善、专业水平一流的多元化新闻宣传、影视制作、文化服务机构。下设有：影视新闻制作中心、文艺演出部、美术设计部、商务与广告策划部。作为专业影视制作机构，能独立完成大型电视纪录片、专题片、风光片、广告片等的创意、拍摄、制作。曾在甘肃电视台开办了大型系列专题栏目《甘肃名特优》、《世纪回眸》栏目；2014 年在甘肃电视台开办了板块式杂志类电视节目《我们甘肃》并在《我们甘肃》栏目中设置了大型系列纪录片"精准扶贫精准脱贫成果展播"；优秀电视纪录片、专题片在中央电视台《世纪回眸》、《纪录片之窗》、《新中国第一》、《地图上的故事》《见证·亲历》等栏目播出。2009 年至 2016 年策划、组织承办了"中国民族声乐敦煌奖"共五届。

0090　兰州市电影发行放映公司

注　册　地：兰州市七里河区西津东路 38 号

主营业务：电影发行，电影录像带发行

资产总额（万元）：119

0091　兰州科兴电力图书有限公司

注　册　地：兰州市七里河区

主营业务：图书销售

从业人员数（人）：3

销售额（万元）：48.2

资产总额（万元）：49.5

0092　甘肃新华书店集团图书大厦有限责任公司

注　册　地：兰州市七里河区

主营业务：图书报刊批发、零售

从业人员数（人）：73

销售额（万元）：600

资产总额（万元）：6260

0093 兰州人天图书有限公司

注 册 地：兰州市七里河区敦煌路 76 号

主营业务：图书销售

从业人员数（人）：2

销售额（万元）：57.8

资产总额（万元）：5.7

0094 甘肃新华书店兰州市有限公司

注 册 地：兰州市城关区通渭路 10 号

主营业务：图书 音像批发、零售

从业人员数（人）：70

销售额（万元）：50

资产总额（万元）：500

0095 文轩书店

注 册 地：兰州市西固区西固巷 54 号

主营业务：图书、音像、文化用品批发、零售

从业人员数（人）：3

销售额（万元）：10

0096 兰州万卷书店

注 册 地：兰州市西固区有机厂家属院 78 号

主营业务：少儿、教辅、文学类书籍销售

从业人员数（人）：5

销售额（万元）：40

资产总额（万元）：15

0097 甘肃求实书店

注 册 地：兰州市西固区玉门街 10 号

主营业务：图书销售

从业人员数（人）：3

销售额（万元）：15

资产总额（万元）：25

0098 兰州市西固区记者站

注 册 地：兰州市西固区

主营业务：新闻服务

从业人员数（人）：2

资产总额（万元）：78.6

0099 兰州日报社报刊亭

注 册 地：西固区

主营业务：图书报刊零售

从业人员数（人）：1

销售额（万元）：2

资产总额（万元）：2

0100 兰州市邮政图书报刊销售总公司西固报刊批销部

注 册 地：兰州市西固区

主营业务：报刊发行业务

主要产品：《兰州晚报》、《兰州晨报》、《兰州日报》等地方报纸

从业人员数（人）：50

销售额（万元）：500

资产总额（万元）：1000

0101 兰州日报兰州晚报发行中心西固发行站

注 册 地：兰州市西固区西固中街 123 号

主营业务：图书报刊发行

从业人员数（人）：25

销售额（万元）：30

资产总额（万元）：80

0102 知音书店

注 册 地：兰州市西固区

主营业务：图书销售

从业人员数（人）：1

销售额（万元）：2

资产总额（万元）：3

0103 枫叶音像店

注 册 地：兰州市西固区

主营业务：音像销售

从业人员数（人）：1

销售额（万元）：1

资产总额（万元）：2

0104 大河音像

注 册 地：兰州市西固区

主营业务：音像销售

从业人员数（人）：1

销售额（万元）：1

资产总额（万元）：3

0105 知新图书超市

注 册 地：兰州市西固区

主营业务：图书销售

从业人员数（人）：1

销售额（万元）：5

资产总额（万元）：10

0106 新华图书书店

注 册 地：兰州市西固区

主营业务：图书销售

从业人员数（人）：1

销售额（万元）：3

资产总额（万元）：3

0107 新安路益友书店

注 册 地：兰州市西固区东川镇

主营业务：图书销售

从业人员数（人）：2

销售额（万元）：10

资产总额（万元）：25

0108 百读书店

注 册 地：兰州市西固区

主营业务：图书销售

从业人员数（人）：1

销售额（万元）：1

资产总额（万元）：3

0109 柴玉环书摊

注 册 地：兰州市西固区

主营业务：图书销售

从业人员数（人）：1

销售额（万元）：1

资产总额（万元）：1

0110 甘肃卓力源图书

注 册 地：兰州市西固区庄浪路 494 号

主营业务：图书销售

销售额（万元）：4

资产总额（万元）：6

0111 三友书店

注 册 地：兰州市西固区福利东路西固区人民医院西侧

主营业务：图书零售

主要产品：各类文化用书、考试教材等

从业人员数（人）：3

销售额（万元）：15

资产总额（万元）：35

0112 祥来阁书店

注 册 地：兰州市西固区

主营业务：图书零售

从业人员数（人）：2

销售额（万元）：2

资产总额（万元）：5

0113 西部书局

注 册 地：兰州市西固区西部市场 4 区 54 号

主营业务：图书零售

从业人员数（人）：1

销售额（万元）：4

资产总额（万元）：4

0114 博悦书店

注 册 地：兰州市西固区福利西路

主营业务：书店零售

主要产品：图书、音像、文化用品批发、零售业务等

从业人员数（人）：4

销售额（万元）：15

资产总额（万元）：35

0115 海洋书店

注 册 地：兰州市西固区福利西路

主营业务：图书销售

主要产品：图书发行、杂志刊物等

从业人员数（人）：3

销售额（万元）：10

资产总额（万元）：25

0116 读来读去书店

注 册 地：兰州市西固区福利西路 558 号

主营业务：图书零售

主要产品：各类文化用书、少儿图书、文具用品等

从业人员数（人）：4

销售额（万元）：10

资产总额（万元）：15

0117 恒益书店

注 册 地：兰州市西固区庄浪东路

主营业务：图书零售

主要产品：各类文化用书、少儿图书、学习教材等

从业人员数（人）：4

销售额（万元）：10

资产总额（万元）：15

0118 有间书店

注 册 地：兰州市西固区

主营业务：图书零售

从业人员数（人）：1

销售额（万元）：1

资产总额（万元）：2

0119 考试书店

注 册 地：兰州市西固区玉门街

主营业务：图书零售

主要产品：教考书籍、文化用品、杂志刊物等

从业人员数（人）：3

销售额（万元）：10

资产总额（万元）：25

0120 西固区恒博文体

注 册 地：兰州市西固区福利西路 40 号

主营业务：图书零售

从业人员数（人）：1

销售额（万元）：2

资产总额（万元）：3

0121 兰州石化职业技术学院印刷厂

注 册 地：兰州市西固区山丹街 1 号

主营业务：教材图书、期刊杂志、年鉴志书、画册、产品包装等综合业务，出版物印刷

从业人员数（人）：20

销售额（万元）：70

资产总额（万元）：150

0122 兰州市音像发行总公司西固分站

注 册 地：兰州市西固区庄西路 36 号

主营业务：音像制品发行

从业人员数（人）：6

销售额（万元）：25

资产总额（万元）：60

0123 甘肃卓利源图书发行有限公司教考一分店

注 册 地：兰州市西固区庄浪西路 494 号

主营业务：图书发行等

从业人员数（人）：8

销售额（万元）：20

资产总额（万元）：50

0124 文霞报刊

注 册 地：兰州市西固区

主营业务：图书零售

销售额（万元）：1

资产总额（万元）：1

0125 兰州市西固区祥来阁书店

注 册 地：兰州市西固区西固公园十字东北角

主营业务：图书零售

主要产品：各类书籍、少儿、文化用品等

从业人员数（人）：4

销售额（万元）：10

资产总额（万元）：15

0126 石化书店

注 册 地：兰州市西固区

主营业务：图书零售

从业人员数（人）：5

销售额（万元）：15

资产总额（万元）：30

0127 读来读去书店

注 册 地：兰州市西固区

主营业务：图书零售

从业人员数（人）：1

销售额（万元）：2

资产总额（万元）：4

0128 甘肃新华书店飞天传媒股份有限公司兰州市西固区分公司

注 册 地：兰州市西固区

主营业务：图书零售

从业人员数（人）：10

销售额（万元）：30

资产总额（万元）：30

0129 西固博世书店

注 册 地：兰州市西固区

主营业务：图书零售

销售额（万元）：5

资产总额（万元）：5

0130 兰州市西固区新闻中心

注 册 地：兰州市西固区

主营业务：新闻服务

从业人员数（人）：4

资产总额（万元）：70.5

0131 兰州宇翔书店

注 册 地：兰州市西固区合水路

主营业务：文化用品销售

主要产品：教辅、社科类书籍、文具

从业人员数（人）：5

销售额（万元）：10

资产总额（万元）：20

0132 图文书店

注 册 地：兰州市西固区福利路

主营业务：图书销售

主要产品：各类书籍发行、杂志刊物、文化用品等

从业人员数（人）：4

销售额（万元）：20

资产总额（万元）：35

0133 博文精品书店

注　册　地：兰州市西固区
主营业务：图书零售
从业人员数（人）：1
销售额（万元）：2
资产总额（万元）：3

0134 恒益书店

注　册　地：兰州市西固区庄浪东路
主营业务：图书销售
主要产品：少儿图书、教学用书、报刊杂志等
从业人员数（人）：3
销售额（万元）：15
资产总额（万元）：30

0135 木王星书海

注　册　地：兰州市西固区福利西路 436 号
主营业务：各类书籍销售
主要产品：图书发行、杂志刊物等
从业人员数（人）：4
销售额（万元）：10
资产总额（万元）：25

0136 百社学生书店

注　册　地：兰州市西固区
主营业务：图书零售
从业人员数（人）：1
销售额（万元）：2
资产总额（万元）：3

0137 远博书屋

注　册　地：兰州市西固区福利西路 432 号
主营业务：图书零售
主要产品：图书发行、杂志刊物等
从业人员数（人）：3
销售额（万元）：10
资产总额（万元）：25

0138 博士书店

注　册　地：兰州市西固区西固东路 160 号
主营业务：图书零售
主要产品：各类文化用书、少儿图书、学习教材等
从业人员数（人）：4
销售额（万元）：10
资产总额（万元）：20

0139 西固区二合一音乐

注　册　地：兰州市西固区
主营业务：音像产品销售
从业人员数（人）：1
销售额（万元）：3
资产总额（万元）：5

0140 文瀚书店

注　册　地：兰州市西固区福利西路
主营业务：图书零售
主要产品：各类书籍、文化用品等
从业人员数（人）：4
销售额（万元）：20
资产总额（万元）：35

0141 兰州石化建设科技书店

注　册　地：兰州市西固区
主营业务：图书零售
从业人员数（人）：1
销售额（万元）：3
资产总额（万元）：5

0142 科文精品图书

注　册　地：兰州市西固区
主营业务：报刊图书销售
从业人员数（人）：1
销售额（万元）：3
资产总额（万元）：4

0143 西固区新华书店

注 册 地：兰州市西固区

主营业务：图书销售

主要产品：各类图书

从业人员数（人）：50

销售额（万元）：300

资产总额（万元）：500

简　　介：该店成立于1956年，位于兰州工业重镇西固区北街，现有职工50多人，营业面积1400平方米，图书40000余种。下设多种经营部、图书超市、读者俱乐部，是西固区唯一的国有图书发行企业。西固新华书店营业部共有四层：一楼经营音像、文体、办公用品、电脑软件、耗材、配件；二楼图书超市经营社会科学、文学艺术、科学技术、青少年读物、计算机、外语类图书；三楼图书超市经营中小学生辅导类图书；四楼读者俱乐部集图书报刊、音像制品供读者俱乐部会员借阅摘抄，不定时举办各种文化活动，同时还备有部分特价图书以满足读者需要。整个大楼集读书、买书为一体，洋溢着浓厚的文化氛围。

0144 百社学生书店

注 册 地：兰州市西固区福利东路174号

主营业务：书店零售

主要产品：图书发行、文化用品、学生用书教材等

从业人员数（人）：3

销售额（万元）：10

资产总额（万元）：20

0145 欣欣书店

注 册 地：兰州市西固区

主营业务：图书零售

从业人员数（人）：1

销售额（万元）：2

资产总额（万元）：2

0146 甘肃丝绸之路杂志出版传媒有限公司

注 册 地：兰州市安宁区

主营业务：出版杂志

主要产品：《丝绸之路》

从业人员数（人）：13

销售额（万元）：28

资产总额（万元）：52

0147 兰州书立方文化传播有限公司

注 册 地：甘肃省兰州市安宁区银安路204号

主营业务：出版物、音像制品

从业人员数（人）：30

销售额（万元）：150

资产总额（万元）：1000

0148 兰州电化教育研究杂志社出版传媒有限责任公司

注 册 地：兰州市安宁区

主营业务：期刊出版

从业人员数（人）：12

销售额（万元）：36

资产总额（万元）：100

0149 安宁文源书店

注 册 地：兰州市安宁区

主营业务：图书零售

从业人员数（人）：1

销售额（万元）：3

资产总额（万元）：10

0150 新世纪图书有限公司

注 册 地：兰州市安宁区

主营业务：图书零售

从业人员数（人）：3

销售额（万元）：5

资产总额（万元）：20

0151 兰州博音乐器有限公司

注　册　地：兰州市安宁区

主营业务：乐器销售

从业人员数（人）：3

销售额（万元）：52.1

资产总额（万元）：112.9

0152 学知书店

注　册　地：兰州市安宁区

主营业务：图书零售

从业人员数（人）：1

销售额（万元）：2

资产总额（万元）：5

0153 安宁子烨书店

注　册　地：兰州市安宁区

主营业务：图书零售

从业人员数（人）：2

销售额（万元）：3

资产总额（万元）：8

0154 甘肃学生城商贸有限公司

注　册　地：兰州市安宁区

主营业务：音像制品零售

从业人员数（人）：2

销售额（万元）：2.5

资产总额（万元）：11

0155 培黎书店

注　册　地：兰州市安宁区

主营业务：图书零售

从业人员数（人）：3

销售额（万元）：6

资产总额（万元）：18

0156 兰州天浩源图书有限公司

注　册　地：兰州市安宁区

主营业务：图书批发

从业人员数（人）：6

销售额（万元）：30

资产总额（万元）：80

0157 安宁陈火新旧书店

注　册　地：兰州市安宁区

主营业务：图书零售

从业人员数（人）：1

销售额（万元）：3

资产总额（万元）：8

0158 一粟轩前卫音乐

注　册　地：兰州市安宁区

主营业务：音像制品零售

从业人员数（人）：2

销售额（万元）：2

资产总额（万元）：10

0159 文海书报摊

注　册　地：兰州市安宁区

主营业务：图书零售

从业人员数（人）：1

销售额（万元）：1

资产总额（万元）：5

0160 兰州书立方文化传播有限公司

注　册　地：兰州市安宁区

主营业务：图书零售、批发

从业人员数（人）：35

销售额（万元）：525

0161 山鹰音像店

注　册　地：兰州市安宁区

主营业务：音像制品零售

从业人员数（人）：2
销售额（万元）：3
资产总额（万元）：11

0162 三毛旧书店

注 册 地：兰州市安宁区
主营业务：图书零售
从业人员数（人）：1
销售额（万元）：2
资产总额（万元）：5

0163 中庸书店

注 册 地：兰州市安宁区
主营业务：图书零售
从业人员数（人）：2
销售额（万元）：2
资产总额（万元）：5

0164 甘肃国图文化发展有限公司

注 册 地：兰州市安宁区
主营业务：图书批发、零售
从业人员数（人）：3
销售额（万元）：94
资产总额（万元）：400

0165 安宁汇文居书店

注 册 地：兰州市安宁区
主营业务：图书零售
从业人员数（人）：1
销售额（万元）：3
资产总额（万元）：6

0166 安宁育才书店

注 册 地：兰州市安宁区
主营业务：图书零售
从业人员数（人）：3
销售额（万元）：4

资产总额（万元）：10

0167 学源书社

注 册 地：兰州市安宁区
主营业务：图书零售
从业人员数（人）：1
销售额（万元）：2
资产总额（万元）：10

0168 兰州博海图书有限公司

注 册 地：兰州市安宁区
主营业务：图书零售
从业人员数（人）：2
销售额（万元）：5
资产总额（万元）：20

0169 兰州敬业有限公司敬业书店

注 册 地：兰州市安宁区
主营业务：图书零售
从业人员数（人）：3
销售额（万元）：3
资产总额（万元）：10

0170 文宇旧书店（一分店）

注 册 地：兰州市安宁区
主营业务：图书零售
从业人员数（人）：3
销售额（万元）：8
资产总额（万元）：20

0171 安宁尚书学书店

注 册 地：兰州市安宁区
主营业务：图书零售
从业人员数（人）：1
销售额（万元）：3
资产总额（万元）：10

0172 金华音像店

注 册 地：兰州市安宁区
主营业务：音像制品零售
从业人员数（人）：1
销售额（万元）：3
资产总额（万元）：11

0173 安宁述古书店

注 册 地：兰州市安宁区
主营业务：图书零售
从业人员数（人）：1
销售额（万元）：2
资产总额（万元）：7

0174 安宁风栖捂书店

注 册 地：兰州市安宁区
主营业务：图书零售
从业人员数（人）：1
销售额（万元）：1
资产总额（万元）：5

0175 文化书摊

注 册 地：兰州市安宁区
主营业务：图书零售
从业人员数（人）：3
销售额（万元）：8
资产总额（万元）：20

0176 长风自选书店

注 册 地：兰州市安宁区
主营业务：图书零售
从业人员数（人）：2
销售额（万元）：8
资产总额（万元）：19

0177 影剧书亭

注 册 地：兰州市安宁区
主营业务：图书零售
从业人员数（人）：2
销售额（万元）：6
资产总额（万元）：13

0178 市场音像部

注 册 地：兰州市安宁区
主营业务：音像制品零售
从业人员数（人）：3
销售额（万元）：2
资产总额（万元）：9

0179 安宁文睿书店

注 册 地：兰州市安宁区
主营业务：图书零售
从业人员数（人）：1
销售额（万元）：3
资产总额（万元）：10

0180 学友书店

注 册 地：兰州市安宁区
主营业务：图书零售
从业人员数（人）：2
销售额（万元）：6
资产总额（万元）：25

0181 碧海蓝天书屋

注 册 地：兰州市安宁区
主营业务：图书零售
从业人员数（人）：1
销售额（万元）：3
资产总额（万元）：10

0182 新锐书店

注 册 地：兰州市安宁区
主营业务：图书零售
从业人员数（人）：1

销售额（万元）：3

资产总额（万元）：5

0183 建峰书店

注　册　地：兰州市安宁区

主营业务：图书零售

从业人员数（人）：2

销售额（万元）：4

资产总额（万元）：9

0184 世纪精英考研书店

注　册　地：兰州市安宁区

主营业务：图书零售

从业人员数（人）：1

销售额（万元）：2

资产总额（万元）：5

0185 兰州耀华图书有限公司

注　册　地：兰州市安宁区

主营业务：图书零售

从业人员数（人）：3

销售额（万元）：8

资产总额（万元）：20

0186 枫桥书社

注　册　地：兰州市安宁区

主营业务：图书零售

从业人员数（人）：2

销售额（万元）：15

资产总额（万元）：25

0187 兰州华铁图书销售有限公司

注　册　地：兰州市安宁区

主营业务：图书零售、批发。

从业人员数（人）：8

销售额（万元）：49.8

资产总额（万元）：39.8

0188 安宁天海鑫音像店

注　册　地：兰州市安宁区

主营业务：音像制品零售

从业人员数（人）：3

销售额（万元）：3.5

资产总额（万元）：12

0189 兰州耀华图书有限公司书店

注　册　地：兰州市安宁区

主营业务：图书零售

从业人员数（人）：6

销售额（万元）：25

资产总额（万元）：120

0190 兰州高教图书有限公司

注　册　地：兰州市安宁区

主营业务：图书零售

从业人员数（人）：2

销售额（万元）：4

资产总额（万元）：10

0191 天天书店

注　册　地：兰州市安宁区

主营业务：图书零售

从业人员数（人）：2

销售额（万元）：8

资产总额（万元）：23

0192 学生书店

注　册　地：兰州市安宁区

主营业务：图书零售

从业人员数（人）：2

销售额（万元）：2

资产总额（万元）：5

0193 兰州学苑教育图书超市

注　册　地：兰州市安宁区

主营业务：图书零售

从业人员数（人）：1

销售额（万元）：4

资产总额（万元）：10

0194 博乐书屋

注 册 地：兰州市安宁区

主营业务：图书零售

从业人员数（人）：3

销售额（万元）：5

资产总额（万元）：15

0195 兰州安宁科技教育书店

注 册 地：兰州市安宁区

主营业务：图书零售

从业人员数（人）：5

销售额（万元）：15

资产总额（万元）：150

0196 百合书店二部

注 册 地：兰州市安宁区

主营业务：图书零售

从业人员数（人）：1

销售额（万元）：2

资产总额（万元）：6

0197 三才学生专用书店

注 册 地：兰州市安宁区

主营业务：图书零售

从业人员数（人）：1

销售额（万元）：4

资产总额（万元）：10

0198 欣语书屋

注 册 地：兰州市安宁区

主营业务：图书零售

从业人员数（人）：1

销售额（万元）：2

资产总额（万元）：5

0199 一角书屋安宁连锁店

注 册 地：兰州市安宁区

主营业务：图书零售

从业人员数（人）：1

销售额（万元）：2

资产总额（万元）：6

0200 立杰书店

注 册 地：兰州市安宁区

主营业务：图书零售

从业人员数（人）：2

销售额（万元）：2

资产总额（万元）：5

0201 三才书店

注 册 地：安宁区

主营业务：图书零售

从业人员数（人）：2

销售额（万元）：9

资产总额（万元）：20

0202 兰州学府教育图书有限责任公司

注 册 地：兰州市安宁区

主营业务：图书零售、批发

从业人员数（人）：2

销售额（万元）：260

资产总额（万元）：21.1

0203 贵梅益学书店

注 册 地：兰州市安宁区

主营业务：图书零售

从业人员数（人）：2

销售额（万元）：5

资产总额（万元）：10

0204 石化建设科技书店

注 册 地：兰州市西固区福利西路 473 号

主营业务：图书零售

从业人员数（人）：6

销售额（万元）：20

资产总额（万元）：25

0205 甘肃卓利源图书发行有限公司教考一分店

注 册 地：兰州市西固区

主营业务：图书报刊零售

从业人员数（人）：3

销售额（万元）：16

资产总额（万元）：40

0206 榆中博华书店

注 册 地：兰州市榆中县

主营业务：图书报刊

从业人员数（人）：1

销售额（万元）：2

资产总额（万元）：2

简　　介：博华书店位于甘肃省兰州市榆中县栖云南路第九中学旁边，创立于 2010 年 2 月，属于个体经营，经营者薛海燕。经营范围：中小学辅导书、工具书、课外读物、作文书、百科全书等，经营总面积在 23 平方米。

0207 榆中雅仕娱乐音像店

注 册 地：兰州市榆中县

主营业务：音像制品零售、出租

主要产品：影碟、光盘

从业人员数（人）：1

销售额（万元）：2

资产总额（万元）：10

简　　介：雅仕娱乐音像店，该店成立于 2006 年 8 月份，店址位于榆中县政府路 9 号（现改为榆中县大成路 21—1 号）。经营面积约 50 平方米。该店共计投入资金十万元，主要经营影碟的出租及零售业务。音像店经营人员 1 名，王亚梅负责该店的经营。

0208 榆中状元书屋

注 册 地：兰州市榆中县

主营业务：图书批发

从业人员数（人）：1

销售额（万元）：4

资产总额（万元）：1

简　　介：榆中状元书屋位于榆中县城关镇兴隆路 270—9 号，现经营面积 40 平方米，与榆中一中相邻。主要经营初中、高中教辅书以及文化用品，同时还出售各类杂志、小说以及一些工具书。

0209 榆中新雅书斋

注 册 地：兰州市榆中县

主营业务：图书报刊零售

从业人员数（人）：1

销售额（万元）：2

资产总额（万元）：1

简　　介：新雅书斋位于榆中县大成路 144 号，创店于 2004 年 6 月。在十年的悉心经营下，对周边学校以及居民的阅读习惯形成了良性的影响。书店现在主营社科类图书和期刊杂志、报纸，内容上涵盖文学、历史、技术、初高中教学辅导与课外知识扩展等。

0210 榆中永恒影碟部

注 册 地：兰州市榆中县

主营业务：音像制品出租零售

主要产品：音像制品

从业人员数（人）：1

销售额（万元）：2

资产总额（万元）：1

简　　介：榆中永恒影碟部位于太白西路 39

号，自 1907 年 1 月开业至今，一直从事音像制品行业，经营音像制品有 CD、DVD、幼教戏曲百科。

0211 榆中荣运书店

注 册 地：兰州市榆中县
主营业务：图书、报刊零售
从业人员数（人）：1
销售额（万元）：5
资产总额（万元）：2
简　　介：榆中荣运书店创立于 2009 年，是一家以图书零售为主业的民营书店。书店成立以来，以传播先进文化、服务大众阅读为己任，销售数量巨大的优秀出版物，为经济社会发展提供精神动力、智力支持，为营造书香社会付出不懈努力，在社会产生广泛影响，赢得无数读者的信任和向往。经营范围包括，书报刊，教材，教辅，文化用品等，主营高校考试类辅导及中小学教学辅导类图书。

0212 榆中源学海书店

注 册 地：兰州市榆中县
主营业务：图书、报刊零售
从业人员数（人）：4
销售额（万元）：7
资产总额（万元）：1
简　　介：学海书店（源学海书店）位于榆中县城关镇栖云北路 140 号农机 1 号铺，法定代表人为王永杰，注册资本为 1 万元，注册号为 620123600112310。自 2012 年 5 月 17 日成立以来一直从事书报刊零售业的经营，为教育文化事业做贡献，丰富周边社区的精神文化世界，为周边居民平时读书阅读提供良好，安静的学习环境。提升人们的精神文明建设，为各年级学生购买课用、课外书籍提供便利的环境。

0213 榆中结庐书店

注 册 地：兰州市榆中县
主营业务：图书、报刊销售
从业人员数（人）：2
销售额（万元）：5
资产总额（万元）：10

0214 榆中丰俐达影碟经销部

注 册 地：兰州市榆中县
主营业务：影碟出租零售
从业人员数（人）：1
销售额（万元）：4
资产总额（万元）：2
简　　介：丰利达影碟，位置在榆中县太白西路 2-31 商铺，开业于 2008 年前后，投资两万左右，至今开业 7 年有余。主要经营电视连续剧、歌曲、戏剧、电影等多个品种的音像制品。

0215 榆中县文华书店

注 册 地：兰州市榆中县
主营业务：图书，教材、资料等销售
从业人员数（人）：2
销售额（万元）：10
资产总额（万元）：5
简　　介：榆中县文华书店位于榆中县文化小区，使用面积 15 平方米，注册资金 5 元，证照齐全，从业人员 2 人，是一家图书资料齐全，消费者理想的购书场所。

0216 榆中县新世纪音像总汇

注 册 地：兰州市榆中县
主营业务：影碟、磁带零售
从业人员数（人）：2
销售额（万元）：3
资产总额（万元）：1
简　　介：新世纪音像店位于一悟路市场，

自 1998 年 9 月开业至今，一直从事音像制品行业，经营音像制品有 CD、DVD、幼教戏曲百科。随着社会发展的需求，为了丰富提高农民的文化生活、娱乐，提供农村文化需求的音像制品。

0217 榆中文翔书店

注 册 地：兰州市榆中县
主营业务：图书、报刊零售
从业人员数（人）：1
销售额（万元）：3
资产总额（万元）：2
简　　介：榆中文翔书店，位于榆中县夏官营镇兰州大学门口，成立于 2013 年 3 月 26 日，法定代表人王伟，注册资金贰万元，主要经营书报刊（考试类、社科类、文学类、各类期刊杂志）。书店营业两年以来，主要服务于兰州大学（榆中校区）、西北民族大学（榆中校区）的师生，与此同时，也为周边乡镇的读者提供服务。

0218 榆中家泰古籍怀旧书店

注 册 地：兰州市榆中县
主营业务：图书出租、零售
从业人员数（人）：1
销售额（万元）：3
资产总额（万元）：0.5
简　　介：榆中家泰古籍怀旧书店开办于 2010 年 3 月份，主要经营各类图书的零售业务，同时回收出售各种古旧类图书，是一家新旧图书结合经营的书店，主要经营期刊杂志、文学名著、历史文献、书法绘画、医学史料等图书。

0219 甘肃新华书店集团榆中新华书店有限责任公司

注 册 地：兰州市榆中县

主营业务：批发、零售图书
主要产品：社会科学、文学艺术、文教卫生、少儿图片、教材、教辅及文化用品、音像制品
从业人员数（人）：23
销售额（万元）：554
资产总额（万元）：281
简　　介：新华书店座落于榆中县城关镇兴隆路 190 号，始建于 1950 年 5 月 25 日，现有正式职工 18 人，临时工 5 人。经营范围包括：社会科学、文学艺术、文教卫生、少儿图片、教材、教辅及文化用品、音像制品等。营业面积 800 多平方米，办公面积 300 多平方米，库房 160 多平方米。下设甘草镇门市部。2004 年，全年销售 900 万元，库存图书 9000 多种，码洋 70 多万元，人均完成销售 31 万元是全县唯一一家国营新华书店。肩负着为全县 42 万人民提供精神食粮的重要责任。多年来在省、市店领导的关心和支持下，为全县精神文明建设做出了突出贡献，先后多次被当地政府授予"文明单位"称号。榆中书店下属甘草镇门市部，1993 年先后投资 5.5 万元进行改建，营业面积有原来的 60 多平方米扩大到 155 平方米，图书品种有原来的 500 多种增至 1000 多种。该店先后投资 30 多万元，在和平镇开发区购买商铺一间，营业面积约 60 平方米，现有职工 22 人，图书品种达到 1000 多种，并于 2004 年投资 10 万元，在夏官营大学城黄金地段购买地 5 亩，作为该网点发展的起点。

0220 榆中三味书社

注 册 地：兰州市榆中县
主营业务：图书、报刊零售
从业人员数（人）：3
销售额（万元）：5
资产总额（万元）：2
简　　介：榆中三味书社 2005 年 1 月成立，

经营面积 30 平米，法人：王兰。经营范围：教辅资料，幼儿少儿图书，报刊杂志。

0221 永登水木清华书城

注 册 地：兰州市永登县

主营业务：图书销售

从业人员数（人）：6

销售额（万元）：22

资产总额（万元）：32

简　　介：水木清华书城位于永登县城关镇地税局楼下，主要从事学习用书、阅读图书的批发和零售，以及学习用品的批发和零售。本店面积 50 平方米左右，储藏图书 2 万多册，日接待读者 350 人次左右。

0222 智慧书屋

注 册 地：兰州市永登县

主营业务：图书销售

从业人员数（人）：6

销售额（万元）：19

资产总额（万元）：28

简　　介：该店位于永登县连城镇连城街，主要从事各类图书（包括文学类、科教类、少儿类、医学类、艺术类等）、学习用品的批发、零售等业务。

0223 永登城关天翔书店

注 册 地：兰州市永登县

主营业务：图书销售、出租

销售额（万元）：5

资产总额（万元）：6

简　　介：该店位于永登县连成镇繁华路段，主要从事学习用书、阅读图书的批发和零售，以及学习用品的批发和零售。

0224 红城二手书超市

注 册 地：兰州市永登县

主营业务：图书销售、出租

从业人员数（人）：6

销售额（万元）：20

资产总额（万元）：30

简　　介：该店位于永登县红城镇宁朔村，永登县第二中学门口，该店拥有图书上万册，主要从事学习工具书、复习资料等图书以及学习用品的批发、零售业务。

0225 永登三味书屋

注 册 地：兰州市永登县

主营业务：图书销售、出租

从业人员数（人）：5

销售额（万元）：18

资产总额（万元）：27

简　　介：该店位于永登县城关镇新市场图书区，主要从事科教类、艺术类、生活类、少儿类、医学类等图书及学习用品的批发、零售业务。

0226 永登连城镇文渊阁书店

注 册 地：兰州市永登县

主营业务：图书销售、出租

从业人员数（人）：4

销售额（万元）：18

资产总额（万元）：26

简　　介：该店位于永登县连城镇连城村，主要从事各类图书、学习用品的批发、零售等业务。

0227 文曲星书店

注 册 地：兰州市永登县

主营业务：图书销售、出租

从业人员数（人）：4

销售额（万元）：12

资产总额（万元）：20

简　　介：该店位于永登县城关镇永登县供

销社商场一楼，主要从事各类图书、文化用品的批发、零售以及家用电器的批发、零售、各类学习机的零售等。

0228 永登县渊博书店

注　册　地：兰州市永登县
主营业务：图书销售
从业人员数（人）：1
销售额（万元）：3
资产总额（万元）：5

0229 荣兴书店

注　册　地：兰州市永登县
主营业务：图书销售、出租
从业人员数（人）：4
销售额（万元）：16
资产总额（万元）：30

0230 连铝艺术书店

注　册　地：兰州市永登县
主营业务：图书销售、出租
从业人员数（人）：6
销售额（万元）：20
资产总额（万元）：30
简　　　介：该店位于永登县连成镇繁华路段连铝福利区，主要从事学习用书、阅读图书的批发和零售，以及学习用品的批发和零售。

0231 永登秦川清华书城

注　册　地：兰州市永登县
主营业务：图书销售
从业人员数（人）：4
销售额（万元）：13
资产总额（万元）：18

0232 永登城关镇鸿文书店

注　册　地：永登县
主营业务：图书销售
从业人员数（人）：4
销售额（万元）：16
资产总额（万元）：21

0233 明得书店

注　册　地：永登县
主营业务：图书销售
从业人员数（人）：6
销售额（万元）：20
资产总额（万元）：32
简　　　介：位于永登县城关镇华光步行街，主要从事学习用书、阅读图书等类图书的批发和零售，以及学习用品的批发和零售。

0234 酒泉电视台广告部

注　册　地：酒泉市工商局
主营业务：发布制作电视、广播、报纸、户外广告
主要产品：电视广告
从业人员数（人）：10
销售额（万元）：200
资产总额（万元）：50
简　　　介：酒泉电视台广告部是酒泉广播电视台下属的经营部门，主要承担电视广告承接、审查、制作和发布工作。

0235 甘肃广电报业传媒有限责任公司酒泉分公司

注　册　地：甘肃省酒泉市
主营业务：编辑、出版、发行《甘肃广播电视报》并面向全省发行；文化体育用品的经营
主要产品：《甘肃广播电视报酒泉周刊》
从业人员数（人）：5
销售额（万元）：50
资产总额（万元）：46
简　　　介：甘肃广电报业传媒公司酒泉分公

司，甘肃广播电视报《酒泉周刊》由甘肃省广电总台（集团）主管，报纸由甘肃广电报业传媒公司主办，系全国文化体制改革先进单位，全国最具品牌价值文化周报之一。

0236 《北方作家》杂志社

注　册　地：酒泉市
主营业务：杂志发行
主要产品：《北方作家》杂志
从业人员数（人）：5
销售额（万元）：5
资产总额（万元）：30

0237 《阳关》杂志社

注　册　地：酒泉市
主营业务：杂志发行
主要产品：《阳关》杂志
从业人员数（人）：5
销售额（万元）：0.5
资产总额（万元）：30

0238 甘肃省新华书店酒泉分公司

注　册　地：甘肃省酒泉市肃州区南大街
主营业务：书籍教学磁带、住宿、柜台出租卡拉OK曲库录象带、音带、视盘业务、台球、课本、图片、日历、杂志、画刊及其他印刷。
主要产品：书籍教学磁带、住宿、柜台出租卡拉OK曲库录象带、音带、视盘业务、台球、课本、图片、日历、杂志、画刊及其他印刷
从业人员数（人）：5
销售额（万元）：100
资产总额（万元）：104.9

0239 甘肃省新华书店瓜州县有限责任公司

注　册　地：甘肃省酒泉市瓜州县北大街4号
主营业务：资产管理及运营、受托资产管理；房屋租赁；物业管理服务；仓储服务；其他商务服务；广告业；日用百货；机械设备；五金交电；办公设备；农副土特产品；计算机设备及耗材
从业人员数（人）：16
销售额（万元）：464
资产总额（万元）：13.1

0240 甘肃玄奘之路文化发展有限公司

注　册　地：酒泉市瓜州县渊泉镇42号
主营业务：以"玄奘之路"系列文化体验活动为核心开展的组织与经营活动
主要产品：2016人百流沙极限挑战赛
从业人员数（人）：10
销售额（万元）：10
资产总额（万元）：1000

0241 汇英伦书店

注　册　地：酒泉市玉门市
主营业务：图书零售、批发
从业人员数（人）：1
销售额（万元）：20
资产总额（万元）：20

0242 玉门市枫叶书店

注　册　地：酒泉市玉门市花海镇
主营业务：图书零售
从业人员数（人）：1
销售额（万元）：5
资产总额（万元）：8

0243 玉门市绿洲书屋

注　册　地：酒泉市玉门市
主营业务：图书零售
从业人员数（人）：1
销售额（万元）：5
资产总额（万元）：8

0244 智源书店

注　册　地：酒泉市玉门市

主营业务：出版物批发、零售

从业人员数（人）：2

销售额（万元）：60

资产总额（万元）：20

0245 玉门市银钥匙书店

注　册　地：酒泉市玉门市

主营业务：图书零售

从业人员数（人）：1

销售额（万元）：6

资产总额（万元）：10

0246 百科书社

注　册　地：酒泉市玉门市

主营业务：图书零售

从业人员数（人）：1

销售额（万元）：6

资产总额（万元）：10

0247 方圆书店

注　册　地：酒泉市玉门市

主营业务：图书零售

从业人员数（人）：1

销售额（万元）：5

资产总额（万元）：6

0248 鸿运书店

注　册　地：酒泉市玉门市

主营业务：图书零售

从业人员数（人）：1

销售额（万元）：5

资产总额（万元）：6

0249 紫树文具饰品店

注　册　地：酒泉市玉门市

主营业务：图书零售

从业人员数（人）：1

销售额（万元）：6

资产总额（万元）：10

0250 智源书店

注　册　地：酒泉市玉门市玉门镇

主营业务：图书零售

从业人员数（人）：2

销售额（万元）：20

资产总额（万元）：25

0251 玉门市艺杨文化传媒公司

注　册　地：酒泉市玉门市

主营业务：音像制品制作

从业人员数（人）：3

销售额（万元）：8

资产总额（万元）：20

0252 东方音像店

注　册　地：酒泉市玉门市

主营业务：音像制品零售、出租

主要产品：音像制品

从业人员数（人）：2

销售额（万元）：6

资产总额（万元）：7

0253 花海镇小博士书屋

注　册　地：酒泉市玉门市花海镇

主营业务：图书零售

从业人员数（人）：2

销售额（万元）：6

资产总额（万元）：10

0254 智渊文化用品店

注　册　地：酒泉市玉门市

主营业务：图书零售

从业人员数（人）：1

销售额（万元）：8

资产总额（万元）：10

0255 英才书店

注　册　地：酒泉市玉门市

主营业务：图书批发、零售

从业人员数（人）：2

销售额（万元）：150

资产总额（万元）：130

0256 金盛音像店

注　册　地：酒泉市玉门市

主营业务：音像制品零售、出租

从业人员数（人）：1

销售额（万元）：6

资产总额（万元）：10

0257 玉门市七斗书店

注　册　地：酒泉市玉门市

主营业务：图书零售

从业人员数（人）：1

销售额（万元）：6

资产总额（万元）：10

0258 国立音像店

注　册　地：酒泉市玉门市

主营业务：音像制品零售、出租

从业人员数（人）：1

销售额（万元）：5

资产总额（万元）：5

0259 德一书店

注　册　地：酒泉市玉门市花海镇

主营业务：图书、文具、音像制品零售

从业人员数（人）：1

销售额（万元）：6

资产总额（万元）：10

0260 天逸书店

注　册　地：酒泉市玉门市

主营业务：图书零售

从业人员数（人）：1

销售额（万元）：6

资产总额（万元）：10

0261 百灵鸟音像店

注　册　地：酒泉市玉门市玉门镇

主营业务：音像制品零售、出租

从业人员数（人）：2

销售额（万元）：5

资产总额（万元）：6

0262 甘肃广电报业传媒有限责任公司嘉峪关分公司

注　册　地：嘉峪关市电视台办公大楼一楼

主营业务：《甘肃广播电视报》

从业人员数（人）：14

0263 甘肃新华书店集团金昌新华书店有限责任公司

注　册　地：金昌市

主营业务：图书批发、零售

从业人员数（人）：12

销售额（万元）：30

资产总额（万元）：200

0264 金昌市龙门书城有限公司

注　册　地：金昌市

主营业务：图书零售批发

从业人员数（人）：16

销售额（万元）：43

资产总额（万元）：21

简　　　介：金昌市龙门书城有限公司主要经

营：null 等产品。

0265 金昌东方文化传播有限责任公司

注 册 地：金昌市
主营业务：图书批发、零售
从业人员数（人）：6
销售额（万元）：7
资产总额（万元）：55
简 介：金昌东方文化传播有限责任公司于 1998 年 5 月 19 日在建设路注册成立，（行政区号 620302，邮政编码 737100），公司主要经营图书、文化体育用品、工艺美术品、音响制品、电子出版物、技术培训、营销策划、市场调研、文化信息咨询、企业形象设计、承办展览展示。

0266 甘肃北极光文化传播有限责任公司

注 册 地：金昌市金川区昌蔺里延安路
主营业务：图书批发、零售
从业人员数（人）：16
销售额（万元）：25
资产总额（万元）：380
简 介：甘肃省北极光文化传播有限责任公司（北极光书房）由金昌市龙门书城有限责任公司联合陕西新经典发行有限公司于 2013 年投资 2500 万元成立。

0267 永昌县新华书店

注 册 地：金昌市永昌县
主营业务：图是零售批发
销售额（万元）：10
资产总额（万元）：60

0268 博览书店

注 册 地：金昌市永昌县解放路成纪花园
主营业务：图书零售
从业人员数（人）：2

销售额（万元）：8
资产总额（万元）：15

0269 四通书店

注 册 地：金昌市永昌县解放路
主营业务：图书零售
从业人员数（人）：1
销售额（万元）：5
资产总额（万元）：10

0270 新元素教育书店

注 册 地：金昌市永昌县泰山东路 9 号
主营业务：图书零售
从业人员数（人）：2
销售额（万元）：8
资产总额（万元）：15

0271 天一书店

注 册 地：金昌市永昌县民主西路
主营业务：图书零售
从业人员数（人）：8
销售额（万元）：48
资产总额（万元）：100

0272 东方智慧图书有限公司

注 册 地：金昌市永昌县青年北路
主营业务：图书零售
从业人员数（人）：3
销售额（万元）：28
资产总额（万元）：50

0273 浩普书店

注 册 地：天水市秦州区解放路
主营业务：图书零售
从业人员数（人）：1
销售额（万元）：5
资产总额（万元）：10

0274 博览书店

注　册　地：天水市秦州区解放路成纪花园

主营业务：图书零售

从业人员数（人）：2

销售额（万元）：10

资产总额（万元）：15

0275 天水麦积书店

注　册　地：天水市秦州区建设路

主营业务：图书零售

从业人员数（人）：2

销售额（万元）：4

资产总额（万元）：10

0276 百卉书屋

注　册　地：天水市建设路 166 号

主营业务：图书零售

从业人员数（人）：2

销售额（万元）：7

资产总额（万元）：18

0277 凌云书店

注　册　地：天水市解放路店

主营业务：图书零售

从业人员数（人）：2

销售额（万元）：12

资产总额（万元）：25

0278 四通书店

注　册　地：天水市合作北路

主营业务：图书零售

从业人员数（人）：3

销售额（万元）：15

资产总额（万元）：25

0279 新元素教育书店

注　册　地：天水市泰山东路 9 号

主营业务：图书零售

从业人员数（人）：2

销售额（万元）：10

资产总额（万元）：15

0280 百卉书屋

注　册　地：天水市建设路 166 号

主营业务：图书零售

从业人员数（人）：2

销售额（万元）：8

资产总额（万元）：12

0281 秦州区渊源书店

注　册　地：天水市绿色市场西侧

主营业务：图书零售

从业人员数（人）：2

销售额（万元）：8

资产总额（万元）：10

0282 博览书店

注　册　地：天水市解放路成纪花园

主营业务：图书零售

从业人员数（人）：2

销售额（万元）：8

资产总额（万元）：15

0283 博约书店

注　册　地：天水市秦州区建设路

主营业务：图书零售

从业人员数（人）：2

销售额（万元）：5

资产总额（万元）：10

0284 东方智慧图书有限公司

注　册　地：天水市青年北路

主营业务：图书零售

从业人员数（人）：4

销售额（万元）：24

资产总额（万元）：50

0285 东方图书城

注 册 地：天水市麦积区

主营业务：出租出售书刊

从业人员数（人）：5

销售额（万元）：20

资产总额（万元）：10

0286 仿古街华中书店

注 册 地：天水市麦积区

主营业务：出租出售书刊

从业人员数（人）：2

销售额（万元）：3.5

资产总额（万元）：4

0287 博通教育图书有限公司

注 册 地：天水市麦积区

主营业务：出租出售书刊

从业人员数（人）：5

销售额（万元）：60

资产总额（万元）：60

0288 中滩镇三友书店

注 册 地：天水市麦积区

主营业务：出租出售书刊

从业人员数（人）：2

销售额（万元）：6

资产总额（万元）：6.5

0289 麦积区清大学苑图书专卖店

注 册 地：天水市渭滨工商所

主营业务：售零：书刊、杂志、报刊

从业人员数（人）：2

资产总额（万元）：0.5

0290 状元书店

注 册 地：天水市麦积区

主营业务：出租出售书刊

从业人员数（人）：3

销售额（万元）：6

资产总额（万元）：6

0291 麦积区道北新艺音像行

注 册 地：天水市北道工商所

主营业务：零售：音像制品

从业人员数（人）：3

资产总额（万元）：0.35

0292 学海书店

注 册 地：天水市麦积区

主营业务：出售出租书刊

从业人员数（人）：2

销售额（万元）：0.79

资产总额（万元）：1

0293 清大学苑书店

注 册 地：天水市麦积区

主营业务：出租出售书刊

从业人员数（人）：2

销售额（万元）：5

资产总额（万元）：5

0294 麦积区桥南华中希望读书社金江花苑店

注 册 地：天水市桥南工商所

主营业务：出租图书、报刊

资产总额（万元）：0.5

0295 文千有限责任公司

注 册 地：天水麦积

主营业务：出租出售书刊

主要产品：出租书刊

从业人员数（人）：4

销售额（万元）：12.3

资产总额（万元）：98

0296 麦积区道南永利书店

注 册 地：天水市渭滨工商所

主营业务：书刊销售

从业人员数（人）：3

销售额（万元）：5.3

资产总额（万元）：2

0297 甘谷县新华书店

注 册 地：天水市甘谷县

主营业务：图书的批发、零售

主要产品：图书

从业人员数（人）：40

销售额（万元）：3500

资产总额（万元）：4251

简　　介：甘谷县新华书店创始于1949年12月，2010年全国实行文化体制改革，甘谷县新华书店正式成立为甘肃新华书店集团甘谷新华书店有限责任公司，注册资本120万元。目前拥有员工40多人，公司内设经理室、副经理室、办公室、财务部、业务部、物业部、教材部、一般图书库8个部门，县城中心门市1处、乡镇发行网点2个，现营业、办公综合楼自1990年建成后使用至今，营业面积320平方米，主要经营图书、报刊、电子出版物、办公用品零售。2008年在县城南环路征地2.8亩，投资850多万元，修建了集仓储、办公、住宅为一体的七层新华书店南环路综合楼，总建筑面积6058平方米，目前是甘谷县具有相当规模和较强经济实力的国有图书发行主渠道企业。

0298 育英书店

注 册 地：天水市武山县

主营业务：图书销售

销售额（万元）：2

资产总额（万元）：30

0299 文苑书店

注 册 地：天水市武山县

主营业务：发行各类出版物

从业人员数（人）：2

销售额（万元）：4

资产总额（万元）：4

0300 甘肃新华书店集团武山新华书店有限责任公司

注 册 地：天水市武山县城关镇民主路

主营业务：图书、音像出版物的批发兼零售

主要产品：图书、音像出版物

从业人员数（人）：26

销售额（万元）：500

资产总额（万元）：43

简　　介：武山新华书店始建于1956年，现坐落在县城宁远大道中段，员工26人，书店占地面积3亩，营业大楼五层，建筑面积2800平方米，综合楼三层建筑面积1312平方米，图书营业面积2000平方米，现有图书五个大类22个分类，12500个品种，涵盖政治、经济、军事、哲学、文化教育、文学艺术、科学技术、少儿读物、中小学教材教辅各个方面。

0301 武威日报社

注 册 地：武威市凉州区

主营业务：新闻宣传；广告发布

主要产品：《武威日报》、《西凉晚刊》

从业人员数（人）：84

资产总额（万元）：824.5

简　　介：武威日报社成立于1985年5月，中共武威市委直属县级事业单位、独立事业法人，现出版市委机关报《武威日报》和都市类报纸《西凉晚刊》。2012 年有主任记者 2 名，记者 14 名，助理记者 23 名，助理会计师 2 名，职工 84 人，下设行政办公室、编辑部、专刊部、广告部、印刷室、记者部、摄影部、通联部、理论部、发行部等 10 个部室。报社自成立以来，坚持以马列主义、毛泽东思想、邓小平理论和"三个代表"重要思想为指导，以经济建设为中心，宣传党的路线、方针、政策，宣传党的基本理论，宣传市委、市政府重大决策和重要工作部署。坚持马克思主义新闻观，把握正确的舆论导向，树立强烈的政治意识、责任意识、大局意识、阵地意识，贴近实际、贴近生活、贴近群众，为三个文明建设服务，为改革、发展、稳定服务，为人民服务、为社会主义服务、为党和国家工作大局服务，充分发挥了市委机关报的喉舌作用和舆论引导作用。特别是近两年来，报社高举科学发展的旗帜，以构建能力集体、打造强势媒体为目标，加强报业经营管理，不断深化内部改革，努力完善各项经营管理制度，新闻宣传报道水平明显提高，报纸质量显著提升，报业经营管理更加科学。

0302 甘肃一禾文化传播有限公司

注 册 地：武威市凉州区

主营业务：图书销售、电子出版物销售

从业人员数（人）：15

销售额（万元）：176

资产总额（万元）：330

简　　介：甘肃一禾文化传播有限公司成立于 2006 年 8 月，书城零售卖场占地总面积 1000 多平方米，图书种类 10 万余种，电子出版物近 1 万余种，与全国 500 余家出版社保持业务往来。"进、销、存"实施微机化管理，具备二级图书批发资质。

0303 甘肃新华书店集团武威新华书店有限责任公司

注 册 地：武威市凉州区

主营业务：报纸、期刊、图书零售、音像制品零售

从业人员数（人）：68

销售额（万元）：3528.8

资产总额（万元）：4510.1

简　　介：甘肃新华书店飞天传媒股份有限公司武威市分公司是隶属于甘肃新华书店飞天传媒股份有限公司的一家国有图书发行企业，承担着全区近百万人口、11.87 万学生的中小学课本发行任务。现有在职职工 68 人，设城乡网点 6 处，即武威书城、西街、南关、黄羊、武南、双城等 6 处网点。下设综合管理部、财务管理部、业务管理部、教材经营部等 4 个职能管理部门，管辖民勤、古浪、天祝三县分公司。近年来，武威市分公司在甘肃省新闻出版广电局和股份公司的正确领导下，在地方党政部门的大力支持下，"两个文明"建设取得了显著成绩，为全市政治、经济、文化事业的发展作出了积极贡献。

0304 民勤县万盛学生书店

注 册 地：武威市民勤县

主营业务：图书零售，文化用品零售

从业人员数（人）：4

销售额（万元）：48

资产总额（万元）：180

简　　介：民勤县万盛学生书店成立于 1996 年。是县内以图书零售兼批发为主的书店。书店经过十八年的发展，已形成了以教辅类、科普类、学生工具类、幼儿读物为主，以幼儿、学生、教师为主要服务对象，开放式阅读、会员制销售等经营模式。

0305 民勤县龙腾文化传播有限公司

注　册　地：武威市民勤县

主营业务：图书批发、零售、住宿

从业人员数（人）：26

销售额（万元）：142

资产总额（万元）：1200

简　　　介：民勤县龙腾文化传播有限公司成立于2012年末，现有注册资金达200万元，拥有固定资产1200万元，经营场所面积达700平方米。公司现有职工16人，主要产品以图书销售为主，为社会公众提供文明健康的图书文化产品。

0306 民勤县状元桥教育书店

注　册　地：武威市民勤县

主营业务：图书零售

从业人员数（人）：3

销售额（万元）：52

资产总额（万元）：180

简　　　介：状元桥书店成了于1995年，位于西大街防疫站对面，主要经营文化用品，图书零售。

0307 民勤县智翔教育书店

注　册　地：武威市民勤县

主营业务：图书零售

从业人员数（人）：3

销售额（万元）：60

资产总额（万元）：200

简　　　介：民勤智翔教育书店成立于2000年12月20日，是在原民勤县教育书店的基础上滚动发展起来的一家综合性书店，主要经营中小学教参教辅，社会百科，文学名著，幼儿读物，工具书等一般图书和各类专业图书，营业面积120多平方米，注册资金50万元，常备图书达5万余册。能够满足不同年龄，不同层次的读者群。现有员工6人（其中大专学历4人，高中学历2人）。

0308 民勤县田园文化书店

注　册　地：武威市民勤县

主营业务：图书零售

主要产品：无

从业人员数（人）：3

销售额（万元）：48

资产总额（万元）：160

简　　　介：民勤田园书店成立于1998年5月，当时只有12平米的夫妻小店，经过6年的不懈努力，截至2004年8月从12平米的小店发展成为90平米的中型书店。又经过9年的努力拼搏以及文化部门的大力支持，至2013年升级为民勤田园文化书店个人独资企业。该企业现有员工4人，注册资金30万。主营中小学生教辅、名著、词典、儿童课外读物、杂志。

0309 甘肃新华书店集团天祝新华书店有限责任公司

注　册　地：武威市天祝县华藏寺镇祝贡路99号

主营业务：图书、报刊杂志、电子出版物发行、文化用品的批发、零售

从业人员数（人）：11

销售额（万元）：918

资产总额（万元）：858

简　　　介：天祝县新华书店基本情况：1.职工构成至2013年底，县店人员构成是：（1）在职职工12人（男8人、女4人），其中招聘工10人（男8人、女2人），招用工2人（女2人）。12人中高级图书发行员1人、中级图书发行员6人、初级图书发行员3人。文化程度为大专以上学历的10人，高中（含中专）学历的2人。职工中有少数民族2人（藏族）。（2）党员分布状况：在职职工中共有党员7人（男5人、女2人）。2.城

乡发行网点成立于 1953 年，现有发行网点 2 个，其中城区 1 个，农村 1 个。拥有固定资产 277.68 万元，总营业面积 1837.15 平方米，年销售 800 万元以上，在甘肃省少数民族自治县店中名列前茅。

0310 临泽县霞光音像店

注 册 地：张掖市临泽县

主营业务：音像制品零售出租

从业人员数（人）：1

销售额（万元）：1

资产总额（万元）：0.5

简　　介：临泽县霞光音像店位于临泽县沙河镇健康路医药公司家属楼下，营业面积 8 平方米，总投资 5000 元，从业人员 1 人，主要出租电影、电视剧等生活类的音像制品。

0311 临泽县青年书店

注 册 地：张掖市临泽县

主营业务：图书零售

从业人员数（人）：5

销售额（万元）：20

资产总额（万元）：16

简　　介：临泽县青年书店是一家民营文化企业，2000 年建立，注册资金 20 万元，从业人员 8 人，营业面积 220 平方米，现有各类图书 10 万余册，是一家集文化用品、音像制品、图书借阅、图书销售为一体的综合性文化企业。2012 年实现销售收入 90 万元、利润 18 万元。

0312 临泽县音像曲库

注 册 地：张掖市临泽县

主营业务：音像制品零售出租

主要产品：音乐类、影视类、百科类三大品类的音像制品种类，以及儿童动画、养生保健、教材类光碟。

从业人员数（人）：1

销售额（万元）：1

资产总额（万元）：5

简　　介：临泽县音像曲库音像店位于临泽县八一路农机公司楼下，总投资 7 万元，从业人员 1 人，是一家主要销售录像带、唱片、激光唱盘和激光视盘等，包括音像软件，学习软件（包含：CD，VCD，DVD，DVCD，EVCD，蓝光碟等）专营店，主要服务于城乡居民。

0313 临泽县世纪缘书店

注 册 地：张掖市临泽县

主营业务：图书零售

从业人员数（人）：1

销售额（万元）：10

资产总额（万元）：5

简　　介：临泽县世纪缘书店位于城关中学大门北侧，投资 5 万元。主要经营中小学教材辅导书，经营面积 30 平方米。主要服务于中小学生周边店铺，以及社会人员。

0314 临泽县雅轩综合经营部

注 册 地：张掖市临泽县

主营业务：图书零售

从业人员数（人）：1

销售额（万元）：1

资产总额（万元）：0.5

简　　介：临泽县雅轩文具位于质量技术监督局楼下南北第二间，投资 5 万元，主要经营教辅资料、综合资料等图书，经营面积 20 平方米。主要服务于城关中学学生、五华小区、昭武小区住户。

0315 临泽县乐购便利音像店

注 册 地：张掖市临泽县

主营业务：音像制品零售出租

从业人员数（人）：1

销售额（万元）：1

资产总额（万元）：0.5

简　　介：临泽县乐购便利店音像店位于临泽县沙河镇民主路商务宾馆楼下，总投资 1 万元，从业人员 1 人，主要出租电影、电视剧等生活类的音像制品。

0316 临泽县青年书店

注　册　地：张掖市临泽县

主营业务：图书零售

从业人员数（人）：6

销售额（万元）：10

资产总额（万元）：4

简　　介：临泽县青年书店是一家民营文化企业，2000 年建立，注册资金 20 万元，从业人员 8 人，营业面积 220 平方米，现有各类图书 10 万余册，是一家集文化用品、音像制品、图书借阅、图书销售为一体的综合性文化企业。2012 年实现销售收入 90 万元、利润 18 万元。

0317 临泽县万佳商贸有限责任公司（音像店）

注　册　地：张掖市临泽县

主营业务：音像制品零售出租

主要产品：音乐类、影视类、百科类三大品类的音像制品种类，以及儿童动画、养生保健、教材类光碟

从业人员数（人）：2

销售额（万元）：10

资产总额（万元）：6

简　　介：临泽县万佳商贸有限责任公司在超市百货区设立了影像制品销售专区，投资金额 2 万元，主要销售录像带、唱片、激光唱盘和激光视盘等，包括音像软件，学习软件（包含：CD、VCD、DVD、DVCD、

EVCD、蓝光碟等）。

0318 临泽县万佳商贸有限责任公司（书店）

注　册　地：张掖市临泽县

主营业务：图书零售

从业人员数（人）：2

销售额（万元）：10

资产总额（万元）：5

简　　介：临泽县万佳商贸有限责任公司（书店）在百货区分出约 40 ~ 50 平方米的场地，投资 3 万元，设立了图书专区，共有 6 组书架及图书展台，以生活类、少儿类、文史类、生活类等实用性图书为主，经营的图书主要为社科经管书、童书、工具书及生活休闲图书四大类别，共 1500 多种，其中比较畅销的是文学、社科经管、少儿图书以及烹饪、美容、育婴等生活用书，超市自今年 1 月 20 日开业以来，累计销售图书 3000 多册，销售收入 5 万多元。

0319 临泽县博迪教育书店

注　册　地：张掖市临泽县

主营业务：图书零售

从业人员数（人）：2

销售额（万元）：2.5

资产总额（万元）：1

简　　介：临泽县博迪书店位于临泽县县府街 266 号，经营场所面积 36 平方米，投资金额 6 万元，主要零售中小学生工具书、教材配套练习等书籍，目前，有从业人员 2 人。工商、文化部门的经营许可证照齐全，主要服务于全县各个阶层的人员。

0320 高台县世鑫音响超市

注　册　地：张掖市高台县

主营业务：音响制品销售

从业人员数（人）：3

销售额（万元）：30

资产总额（万元）：89

0321 高台县益智书店

注　册　地：张掖市高台县

主营业务：图书报刊零售

从业人员数（人）：3

销售额（万元）：48.9

资产总额（万元）：236.4

0322 高台县新博书店

注　册　地：张掖市高台县

主营业务：图书报刊零售

从业人员数（人）：4

销售额（万元）：145.6

资产总额（万元）：710

简　　　介：高台县新博书店位于高台县城关镇人民东路，法定代表人桑丽，主要从事图书报刊零售业务。

0323 高台县金辉音响超市

注　册　地：张掖市高台县

主营业务：音响制品零售

从业人员数（人）：3

销售额（万元）：36

资产总额（万元）：129

0324 甘肃新华书店集团高台新华书店有限责任公司

注　册　地：高台县

主营业务：书刊、报刊零售

从业人员数（人）：26

销售额（万元）：236.9

资产总额（万元）：810

0325 甘肃表是文化传媒有限公司

注　册　地：张掖市高台县

主营业务：主要从事各种商业性影视片的策划、拍摄生产、后期包装制作，宣传片、专题片、纪录片、广告片、三维动画、音乐MTV的制作，文学及文艺作品的策划、创作，企业VI与CI、企业画册、商业插画、宣传海报等的策划、设计，建筑动画、建筑效果图及建筑模型的制作，网站建设、软件及多媒体开发，影像制品销售

主要产品：红西路军《血战河西》系列连环画

从业人员数（人）：50

销售额（万元）：350

资产总额（万元）：4213

简　　　介：甘肃表是文化传播有限公司成立于2011年6月，注册资金500万元。现有员工50人，大专以上学历者占员工总数的98%。其中，行政管理人员6人，外聘教授32人，负责连环画设计、编辑、制作等专业人员9人，工作人员3人。主要从事各种商业性影视片的策划、拍摄生产、后期包装制作，宣传片、专题片、纪录片、广告片、三维动画、音乐MTV的制作，文学及文艺作品的策划、创作，企业VI与CI、企业画册、商业插画、宣传海报等的策划、设计，建筑动画、建筑效果图及建筑模型的制作，网站建设、软件及多媒体开发，影像制品销售。

0326 甘肃新华书店集团白银新华书店有限责任公司

注　册　地：白银市白银区

主营业务：图书服务

主要产品：图书服务

从业人员数（人）：26

销售额（万元）：225

资产总额（万元）：873

简　　介：甘肃新华书店集团白银新华书店有限责任公司位于白银区人民路，公司成立于1990年5月11日注册资金额为220多万，占地面积960多平方米。

0327 白银日报社

注　册　地：白银市白银区

主营业务：报刊发行

从业人员数（人）：19

销售额（万元）：186

资产总额（万元）：177.7

简　　介：白银日报社位于白银区五星街36号，成立于1986年，开办资金额为47万，占地面积1900多平方米，进行印刷、制作、发布、代理等业务服务。

0328 白银继学书业有限公司

注　册　地：白银市白银区

主营业务：图书零售

从业人员数（人）：6

销售额（万元）：142

资产总额（万元）：36

简　　介：白银继学书业有限公司位于白银区人民路67—3号，公司成立于2010年11月20日投入资金额为30多万，占地面积120多平方米，进行图书服务。

0329 白银市平川区金钥匙图书销售中心

注　册　地：白银市平川区工商行政管理局

主营业务：图书零售

从业人员数（人）：3

销售额（万元）：12

资产总额（万元）：20

简　　介：白银市平川区金钥匙图书销售中心位于平川区中心城区，1994年，以个体户"白银市平川区金钥匙读书社"的身份，最早跻身于平川区文化产业的前列，当时占地面积40平米，投资3万元。在20年高速成长的过程中，店面规模逐渐扩大到120平米。2013年9月，响应中央、省市区文化产业转型升级的号召，读书社由个体户转型升级为个人独资企业，注册资本达到50万元。现有员工5人，有教辅、文学、社科等各类书籍4万余册，同时，经营体育用品、学习机、复读机、Mp3等文化用品，是目前平川区规模最大的私营文化企业之一。

0330 靖远博隆文化发展有限公司

注　册　地：白银市靖远县

主营业务：图书报刊零售

从业人员数（人）：1

销售额（万元）：36

资产总额（万元）：40

简　　介：靖远博隆文化发展有限公司自开店以来，本着以"为读者找好书，为好书找读者"的经营理念为宗旨，力争为读者找到健康上进又有实用价值的图书。

0331 甘肃新华书店集团靖远新华书店有限责任公司

注　册　地：白银市靖远县

主营业务：图书报刊零售

从业人员数（人）：32

销售额（万元）：260

资产总额（万元）：160

简　　介：靖远新华书店拥有县城规模性网点三处，建筑面积3700平方米，农村下伸网点两处，固定资产1570万元，集图书销售、宾馆经营、音像、数码通讯产品等经营项目为一体，年销售接近3000万元。其中二楼的图书超市，图书经营面积700多平方米，库存码洋200多万元，年销售150万元。三楼少儿书城经营面积300多平方米，经营各类低幼儿读物，现有图书 4 万多册，码洋 40 万元，年销售能力 30 万元。新建成的一楼通讯数码广场，营业面积 600 平方米。主要设备有办公用联想和长城电脑 15 台，大部分为 2005 年以来购置并逐年增加和更换。

0332 靖远黄金书店

注 册 地：白银市靖远县乌兰镇西大街
主营业务：图书报刊零售
从业人员数（人）：1
销售额（万元）：3.5
资产总额（万元）：6

0333 靖远百草园书店壹分店

注 册 地：甘肃省白银市靖远县三中南门 25-25 号
主营业务：图书报刊、音像制品零售
从业人员数（人）：1
销售额（万元）：3
资产总额（万元）：6
简　　介：靖远百草园书店壹分店成立于 2012 年 2 月 21 日，注册资金 2 万元，从业人员 1 人，组成形式为个人经营，经营范围为图书报刊、音像制品零售。

0334 靖远县阳光文化图书有限公司

注 册 地：白银市靖远县
主营业务：图书报刊、音像制品销售
从业人员数（人）：3
销售额（万元）：140
资产总额（万元）：120
简　　介：靖远县阳光文化图书有限公司坐落于靖远县最繁华的意大利风情街（荣光商业街）东侧的阳光书城，是白银阳光书城在靖远的连锁店，拥有经营面积约 400 平方米，3 万余个种类、10 万册正版图书的综合性图书销售卖场。

0335 靖远县教育书店

注 册 地：白银市靖远县
主营业务：困书、报刊销售
主要产品：图书
从业人员数（人）：2
销售额（万元）：50
资产总额（万元）：60
简　　介：靖远县教育书店成立于 2001 年，是一家拥有经营面积约 80 平方米，图书 1 千多个种类、3 万册正版图书的综合性书店，年销售额接近 150 万。

0336 景泰县生源书店

注 册 地：白银市景泰县
主营业务：图书批发销售
从业人员数（人）：3
销售额（万元）：10
资产总额（万元）：20
简　　介：景泰县生源书店成立于 2006 年 3 月，位于景泰县一条山镇中泉路，占地面积 50 平方米，法人：罗崇智。书店主营业务为各种工具书、课外读物及各类科普出版物的批发和零售，年销售额 10 万元。

0337 景泰县世纪大厦图书中心

注 册 地：白银市景泰县
主营业务：图书批发、零售
从业人员数（人）：3
销售额（万元）：30
资产总额（万元）：30
简　　介：景泰县世纪图书书店成立于 2001 年，位于景泰县大十字、交通便利，购书环境优美。是景泰县内规模最大的个体书店之一。目前，营业面积达 200 平方米，有各类图书 16548 种，38096 册，896546 元。

年销售额达 120 万元。

0338 景泰县为友书店

注 册 地：白银市景泰县

主营业务：图书批发销售、出租

从业人员数（人）：4

销售额（万元）：100

资产总额（万元）：500

简　　介：景泰县为友书店成立于 1993 年，位于景泰县一条山镇一市场内。经营范围主要以学生辅导书为主，办公用品文具等。年销售额 100 万元。

0339 甘肃省新华书店景泰县有限责任公司

注 册 地：白银市景泰县

主营业务：图书批发销售

从业人员数（人）：16

销售额（万元）：1200

资产总额（万元）：2000

简　　介：甘肃新华书店飞天传媒股份有限公司景泰分公司位于条山镇西街 2 号，现有职工 16 人，门市部占地 146 平米，办公楼占地 186 平米。现有图书 11000 种，码洋 460000 万元；两教发行 1000 余万元，其中免费两教 302 万元，高中教材 300 万元，非免教辅 370 万元，幼儿教材 37 万元。

0340 景泰县丑小鸭图书有限公司

注 册 地：白银市景泰县

主营业务：图书，文具，文化办公用品，电子产品，工艺品，文化体育用品的批发与零售。

从业人员数（人）：10

销售额（万元）：50

资产总额（万元）：90

简　　介：景泰县丑小鸭书店成立于 1994 年，于 2012 年 12 月 25 日更名为景泰县丑小鸭图书有限公司，注册资金 90 万，公司主要经营图书、文具、文化办公用品、电子产品、工艺品、文化体育用品的批发与零售。书店创立之初的地址位于县幼儿园隔壁，主营中小学教学辅导类图书。现今书店面积已达到 300 平方米左右，拥有员工 10 人。

0341 泾川县翔宇书店

注 册 地：平凉市泾川县工商行政管理局

主营业务：图书、文具批发、零售

从业人员数（人）：1

资产总额（万元）：8

0342 泾川县科文书店

注 册 地：平凉市泾川县工商行政管理局

主营业务：图书、报刊零售

从业人员数（人）：1

资产总额（万元）：5

0343 泾川县智渊书店

注 册 地：平凉市泾川县荔堡镇街道

主营业务：图书、文具、工艺品、儿童玩具零售

从业人员数（人）：1

销售额（万元）：1

资产总额（万元）：6

0344 泾川县天露书店

注 册 地：平凉市泾川县丰台乡街道

主营业务：图书、文具零售

从业人员数（人）：1

销售额（万元）：1.2

资产总额（万元）：5

0345 泾川县艺览书屋

注 册 地：平凉市泾川县工商局

主营业务：图书、报刊批发、零售

从业人员数（人）：2

销售额（万元）：4

资产总额（万元）：20

0346 泾川县文缘书店

注　册　地：平凉市泾川县工商行政管理局

主营业务：图书、文具用品零售，碟片出租服务

从业人员数（人）：1

销售额（万元）：2

资产总额（万元）：1

0347 泾川县博闻书社

注　册　地：平凉市泾川县工商行政管理局

主营业务：图书出租、零售

从业人员数（人）：1

资产总额（万元）：3

0348 泾川县华夏源文化精品中心

注　册　地：平凉市泾川县工商行政管理局

主营业务：图书零售，美术品经营；打字、复印

从业人员数（人）：1

资产总额（万元）：3

0349 泾川县智渊书店

注　册　地：平凉市泾川县荔堡镇街道

主营业务：图书、文具、工艺品、儿童玩具零售

从业人员数（人）：1

销售额（万元）：1

资产总额（万元）：6

0350 泾川县文苑书社

注　册　地：平凉市泾川县工商行政管理局

主营业务：文具、图书零售

从业人员数（人）：1

资产总额（万元）：3

0351 泾川县福荣碟店

注　册　地：平凉市泾川县工商行政管理局

主营业务：光碟出租、出售

从业人员数（人）：1

资产总额（万元）：1

0352 泾川县西部文化书城

注　册　地：平凉市泾川县工商行政管理局

主营业务：图书、文化用品出租、零售

从业人员数（人）：2

资产总额（万元）：2.1

0353 泾川县奇声音像部

注　册　地：平凉市泾川县工商行政管理局

主营业务：音像制品、碟片零售

从业人员数（人）：1

资产总额（万元）：5

0354 泾川县小燕文汇书局

注　册　地：平凉市泾川县工商行政管理局

主营业务：图书零售

从业人员数（人）：2

资产总额（万元）：16

0355 甘肃新华书店集团华亭新华书店有限责任公司安口镇门市部

注　册　地：庆阳市华亭县

主营业务：图书、报刊、电子出版物零售

从业人员数（人）：2

销售额（万元）：10

资产总额（万元）：15

0356 庄浪县电视台

注 册 地：庆阳市庄浪县
主营业务：新闻报道
从业人员数（人）：37

0357 庆阳市陇东报社新闻实业公司

注 册 地：庆阳市西峰区解放西路 74 号
主营业务：激光照排报纸、书刊、零件；设计、刊登广告，经济信息服务
从业人员数（人）：20
销售额（万元）：221
资产总额（万元）：70
简   介：庆阳市陇东报社新闻实业公司成立于 1993 年 4 月 5 日，属集体所有制企业。公司住所在甘肃省庆阳市西峰区解放西路 74 号；公司注册资金 16 万元。

0358 庆阳市陇东报社新闻实业公司

注 册 地：庆阳市西峰区解放西路
主营业务：激光照排报纸、书刊零件；设计、刊登广告
从业人员数（人）：26
销售额（万元）：430
资产总额（万元）：16
简   介：陇东报为庆阳市委机关报，创建于 1937 年，报头为毛泽东亲自题写，是全国为数不多的老解放区报纸，是全国百强报纸和甘肃省十强报纸。陇东报新闻实业公司是庆阳市工商局于 2008 年 6 月 22 日批准成立的，企业法人：冯康。公司主要从事陇东报出版发行、新闻广告及陇东地方产品信息采集发布、外地新产品经销代理等，体育用品主要经营羽毛球拍、羽毛球、羽毛球包、线、服装、网柱、馆场管理及相关体育运动产品服务。

0359 华池县悦乐镇育才教育书店

注 册 地：庆阳市华池县悦乐镇南街
主营业务：图书、文化用品零售
从业人员数（人）：1
销售额（万元）：5
资产总额（万元）：3

0360 甘肃新华书店集团华池新华书店有限责任公司山庄门市部

注 册 地：庆阳市华池县山庄乡
主营业务：图书、报刊、电子出版物、音像制品、电子产品、文化用品零售出版物出租
从业人员数（人）：4
销售额（万元）：36
资产总额（万元）：100

0361 甘肃新华书店集团华池新华书店有限责任公司门市部

注 册 地：庆阳市华池县城中街 3 号
主营业务：图书、报刊、电子出版物、音像制品、电子产品、文化用品零售出版物出租
从业人员数（人）：6
销售额（万元）：86
资产总额（万元）：300

0362 甘肃新华书店集团华池新华书店有限责任公司悦乐门市部

注 册 地：庆阳市华池县悦乐镇街道
主营业务：图书、报刊、电子出版物、音像制品、电子产品、文化用品零售；出版物出租
从业人员数（人）：4
销售额（万元）：40
资产总额（万元）：100

0363 华池县墨香图书有限责任公司

注 册 地：庆阳市华池县元城镇北街
主营业务：图书、音像制品零售、出租

从业人员数（人）：5

销售额（万元）：26

资产总额（万元）：95

0364　华池县南梁乡涛涛书店

注　册　地：庆阳市华池县南梁乡街道

主营业务：图书、文具零售

从业人员数（人）：2

销售额（万元）：5

资产总额（万元）：4

0365　华池县文澜书店

注　册　地：庆阳市华池县城教育路 1 号

主营业务：图书、文具零售

从业人员数（人）：2

销售额（万元）：6

资产总额（万元）：3

0366　华池县博文书店

注　册　地：庆阳市华池县百盛公司院内

主营业务：图书零售；出租

从业人员数（人）：1

销售额（万元）：5

资产总额（万元）：4

0367　合水县文联

注　册　地：庆阳市合水县

主营业务：文学艺术交流

主要产品：《黄河象》杂志

从业人员数（人）：3

0368　焦村北街文具店

注　册　地：庆阳市宁县焦村街道

主营业务：图书、报刊、电子出版物、文具
销售

从业人员数（人）：1

销售额（万元）：3

资产总额（万元）：15

简　　　介：焦村北街文具店成立于 2006 年 9 月，
法人代表刘晓梅，位于宁县焦村街道，经营面
积 30 方米，从业人员 1 人，年销售额 3 万元，
主要经营：图书、报刊、电子出版物、文具。

0369　甘肃新华书店集团宁县新华书店有限责任公司

注　册　地：庆阳市宁县新宁镇九龙路 1 号

主营业务：图书、报刊、电子出版物销售

从业人员数（人）：3

销售额（万元）：200

资产总额（万元）：260

0370　状元书店

注　册　地：庆阳市宁县盘克街道

主营业务：图书、报刊、电子出版物

从业人员数（人）：1

销售额（万元）：2

资产总额（万元）：10

简　　　介：状元书店成立于 2008 年 3 月，
法人代表王亚妮，位于宁县盘克街道，经营
面积 18 方米，从业人员 1 人，年销售额 2
万元，主要经营：图书、报刊、电子出版物。

0371　甘肃新华书店集团宁县新华书店有限责任公司早胜门市部

注　册　地：庆阳市宁县早胜南街

主营业务：图书、报刊、电子出版物销售

从业人员数（人）：1

销售额（万元）：80

0372　阳光书店

注　册　地：庆阳市宁县良平街道

主营业务：图书、报刊、电子出版物销售

从业人员数（人）：1

销售额（万元）：5

资产总额（万元）：50

0373 文苑书店

注　册　地：庆阳市宁县春荣街道
主营业务：图书、报刊、电子出版物销售
从业人员数（人）：1
销售额（万元）：2
资产总额（万元）：10

0374 学生书店

注　册　地：庆阳市宁县焦村街道
主营业务：图书、报刊、电子出版物销售
从业人员数（人）：1
销售额（万元）：2
资产总额（万元）：10
简　　介：学生书店成立于2004年4月，法人代表白瑞莲，位于宁县焦村街道，经营面积15平方米，从业人员1人，年销售额2万元，主要经营：图书、报刊、电子出版物。

0375 佳福乐超市书店

注　册　地：庆阳市宁县和盛街道
主营业务：图书、报刊、电子出版物销售
从业人员数（人）：1
销售额（万元）：0.5
资产总额（万元）：3

0376 甘肃东方百家商贸有限公司宁县新宁路店

注　册　地：庆阳市宁县新宁路
主营业务：图书、报刊、电子出版物销售
从业人员数（人）：3
销售额（万元）：4
资产总额（万元）：20

0377 九龙书店

注　册　地：庆阳市宁县县城

主营业务：图书、报刊、电子出版物销售
从业人员数（人）：1
销售额（万元）：1
资产总额（万元）：5

0378 文房四宝

注　册　地：庆阳市宁县早胜街道
主营业务：图书、报刊、电子出版物销售
从业人员数（人）：1
销售额（万元）：1
资产总额（万元）：5

0379 华中希望读书社

注　册　地：庆阳市宁县和盛街道
主营业务：图书、报刊、电子出版物销售
从业人员数（人）：1
销售额（万元）：2
资产总额（万元）：10

0380 文慧书店

注　册　地：庆阳市宁县盘克街道
主营业务：图书、报刊、电子出版物
从业人员数（人）：1
销售额（万元）：3
资产总额（万元）：15

0381 甘肃新华书店集团宁县新华书店有限责任公司县城门市部

注　册　地：庆阳市宁县九龙路2号
主营业务：图书、报刊、电子出版物销售
从业人员数（人）：1
销售额（万元）：100
简　　介：甘肃新华书店集团宁县新华书店有限责任公司县城门市部成立于1990年7月，位于宁县十字繁华地段，经营面积68平方米。

0382 宁县书程小驿书店

注　册　地：庆阳市宁县太昌街道

主营业务：图书、报刊、电子出版物销售

从业人员数（人）：2

销售额（万元）：4

资产总额（万元）：20

简　　　介：宁县书程小驿书店成立于2004年9月，法人代表杨玉龙，位于宁县太昌街道，经营面积120方米，从业人员3人，年销售额4万元，主要经营：图书、报刊、电子出版物。

0383 东峰书店

注　册　地：庆阳市宁县长庆桥街道

主营业务：图书、报刊、电子出版物销售

从业人员数（人）：1

销售额（万元）：1.5

资产总额（万元）：7

简　　　介：东峰书店成立于2000年9月，法人代表郭东峰，位于宁县长庆桥街道，经营面积15方米，从业人员1人，年销售额1.5万元，主要经营：图书、报刊、电子出版物。

0384 甘肃新华书店集团宁县新华书店有限责任公司平子门市部

注　册　地：庆阳市宁县平子街

主营业务：图书、报刊、电子出版物

从业人员数（人）：1

销售额（万元）：50

0385 鸿圆书店

注　册　地：庆阳市宁县良平街道

主营业务：图书、报刊、电子出版物销售

从业人员数（人）：1

销售额（万元）：2

资产总额（万元）：10

0386 妮妮书店

注　册　地：庆阳市宁县瓦斜街道

主营业务：图书、报刊、电子出版物销售

从业人员数（人）：1

销售额（万元）：1

资产总额（万元）：5

0387 学生书店

注　册　地：庆阳市宁县县城

主营业务：图书、报刊、电子出版物销售

从业人员数（人）：1

销售额（万元）：1

资产总额（万元）：5

简　　　介：学生书店成立于2007年1月，法人代表邵聪霞，位于宁县滨河路，经营面积20平方米，从业人员1人，年销售额1万元，主要经营：图书、办公用品、工艺品零售。

0388 新世纪书店

注　册　地：庆阳市宁县长庆桥街道

主营业务：图书、报刊、电子出版物销售

从业人员数（人）：1

销售额（万元）：1

资产总额（万元）：5

简　　　介：新世纪书店成立于2004年5月，法人代表刘军，位于宁县长庆桥街道，经营面积15方米，从业人员1人，年销售额1万元，主要经营：图书、报刊、电子出版物。

0389 四宝堂书店

注　册　地：庆阳市宁县平子街道

主营业务：图书、报刊、电子出版物销售

从业人员数（人）：1

销售额（万元）：2

资产总额（万元）：10

0390 东方书社

注 册 地：庆阳市宁县太昌街道

主营业务：图书、报刊、电子出版物销售

从业人员数（人）：1

销售额（万元）：3

资产总额（万元）：15

0391 育才书店

注 册 地：甘肃省庆阳市宁县县城

主营业务：图书、报刊、电子出版物销售

从业人员数（人）：2

销售额（万元）：2

资产总额（万元）：10

0392 腾飞书店

注 册 地：庆阳市宁县县城

主营业务：图书、报刊、电子出版物销售

从业人员数（人）：1

销售额（万元）：2

资产总额（万元）：10

0393 甘肃新华书店集团宁县新华书店有限责任公司和盛门市部

注 册 地：庆阳市宁县和盛街

主营业务：图书、报刊、电子出版物销售

从业人员数（人）：1

销售额（万元）：80

简　　介：甘肃新华书店集团宁县新华书店有限责任公司和盛门市部成立于2004年8月，位于和盛镇中街，经营面积60平方米，从业人员1人，年销售额80万元。

0394 和盛学生书店

注 册 地：庆阳市宁县和盛街道

主营业务：图书、报刊、电子出版物销售

从业人员数（人）：1

销售额（万元）：2

资产总额（万元）：10

简　　介：和盛学生书店成立于2002年9月，法人代表范兴平，位于宁县和盛街道，经营面积28方米，从业人员1人，年销售额2万元，主要经营：图书、报刊、电子出版物。

0395 新起点书屋

注 册 地：庆阳市宁县焦村街道

主营业务：图书、报刊、电子出版物销售

从业人员数（人）：1

销售额（万元）：1

资产总额（万元）：5

0396 宁县文汇书店

注 册 地：宁县春荣街道

主营业务：图书、办公用品、工艺品零售

从业人员数（人）：1

销售额（万元）：5

资产总额（万元）：3

0397 一角书屋和盛书店

注 册 地：庆阳市宁县和盛街道

主营业务：图书、报刊、电子出版物销售

从业人员数（人）：1

销售额（万元）：3

资产总额（万元）：15

0398 宁县博阅阁书店

注 册 地：庆阳市宁县县城

主营业务：图书、报刊、电子出版物销售

从业人员数（人）：1

销售额（万元）：3

资产总额（万元）：15

简　　介：宁县博阅阁书店成立于2008年9月，法人代表高景峰，位于宁县九龙路，经营面积20平方米，从业人员1人，年销售额3万元，主要经营：图书、办公用品、工艺品零售。

0399 义教书店

注 册 地：庆阳市宁县南义街道

主营业务：图书、报刊、电子出版物销售

从业人员数（人）：1

销售额（万元）：1

资产总额（万元）：5

0400 龙门书社

注 册 地：庆阳市宁县和盛街道

主营业务：图书、报刊、电子出版物销售

从业人员数（人）：1

销售额（万元）：2

资产总额（万元）：10

0401 米桥书店

注 册 地：庆阳市宁县米桥街道

主营业务：图书、报刊、电子出版物销售

从业人员数（人）：1

销售额（万元）：3

资产总额（万元）：15

0402 甘肃新华书店集团宁县新华书店有限责任公司湘乐门市部

注 册 地：庆阳市宁县湘乐街

主营业务：图书、报刊、电子出版物销售

主要产品：图书

从业人员数（人）：1

销售额（万元）：50

简　　介：甘肃新华书店集团宁县新华书店有限责任公司湘乐门市部成立于 2000 年 8月，位于湘乐镇中街，经营面积 60 平方米，从业人员 1 人，年销售额 50 万元。

0403 中小学生天地

注 册 地：庆阳市宁县焦村街道

主营业务：图书、报刊、电子出版物销售

从业人员数（人）：1

销售额（万元）：1

资产总额（万元）：5

简　　介：中小学生天地成立于 2009 年 4 月，法人代表马明明，位于宁县焦村街道，经营面积 15 平方米，从业人员 1 人，年销售额 1万元，主要经营：图书、报刊、电子出版物。

0404 镇原县电影发行放映公司

注 册 地：庆阳市镇原县城关镇中街 11 号

主营业务：电影发行放映

从业人员数（人）：19

销售额（万元）：1

资产总额（万元）：80

0405 定西日报社

注 册 地：定西市

主营业务：报纸出版

主要产品：《定西日报》

从业人员数（人）：35

销售额（万元）：30.5

资产总额（万元）：225.8

0406 甘肃新华书店集团定西新华书店有限责任公司

注 册 地：定西市工商行政管理局

主营业务：图书、报刊、音像制品、电子出版物批发、零售

从业人员数（人）：47

销售额（万元）：1979.8

资产总额（万元）：2151.6

0407 定西云峰科技开发有限公司

注 册 地：定西市安定区

主营业务：电子产品，音像制品，印刷服务，网络工程及其信息咨询、技术开发，网吧服务

资产总额（万元）：10

0408　甘肃省定西清明书报社

注　册　地：定西市安定区

主营业务：图书批发、零售，旧书收集，报纸、杂志整理装订、出租、借阅、馆藏

资产总额（万元）：120

0409　郑州同城向导广告有限公司陇西分公司

注　册　地：定西市陇西县

主营业务：设计、制作、发布、代理国内广告业务

从业人员数（人）：5

0410　渭源县博士源书店

注　册　地：定西市渭源县清源镇

主营业务：学生教辅、社科类图书、办公用品零售

从业人员数（人）：1

销售额（万元）：10

资产总额（万元）：10

简　　介：渭源县博士源书店，位于渭源县政府东 100 米，于 2014 年 3 月开业，注册资金 3 万元，属个体经营户，以学生教辅阅读和社科类图书和办公用品零售为主，现有图书 1 万多册，现有人员 1 人，全年销售图书 5000 册，营业收入 10 多万元，实现利润 2 万多元。

0411　渭源县新世纪书店

注　册　地：定西市渭源县清源镇

主营业务：教辅及期刊、社会科学类零售

从业人员数（人）：2

销售额（万元）：12

资产总额（万元）：20

简　　介：渭源县新世纪书店成立于 2002 年，是一家专业从事教辅及期刊、社会科学类零售的专业书店。注册资本 10 万元，固定资产 20 万元，从业人员 2 人，年销售 6000 多册书，销售收入 12 万元，实现利润 5 万多元，现书店有各类书籍 2000 多种，主要以全国各大型出版社品牌图书为主，如北京教育社，首师大出版社，甘肃教育出版社，外研社等。

0412　渭源县艺苑书店

注　册　地：定西市渭源县会川镇

主营业务：学生辅导书、辅助经营社科、少儿读物及其他书籍零售

从业人员数（人）：2

销售额（万元）：4

资产总额（万元）：8

简　　介：渭源县艺苑书店，位于渭源县会川镇青年路，于 2003 年 11 月开业，注册 2 万元，属个体经营户。近年来以学生辅导书、辅助经营社科、少儿读物及其他书籍零售为主。现有图书 5000 册，现有人员 2 人，全年销售图书 1700 多册，营业收入 4 万多元，实现利润 1 万多元。

0413　会川翰墨书社

注　册　地：定西市渭源县会川镇

主营业务：学生辅导书、辅助经营社科、少儿读物及其他书籍零售

从业人员数（人）：2

销售额（万元）：8

资产总额（万元）：15

简　　介：会川翰墨书社位于会川镇西大街 173 号，成立于 2009 年 12 月，注册资本 5000 元，从业人员 2 人，主要经营学生辅导书、辅助经营社科、少儿读物及其他书籍零售，年销售图书 4000 多册，收入 8 万元，利润 1 万多元。

0414　渭源县学海书店

注　册　地：定西市渭源县莲峰镇

主营业务：学生辅导书、辅助经营社科、少儿读物及其他书籍零售

从业人员数（人）：2

销售额（万元）：10

资产总额（万元）：15

简　　介：渭源县学海书店位于渭源县莲峰镇中街，于2001年3月开业，注册5万元，属个体经营户，近年来以学生辅导书、辅助经营社科、少儿读物及其他书籍零售为主，现有图书2万册，现有人员2人，全年销售图书1万册，营业收入10万元，实现利润2万多元。

0415　渭源县教育书店

注　册　地：定西市渭源县清源镇

主营业务：教辅及期刊类零售

从业人员数（人）：3

销售额（万元）：10

资产总额（万元）：20

简　　介：渭源县教育书店成立于1999年，是一家专业从事教辅及期刊类零售的专业书店。注册资本10万元，从业人员3人，年销售5000多册书，销售收入10多万元，实现利润4万多元，现书店有教辅品种2000多种，主要以全国各大型出版社品牌图书为主。如北京教育社，首师大出版社，甘肃教育出版社，外研社等。

0416　甘肃新华书店集团临洮新华书店有限责任公司

注　册　地：定西市临洮县洮阳镇东大街

主营业务：图书、报纸、期刊、电子出版物、文具用品、印刷器材、纸张批发、零售；出版物、场地、房屋租赁

从业人员数（人）：33

销售额（万元）：2071

资产总额（万元）：2000

简　　介：甘肃新华书店集团临洮新华书店有限责任公司成立于1950年，属省直属国有企业，占地3.2亩，有综合营业楼一栋，面积810平方米，一楼为图书超市，经营全国各大出版社的一般图书、教材教辅等图书20000多种；二楼为新华超市，经营各种文化用品、电子产品、音像制品等商品8000余种；三楼为办公楼，四、五楼为新华招待所，在辛店、衙下镇设有2个农村图书发行网点，在县城西关设有1个城市网点门市部，拥有固定资产600万元，现有正式职27名，临时招聘人员6名，担负着全县中小学学生的教材发行任务，以及向全县人民传播精神食粮的重大责任。

0417　岷县新意书店

注　册　地：定西市岷县

主营业务：供初高中教辅材料、文体用品

从业人员数（人）：1

销售额（万元）：2

资产总额（万元）：20

0418　岷县长虹书店

注　册　地：定西市岷县

主营业务：小学初高中教辅材料、文体用品

从业人员数（人）：1

销售额（万元）：2

资产总额（万元）：20

0419　岷县新华书店有限责任公司

注　册　地：定西市岷县

主营业务：为全县中小学生提供课本发行

主要产品：课本、学习资料等

从业人员数（人）：19

销售额（万元）：156

资产总额（万元）：500

0420 三味书屋

注 册 地：定西市岷县

主营业务：各类中小学生教辅图书的销售

从业人员数（人）：2

销售额（万元）：12

资产总额（万元）：30

0421 齐齐哈尔捷通文化传媒店有限公司岷县分公司

注 册 地：定西市岷县

主营业务：广告印刷业

主要产品：《都市导航》

从业人员数（人）：5

销售额（万元）：23

资产总额（万元）：100

0422 岷县教育书店

注 册 地：定西市岷县

主营业务：辅导书零售

从业人员数（人）：2

销售额（万元）：12

资产总额（万元）：50

0423 甘肃省广播电视网络股份有限公司两当县分公司

注 册 地：陇南市两当县

主营业务：广播电视网络设计、建设、监理、开发、运营、管理和维护；广播电视和信息网络的技术和产品研发、生产、销售及服务等

从业人员数（人）：18

销售额（万元）：49.88

资产总额（万元）：173

简　　介：甘肃省广播电视网络股份有限公司两当县分公司，位于两当县城滨河路，主要经营广播电视网络设计、建设、监理、开发、运营、管理和维护；广播电视和信息网络的技术和产品研发、生产、销售及服务等。年销售额 49.88 万元。

0424 文县成达书店

注 册 地：陇南市文县桥头乡

主营业务：图书零售

从业人员数（人）：1

销售额（万元）：4

资产总额（万元）：10

简　　介：该书店位于文县桥头乡，主要从事图书零售活动，经营面积 20 平方米，工作人员 1 人，注册资金 10 万。

0425 碧口教育书店

注 册 地：陇南市文县碧口镇

主营业务：图书零售

从业人员数（人）：2

销售额（万元）：8

资产总额（万元）：13

0426 阳光书屋

注 册 地：陇南市文县中寨镇

主营业务：图书零售

从业人员数（人）：1

销售额（万元）：3

资产总额（万元）：5

0427 文县博雅书店

注 册 地：陇南市文县碧口镇

主营业务：图书零售

从业人员数（人）：1

销售额（万元）：3

资产总额（万元）：5

0428 文县状元书店

注 册 地：陇南市文县城关镇

主营业务：图书零售

从业人员数（人）：1

销售额（万元）：5，

资产总额（万元）：10

0429 文县教育书屋

注 册 地：陇南市文县城关镇

主营业务：图书零售

从业人员数（人）：2

销售额（万元）：10

资产总额（万元）：15

0430 便民书屋

注 册 地：陇南市文县丹堡乡

主营业务：图书零售

从业人员数（人）：1

销售额（万元）：3

资产总额（万元）：10

0431 文县育才书店

注 册 地：陇南市文县石鸡坝乡

主营业务：图书零售

从业人员数（人）：1

销售额（万元）：3

资产总额（万元）：5

0432 文县英才书店

注 册 地：陇南市文县城关镇

主营业务：图书零售

从业人员数（人）：1

销售额（万元）：6

资产总额（万元）：13

0433 碧口虎林书屋

注 册 地：陇南市文县碧口镇

主营业务：图书零售

从业人员数（人）：1

销售额（万元）：5

资产总额（万元）：15

0434 文县知行书店

注 册 地：陇南市文县城关镇

主营业务：图书零售

从业人员数（人）：1

销售额（万元）：8

资产总额（万元）：15

0435 宕昌县新华书店

注 册 地：陇南市宕昌县

主营业务：发行图书出版物和音像制品

从业人员数（人）：11

销售额（万元）：700

资产总额（万元）：10000

简　　　介：宕昌县新华书店于1956年成立，1979年由地方上划省新华书店归口管理，是省属驻宕昌的唯一文化企业。目前拥有员工11人，门面及网点营业面积260余平方米，仓储面积380余平方米。城关中心门市部经销图书达1万余种，年发行图书100余万册，年发行总额达700余万元。辐射全县21个乡镇，基本满足了全县干部、职工和广大农民读者以及广大中小学生。

0436 临夏州新华书店

注 册 地：临夏州临夏市

主营业务：图书、杂志、音像制品

主要产品：图书

从业人员数（人）：25

销售额（万元）：1453

资产总额（万元）：429

简　　　介：临夏州新华书店隶属甘肃新华书店飞天传媒股份有限公司及甘肃省新华书店有限责任公司，位于临夏市团结路9号，占地539.06平方米，营业面积1000平方米，现有职工25人。临夏州新华书店2013年全年完成销售 1453.49 万元，负责临夏市的一般图书、中小学课本、教辅的发行任务，现为国有企业。临夏州新华书店成立于 1949 年 9 月 20 日，时称新华书店临夏支店，1958 年 9 月改为临夏市新华书店，1962 年 3 月改为临夏州新华书店，1963 年 10 月改为甘肃省新华书店临夏中心支店，1969 年 10 月改为临夏州新华书店，2006 年 9 月改为甘肃省新华书店集团临夏州新华书店有限责任公司，2008 年 12 月改为甘肃省新华书店临夏子公司，2009 年 4 月 12 日甘肃新华书店集团临夏州新华书店有限责任公司挂牌成立。2014 年 11 月，甘肃新华书店集团临夏州新华书店有限责任公司变更为甘肃省新华书店临夏州有限责任公司，同时成立甘肃新华书店飞天传媒股份有限公司临夏州分公司，分别经营原临夏州新华书店的综合业务及主营图书发行工作等。

0437 雅心清书店

注 册 地：临夏州临夏市团结路

主营业务：出版物零售批发

从业人员数（人）：4

销售额（万元）：5

资产总额（万元）：10

简 介：雅心清书店位于临夏市团结路，成立于 2002 年 8 月，本店主营出版物零售批发，2014 年销售额 5 万元，总投资额 10 万元，营业面积 100 平米，出版物零售 2 万册，现有从业人员 4 人。图书品种齐全，目前有图书品种 2 万余种，包含各类杂志、小说、文化教育、计算机、自然科学、历史地理、工业技术、政治法律等各大门类。

0438 临夏市正道书店

注 册 地：临夏州临夏市北大街

主营业务：出版物零售

从业人员数（人）：1

销售额（万元）：4

资产总额（万元）：5

0439 毓龙穆斯林文化中心

注 册 地：临夏州临夏市毓茂大厦

主营业务：出版物零售

从业人员数（人）：1

销售额（万元）：4

资产总额（万元）：4.5

简 介：毓龙穆斯林文化中心位于临夏市毓茂大厦，属个人经营形式，主营各类穆斯林出版物零售，为读者提供相关图书及音像制品的文化交流服务。本店投资 4.5 万元，2014 年出版物零售 500 册。

0440 临夏金洋书店

注 册 地：临夏州临夏市金洋商厦一楼

主营业务：出版物零售批发

从业人员数（人）：6

销售额（万元）：100

资产总额（万元）：1000

简 介：临夏金洋书店位于临夏金洋商厦一楼，成立于 2014 年 4 月 18 日，主要经营范围出版物，电教设备等零售批发，从业人员 6 人，本店总面积 100 平米，总投资 1000 万元。本店新书引进快，图书品种齐全，以"经济管理、社科哲学"等专业书籍为主要特色。目前有图书品种 2 万余种，包含文化教育、计算机、自然科学、历史地理、工业技术、政治法律等各大门类，2014 年销售额达 100 万元，销售图书 80 万册。

0441 临夏市华夏书店

注 册 地：临夏州临夏市团结路

主营业务：出版物零售，教辅类电子出版物

从业人员数（人）：8

销售额（万元）：55

资产总额（万元）：100

简　　介：临夏市华夏书城位于临夏市团结路，本店于2000年注册成立，营业面积200平米，从业人员8人，总投资额100万元，2014年销售额50万元，本店新书引进快，图书品种齐全，以"经济管理、社科哲学"等专业书籍为主要特色。目前有图书品种2万余种，包含文化教育、计算机、自然科学、历史地理、工业技术、政治法律等各大门类，销售图书4万册，报纸1万册，出版物零售品种2万种。

0442　书式生活

注　册　地：临夏州临夏市生产路甘光17栋4号

主营业务：出版物零售

从业人员数（人）：1

销售额（万元）：5

资产总额（万元）：10

简　　介：书式生活位于临夏市生产路，本店成立于2014年4月，主营出版物零售，从业人员1人，经营面积33平米，总投资额10万元，2014年销售额5万元。本店新书引进快，图书品种以教育材料、小说、复习材料等书籍为主。

0443　临夏市开明书店

注　册　地：临夏州临夏市平等路

主营业务：各类书籍的零售、批发

主要产品：各类书籍

从业人员数（人）：2

销售额（万元）：15

资产总额（万元）：4

简　　介：临夏市开明书店位于临夏市平等路，本店成立于1992年12月，从业人员2人，主营出版物零售，总投资额4万元，销售图

书5万册。本店图书品种齐全，包含各类杂志、小说、文化教育、计算机、自然科学、历史地理、工业技术、政治法律等各大门类。

0444　新知识书店一分部

注　册　地：临夏州临夏市刘临路

主营业务：出版物及文化用品零售

从业人员数（人）：2

销售额（万元）：11

资产总额（万元）：5

简　　介：新知识书店一分部位于临夏市刘临路，属于个人经营，文化用品零售，总投资5万元，面积为55平方米。本店以"经济管理、社科哲学"等专业书籍为主要特色，目前有图书品种2万余种，包含文化教育、计算机、自然科学、历史地理、工业技术、政治法律等各大门类。2014年销售额达8万元，销售图书2000万册。

0445　神音影像制品店

注　册　地：临夏州临夏市南龙一条街

主营业务：影像制品的零售与出租

从业人员数（人）：1

销售额（万元）：1、

资产总额（万元）：3

简　　介：神音影像制品店位于南龙一条街，占地25平方米，总资产3万元，从业人员1人。该店出售音乐光盘为主，并出租正规光盘和磁带。

0446　临夏市优才书店

注　册　地：临夏州临夏市崇文小区商铺

主营业务：出版物零售

从业人员数（人）：2

销售额（万元）：15

资产总额（万元）：25

简　　介：临夏市优才书店位于临夏市崇文

小区，本店主要经营范围出版物零售及办公用品，文化用品，文体用品批发、零售，品种总共有 200 多种，总投资 25 万，总销售额 42 万，总利润 6.2 万元。

0447 祥东音像制品总汇

注 册 地：临夏州临夏市团结路 76 号

主营业务：音像制品零售

从业人员数（人）：1

销售额（万元）：3

资产总额（万元）：6

简　　　介：该店位于临夏市团结路，占地 15 平方米，总资产 6 万元，从业人员 1 人，本店出售少儿光盘、音乐光盘、教育光盘、高考必备光盘、广告宣传光盘等 2 万多张，本着坚持为人民服务和为社会主义服务的方向，传播有益于经济发展和社会进步的思想道德、科学技术和文化知识。

0448 邮政报刊图书批销中心

注 册 地：临夏州临夏市民主东路 8 号

主营业务：出版物零售批发

从业人员数（人）：2

销售额（万元）：7

资产总额（万元）：3

简　　　介：邮政报刊图书批销中心位于临夏市民主东路 8 号，总投资额 3 万元，成立于属于国有企业，面积为 230 平方米。主要经营报刊、杂志、图书，以文化教育、计算机、工业技术、政治法律等各大门类图书品种 2 万余种。2014 年出版物销售 8 万册。

0449 民族报社发行中心

注 册 地：临夏州临夏市红园路 42 号

主营业务：报纸零售批发

从业人员数（人）：18

销售额（万元）：70

资产总额（万元）：28

简　　　介：民族报社发行中心位于临夏市红园路 42 号，成立于 2005 年 11 月，主营范围报纸零售批发，营业面积 86 平米，从业人员 18 人，2014 年销售额 70 万元，总投资额 10 万元，国有企业，曾获得全国报纸自办发行先进集体。

0450 王占海经书店

注 册 地：临夏州临夏市毓茂大厦

主营业务：出版物零售

从业人员数（人）：1

销售额（万元）：6

资产总额（万元）：2

0451 金名文化用品经销部

注 册 地：临夏州临夏县

主营业务：文化用品

从业人员数（人）：1

销售额（万元）：20

资产总额（万元）：0.5

0452 华海书城

注 册 地：临夏州临夏县

主营业务：各类书籍

从业人员数（人）：1

销售额（万元）：2.5

资产总额（万元）：7

0453 丽声音像

注 册 地：临夏州临夏县

主营业务：光盘出租零售

主要产品：光盘

从业人员数（人）：1

销售额（万元）：1

资产总额（万元）：1.2

0454 乐源音像世界

注 册 地：临夏州临夏县

主营业务：光盘出租零售

从业人员数（人）：2

销售额（万元）：0.3

资产总额（万元）：0.5

0455 临夏县新华书店

注 册 地：临夏州临夏县

主营业务：图书 报纸 期刊 电子出版物

从业人员数（人）：2

销售额（万元）：720

资产总额（万元）：50

简　　介：临夏县新华书店位于临夏县韩集镇上街，是一家国营企业，主要经营图书 报纸 期刊电子出版物等。注册资本为 5.8 万元。

0456 学海书屋

注 册 地：临夏州临夏县

主营业务：各类书籍

主要产品：图书

从业人员数（人）：2

销售额（万元）：3.5

资产总额（万元）：8

0457 康乐县红帆书店

注 册 地：临夏州康乐县新治街中街

主营业务：图书零售

从业人员数（人）：3

销售额（万元）：6

资产总额（万元）：5

简　　介：康乐县红帆书店位于康乐县新治街，法人：何秀珠，从业人员 3 人。主营图书零售，注册资金 11 万元，成立于 2005 年，经营面积 28 平方米。

0458 育新书屋

注 册 地：临夏州康乐县新治街小学门口

主营业务：图书零售

从业人员数（人）：1

销售额（万元）：0.5

资产总额（万元）：1.5

0459 知识窗书店

注 册 地：临夏州康乐县旧法院楼底

主营业务：图书零售

从业人员数（人）：2

销售额（万元）：2

资产总额（万元）：1.5

简　　介：康乐县知识窗书店位于康乐县旧法院楼底，法人：辛红进，主营图书零售，从业人员 2 人。

0460 甘肃新华书店集团康乐新华书店有限责任公司

注 册 地：甘肃省新闻出版广电局

主营业务：图书、报纸、期刊、电子出版物

从业人员数（人）：7

销售额（万元）：750

资产总额（万元）：3.3

简　　介：甘肃新华书店集团康乐新华书店有限责任公司，法人代表：唐致忠。书店位于康乐县新治街中街 8 号，从业人员 7 人，技术人员 2 人，经营面积 600 平方米，经营范围包括图书、报纸、期刊、电子出版物。

0461 康乐县县城社区文化站

注 册 地：临夏州康乐县康乐一中门口

主营业务：图书零售

从业人员数（人）：2

销售额（万元）：1.5

资产总额（万元）：3

0462 宇燕文艺影像社

注 册 地：临夏州康乐县新治街

主营业务：图书零售

从业人员数（人）：2

销售额（万元）：2.5

资产总额（万元）：5

简　　介：宇燕文艺影像社位于康乐县新治街，法人：罗晓燕，从业人员2人，主营图书零售，经营类型：图书报刊。

0463 新华书店

注 册 地：临夏州广河县城光镇西街19号

主营业务：图书零售

从业人员数（人）：6

销售额（万元）：750

资产总额（万元）：569

简　　介：新华书店位于广河县国税局隔壁，使用面积为200平方米，法定代表人是唐永胜，投资额为569万元，主要出售各类考试复习资料，教辅、社科、幼儿等书籍。

0464 千文港书店

注 册 地：临夏州广河县城关镇

主营业务：图书零售

从业人员数（人）：3

销售额（万元）：30

资产总额（万元）：40

简　　介：千文港书店位于广河县买塔尔小区楼底，使用面积260平米，主要出售各类考试用书，幼教、社科等书。

0465 永靖县川南音像店

注 册 地：临夏州永靖县

主营业务：音像制品零售、出租

从业人员数（人）：2

销售额（万元）：4.3

资产总额（万元）：2.6

简　　介：永靖县川南音像店位于永靖县刘家峡镇太极文化广场，是一家音像制品零售及出租个体经营店。该店成立于2003年3月8日，面积约35平米，注册资金2.6万元，从业人员2人，主要责任人刘尚顺。该店主要经营音像制品零售、出租，年销售额约4.3万元。该店音像制品涵盖了综艺生活、体育健身、卡通动画、音乐风光等领域的将近200多种，平均每年推出影视、音乐、百科等作品150余部，年销售量达1000多张。

0466 永靖县红太阳书城

注 册 地：临夏州永靖县

主营业务：图书、期刊、音像制品零售

从业人员数（人）：6

销售额（万元）：30

资产总额（万元）：16

简　　介：永靖县红太阳书城位于永靖县小什字人行隔壁2楼和3楼，成立于2004年，书城创办人贺会军。该书城现有面积28平方米，营业人员6人，固定资产16万，年销售额达30万元。该书城二楼经营文学、社科类等5万多种畅销图书，1000多种杂志期刊，三楼经营教辅图书和文化用品，为我县各个阶层、各个年龄段的消费人群提供了便利的读书需求，极大地丰富了我县城乡居民的精神文化生活。 2007年3月该书城荣获永靖县出版物市场优秀经营单位称号；2013年9月荣获永靖县先进个体工商户称号。

0467 永靖县状元书城

注 册 地：临夏州永靖县

主营业务：图书批发、零售

从业人员数（人）：1

销售额（万元）：2

资产总额（万元）：20

简　　介：永靖县状元书城位于永靖县古城

新区教育大厦一楼南面14号，是一家集图书销售和批发于一身的个体经营书店。书店成立于2014年6月27日，面积约70平米，注册资金20万元，从业人员1人，主要经营学生教辅材料、文学作品等图书批发、零售、文化办公用品，年销售额约2万元。

0468 音像行

注 册 地：临夏州和政县

主营业务：光盘销售

从业人员数（人）：1

销售额（万元）：3

资产总额（万元）：5

0469 和政县魔方室内设计工作室

注 册 地：临夏州和政县

主营业务：打字、复印、广告

从业人员数（人）：5

销售额（万元）：20

资产总额（万元）：50

简　　介：魔方室内设计工作室成立于2011年4月21日，属于个人经营。主要经营范围：室内设计、效果图、打字复印、办公用品零售等。我工作室主要服务于一些餐饮、服装、酒店、单位等的广告策划、创意、宣传设计等。工作室主要经营企业画册、产品画册、封面设计、印刷品设计、名片、宣传彩页、海报、喷绘、展板设计制作等内容。

0470 金韵音像经销部

注 册 地：临夏州和政县

主营业务：光盘销售

从业人员数（人）：1

销售额（万元）：3

资产总额（万元）：5

0471 玉霞音像行

注 册 地：临夏州和政县

主营业务：光盘销售

从业人员数（人）：1

销售额（万元）：3

资产总额（万元）：5

0472 和政县新华书店

注 册 地：临夏州和政县

主营业务：出版物零售

从业人员数（人）：0

销售额（万元）：281

资产总额（万元）：976

简　　介：和政新华书店成立于1956年7月，位于县城大十字，属国有文化发行企业，由甘肃省新华书店集团公司统一管理，临夏州新华书店直接管理，注册资金3.7万元，固定资产96万元，全店共有员工6人，综合办公营业大楼一栋，面积720平米，门市营业面积110平米，经营图书5000余种，文化用品1000余种，课本库房90平米（租赁），年营业额30多万元。我店担负着全县146所幼儿园，中小学的教材、教辅发行，年营业额700多万元，多年来为我县文化知识的传播做出了应有的贡献。

0473 林娟音像行

注 册 地：临夏州和政县

主营业务：光盘销售

从业人员数（人）：2

销售额（万元）：3

资产总额（万元）：5

0474 和政县育才书店

注 册 地：临夏州和政县

主营业务：图书销售

从业人员数（人）：1

销售额（万元）：2

资产总额（万元）：15

0475　和政县鸿业办公服务部

注　册　地：临夏州和政县

主营业务：打字、复印、广告

从业人员数（人）：4

销售额（万元）：20

资产总额（万元）：100

简　　　介：和政县鸿业办公服务部现有设备复印机 3 台、电脑 4 台、写真机 1 台、刻字机 1 台、条幅印刷机 1 台。经营场地 110 平方米，从业人员 5 人，拥有固定资产 60 万元，年创产值 50 万元，实现利税 5 万元。服务部自 1995 年开业以来，以"诚信服务、快捷高效、安全保密、质优价廉"为宗旨，采用先进设备，精湛的技术、优惠的价格受到广大新老顾客的欢迎和好评。1996 年、1998 年和政县委、县政府评为发展非公有制经济先进个人称号。省保密局 2003 年确定为"国家秘密载体定点复制单位"。县工商联吸收为个体协会会员。

0476　新华书店

注　册　地：临夏州和政县

主营业务：图书销售

从业人员数（人）：7

销售额（万元）：552

资产总额（万元）：800

0477　富民光盘零售

注　册　地：临夏州和政县

主营业务：光盘销售

从业人员数（人）：1

销售额（万元）：2

资产总额（万元）：4

0478　天籁音像行

注　册　地：临夏州和政县

主营业务：光盘销售

从业人员数（人）：1

销售额（万元）：2

资产总额（万元）：4

0479　神龙影视

注　册　地：临夏州和政县

主营业务：光盘销售

从业人员数（人）：1

销售额（万元）：3

资产总额（万元）：4.5

0480　积石山县智源书店

注　册　地：临夏州积石山县文化路 87 号

主营业务：中小学教辅读物批发、零售

从业人员数（人）：2

销售额（万元）：8.7

资产总额（万元）：5

0481　马云影像店

注　册　地：临夏州积石山县农贸路 60 号

主营业务：影像光碟批发、零售

从业人员数（人）：1

销售额（万元）：3

资产总额（万元）：1.5

0482　马胡才尼碟铺

注　册　地：临夏州积石山县居集街道

主营业务：影像光碟批发、零售

从业人员数（人）：1

销售额（万元）：3

资产总额（万元）：1

0483　蓝宝石碟行

注　册　地：临夏州积石山县物资市场

主营业务：影像光碟批发、零售

从业人员数（人）：1

销售额（万元）：5.5

资产总额（万元）：3

0484 积石山县大河家海鸿图书文体

注　册　地：临夏州积石山县大河家镇南街

主营业务：中小学教辅读物批发、零售

从业人员数（人）：1

销售额（万元）：5

资产总额（万元）：3

0485 兴旺碟行

注　册　地：临夏州积石山县大河家街道

主营业务：影像光碟批发、零售

从业人员数（人）：1

销售额（万元）：4.5

资产总额（万元）：3

0486 黄海海影像制品零售店

注　册　地：临夏州积石山县肖红萍街道

主营业务：影像光碟批发、零售

从业人员数（人）：1

销售额（万元）：1.5

资产总额（万元）：0.5

0487 九州书店

注　册　地：临夏州积石山县振兴路

主营业务：中小学教辅读物批发、零售

从业人员数（人）：2

销售额（万元）：14

资产总额（万元）：10

0488 积石山县马尕白文化用品店

注　册　地：临夏州积石山县文化路

主营业务：图书批发、零售

从业人员数（人）：1

销售额（万元）：6.5

资产总额（万元）：3

0489 银川影像制品专卖店

注　册　地：临夏州积石山县银川街道18号

主营业务：影像光碟批发、零售

从业人员数（人）：1

销售额（万元）：3

资产总额（万元）：1.5

0490 海鸿图书社

注　册　地：临夏州积石山县花苑小区

主营业务：中小学教辅读物批发、零售

从业人员数（人）：2

销售额（万元）：14.8

资产总额（万元）：5

0491 兴旺碟行

注　册　地：临夏州积石山县大河家街道

主营业务：影像光碟批发、零售

从业人员数（人）：1

销售额（万元）：4.5

资产总额（万元）：3

0492 育才图书文体

注　册　地：临夏州积石山县利民街

主营业务：中小学教辅读物批发、零售

从业人员数（人）：1

销售额（万元）：7.5

资产总额（万元）：2

0493 东芳书社

注　册　地：临夏州积石山县大河家街道

主营业务：中小学教辅读物批发、零售

从业人员数（人）：1

销售额（万元）：8

资产总额（万元）：5

0494 三味书屋

注 册 地：临夏州积石山县临夏路

主营业务：中小学教辅读物批发、零售

从业人员数（人）：1

销售额（万元）：5.5

资产总额（万元）：0.5

0495 星火书屋

注 册 地：甘南州卓尼县工商局

主营业务：主营图书出租、出售

从业人员数（人）：1

销售额（万元）：2

资产总额（万元）：1

简　　　介：星火书屋于 2009 年 4 月申请营业，位于卓尼县扎古录镇麻路村，使用面积 10 平米，固定资产 1 万元，个体经营，主营图书出租、出售，从业人员 1 人。

0496 星海书屋

注 册 地：甘南州卓尼县工商局

主营业务：图书出售

从业人员数（人）：1

销售额（万元）：12

资产总额（万元）：2

简　　　介：星海书屋于 2009 年 4 月申请营业，位于卓尼县一中路，面积 20 平米，注册资本 2 万元，个体经营，主营图书出售。从业人员 1 人。

0497 卓尼县新华书店

注 册 地：甘南州卓尼县工商局

主营业务：图书的批发、零售

从业人员数（人）：4

销售额（万元）：343

资产总额（万元）：74

0498 甘肃新华书店集团迭部新华书店有限责任公司

注 册 地：甘南州迭部县

主营业务：图书、图片、教材零售

从业人员数（人）：6

销售额（万元）：209

资产总额（万元）：192

0499 甘肃新华书店集团玛曲新华书店有限责任公司

注 册 地：甘南州玛曲县

主营业务：报纸、期刊、图书、电子出版零售

从业人员数（人）：2

销售额（万元）：1

资产总额（万元）：4

甘肃省文化资源名录

第三十六卷 文化产业、传媒 I

广播电视电影服务

0001 甘肃中广传播有限公司

注 册 地：兰州市东岗西路 226 号甘肃广电网络大厦

主营业务：移动多媒体广播电视接入服务；经营移动多媒体广播电视业务；移动多媒体广播电视业务的系统集成、漫游结算、清算、技术开发、技术服务和设备销售；出租、出售移动多媒体终端设备；广告设计、制作、代理、发布；广播电视节目制作经营；相关经济信息的咨询服务

主要产品：甘肃省移动多媒体广播电视（CMMB）的业务经营

销售额（万元）：507

资产总额（万元）：1729

0002 甘肃风行影视文化有限公司

注 册 地：兰州市城关区

主营业务：影视剧、纪录片的策划、创作、拍摄

主要产品：《甘南情歌》《中医药文化在甘肃》《大山深处的光影》《全城寻找》《真相》《狼来了》《陇东往事》《黄天厚土》《燃烧的土地》

从业人员数（人）：4

销售额（万元）：96

资产总额（万元）：334

0003 甘肃省通信产业工程建设有限公司

注 册 地：兰州市城关区金昌北路 41 号

主营业务：通信工程、电子工程、建筑智能化工程专业承包（凭资质证经营）；通信信息网络系统集成；计算机信息系统集成；广播电视工程；信息服务业务；安防监控、软件开发、综合布线、屏蔽室建设、数据恢复；通信网络代维（外包）业务；通信材料销售（国家限制的除外）

主要产品：通信工程、电子工程、建筑智能化工程专业承包

0004 甘肃飞天新传媒网络科技有限公司

注 册 地：兰州市城关区张苏滩 561 号

主营业务：文化、互联网信息服务、计算机服务进行运营、管理、技术开发、技术服务、技术转让、技术咨询；互联网电视增值服务；从事网络电影播出服务、电视节目播出服务；网络购物、网络咨询服务、网络教学、网络票务（不含航空销售代理）；网路传输、网络工程安装、广播电视媒体技术研发；文化艺术交流活动策划、媒体衍生产品的开发和经营；投资及投资咨询；广播电视设备研发

主要产品：文化、互联网信息服务

资产总额（万元）：135

0005 甘肃省民航文化传媒有限公司

注 册 地：兰州市城关区嘉峪关西路 203 号

主营业务：电影院线投资、影视剧投资、互联网投资、出版发行、制作发行、电视综艺、专题片，组织文化艺术交流（不含演出）、会议及展览服务、企业经营管理服务、企业形象策划、产品设计，广告设计、制作，代理发布广告等业务.（依法须经批准的项目，经有关部门批准后方可经营）

主要产品：电影院线投资、影视剧投资、互联网投资、出版发行、制作发行、电视综艺、专题片

0006 兰州电影制片厂有限责任公司

注 册 地：兰州市城关区段家滩路 536 号

主营业务：编辑、创作电视剧目；为电影电视制作部门提供设备、技术指导、业务培训

销售额（万元）：87.8

资产总额（万元）：1272

0007 甘肃广播电视新闻纪录片工作部

注 册 地：甘肃省兰州市城关区东岗西路226 号

主营业务：设计、制作、发布国内外电视广播广告业务；制作电视综艺、专题、广告

资产总额（万元）：79.8

0008 甘肃华鑫兄弟影视传媒有限公司

注 册 地：兰州市五泉街道火车站西路 569 号

主营业务：电视综艺、电视专题的节目制作、发行（凭许可证在有效期内经营）；文化艺术活动及会议会展服务；设计、制作、代理、发布国内各类广告（国家行政许可限定的广告除外）；企业形象策划；商务信息咨询及经济信息咨询服务（不含证券）

主要产品：电视综艺、电视专题的节目制作、发行

0009 甘肃广电家庭购物商贸有限公司

注 册 地：兰州市城关区东岗西路 226 号网络大厦 6 楼

主营业务：五金交电、针纺织品、钟表眼镜、文化用品、工艺品、装潢材料、仪器仪表、服装鞋帽、办公用品、日用品、化妆品、汽车配件、劳防用品、通信设备及相关产品的电视销售；广告设计、制作、发布；企业管理；国内贸易业务（国家有专项规定的除外）

0010 甘肃佳视数字电视发展有限公司

注 册 地：兰州市城关区张苏滩 541 号

主营业务：电视综艺、电视专题节目制作、发行；大型综艺活动策划、组织、制作；数字电视技术开发；数字电视相关设备的销售；广告代理、经营；网络工程施工；电视购物经营

0011 甘肃三浦灵狐文化产业发展股份有限公司

注 册 地：兰州市西固区关山护林站

主营业务：动漫设计、制作、营销；文化艺术培训；影视策划咨询，广告设计制作代理及发布；企业形象策划；发行电视综艺、专题片、动画片

0012 甘肃省广播电视网络股份有限公司兰州分公司

注 册 地：兰州市城关区火车站东路 19 号

主营业务：广播电视网络设计、建设、监理、开发、运营、管理和维护；视音频内容集成、制作、分发经营；利用有线电视网络资源开展数据信息、移动多媒体及"三网融合"国家允许的通信、互联网、比照电信基础业务管理的增值电信业务等新技术、新业务、新媒体的开发经营；设计、制作、发布广告；

广播电视与信息网络的技术和产品研发、生产、销售及服务；国内外广播电视及信息网络设备器材的代理、经销；符合国家产业政策的其他领域项目如电子、软件、新材料、节能等

主要产品：广播电视网络设计、建设、监理、开发、运营、管理和维护；视音频内容集成、制作、分发经营

0013 甘肃飞视艺术拓展有限责任公司

注 册 地：兰州市城关区兰州市城关区段家滩路 536 号

主营业务：以广播影视专业各类艺术培训、技术培训为主业，同时开展培训教材及相关音像制品制作发行、旅游、会展、演艺、商贸、物流、租赁等多种经营

0014 甘肃飞天广电数字移动电视传媒有限责任公司

注 册 地：兰州市城关区张苏滩 561 号

主营业务：公交数字移动电视；轨道交通数字移动电视业务；新媒体业务；户外大屏业务；楼宇电视业务；数字移动电视衍生产品开发销售业务；广播电视节目制作、销售、发布；广告策划、制作、代理及发布；广播电视技术服务

0015 甘肃飞天广电传媒投资控股有限公司

注 册 地：兰州市城关区张苏滩 561 号

主营业务：文化艺术交流活动策划组织；广播电视新技术、新产品研发；广播电视媒体产业研发；媒体衍生产品的开发和经营；国内广告代理、制作和发布；影视节目制作、发行和销售；广播影视媒体项目投资及投资咨询；授权及投资企业的资本运营、资产管理、企业管理；广播电视设备研发及销售

主要产品：文化艺术交流活动策划组织；广播电视新技术、新产品研发

0016 甘肃广电网络数据有限公司

注 册 地：甘肃省兰州市城关区东岗西路 226 号

主营业务：广播电视网络、计算机信息系统集成、管理和维护；视音频内容集成、制作、分发经营；利用有线电视网络资源开展数据信息、移动多媒体及"三网融合"国家允许的通信、互联网、信息服务比照电信基础业务管理的增值电信业务等新技术、新业务、新媒体的开发经营；计算机技术开发、技术咨询、技术服务、技术转让；基础软件服务；应用软件服务；计算机、软件及辅助设备，电子产品（不含卫星地面接收设施），机械设备，仪器仪表销售；互联网数据中心和互联网接入服务业务；符合国家产业政策的其他领域项目等

主要产品：广播电视网络、计算机信息系统集成、管理和维护；视音频内容集成、制作、分发经营

资产总额（万元）：1000

0017 甘肃省广播电视网络传输有限公司

注 册 地：兰州市东岗西路 226 号

主营业务：甘肃省广播电视网络传输

销售额（万元）：9874

资产总额（万元）：28691

0018 甘肃广电数字移动电视传媒有限责任公司

注 册 地：兰州市城关区东岗西路 226 号

主营业务：电视节目及数据传输；多媒体数字电视广播；数字电视广播增值业务；网络资源租赁；广播电视信息咨询服务；计算机

网络集成；家用电器、通讯设备、电子产品的批发、零售

销售额（万元）：489

资产总额（万元）：1319

0019 兰州太平洋华联影业有限公司

注 册 地：兰州市城关区南昌路 982 号

主营业务：电影院投资、改造、管理；35mm 胶片和数字电影放映；房屋及场地租赁；发布国内各类广告；预包装食品、散装食品零售

0020 兰州星美国际影城瑞德店（兰州星美影城管理有限公司）

注 册 地：兰州市城关区东岗东路 1999 号万国港 7 楼

主营业务：电影放映

从业人员数（人）：52

销售额（万元）：71

资产总额（万元）：621

简 介：兰州星美国际影城瑞德店位于兰州市城关区东岗东路 1999 号瑞德摩尔——西北最大、甘肃省首座集购物、餐饮、娱乐、休闲于一身的"一站式"购物中心内。星美国际影城兰州瑞德店占地 3000 多平方米，由星美影院发展有限公司兴建，拥有 5 个功能不同的放映厅，800 余座。影城定位于超五星级主题影城，是一个集休闲、娱乐、视听、产品等多方面于一身的综合性多功能数字化影城。星美国际影城兰州瑞德店采用世界顶级的 2K 比利时 BARCO 数字放映机，美国进口品牌"STRONG"胶片放映设备，世界名牌英国的超大哈克尼斯银幕，体现高品质清晰画面，国际上最先进的 QSC 数码立体声逼真音响设备，近千元第二代 3D 液晶眼镜，设备的多重优势使每位观众享受与国际接轨的无与伦比的全新影音效果。

0021 兰州东方红影城有限公司

注 册 地：兰州市城关区团结新村街道天水南路 160 号

主营业务：电影放映；影视广告发布；百货零售。

0022 兰州广电报业有限责任公司

注 册 地：兰州市城关区庆阳路 92 号 2 号楼 3 层

主营业务：《兰州广播电视报》出版、发行；报纸广告设计、发布、代理、发布；相关媒体、文化产业相关服务产品的开发；文化产业投资；会展服务

从业人员数（人）：2

0023 兰州太平洋华联影业有限公司

注 册 地：兰州市城关区南昌路 982 号

主营业务：电影院投资、改造、管理；35MM 胶片和数字电影放映；房屋及场地租赁；发布国内各类广告；预包装食品、散装食品零售；百货零售。（以上项目依法须经批准的，经相关部门批准后方可开展经营活动）

0024 甘肃黄河剧院

注 册 地：兰州市城关区皋兰路 8 号

主营业务：电影放映

从业人员数（人）：19

销售额（万元）：247

资产总额（万元）：663

简 介：甘肃黄河剧院是由省政府投资建设的省级重大工程项目，项目总投资 20800 万元，建筑面积 17143 平方米。影城按五星级标准建设，可容纳观众 1305 人（其中拥有目前西北地区最大的巨幕观影厅，可容纳观众 970 人；豪华观影厅 4 个，可容纳 323 人；VIP 观影厅 1 个，可容纳观众 12 人。

0025 甘肃新天影视制作有限责任公司

注 册 地：兰州市城关区张苏滩 541 号

主营业务：电视综艺、电视专题制作、发行；设计、制作、发布、代理国内各类广告

0026 甘肃金水滴业投资管理有限公司

注 册 地：兰州市城关区南昌路 982 号

主营业务：投资、改造、管理各类影院

0027 兰州万达影城城关店（兰州万达国际电影城有限公司）

注 册 地：兰州市城关区天水北路 68 号

主营业务：电影放映

从业人员数（人）：33

销售额（万元）：552.92

资产总额（万元）：2723.51

简 介：兰州万达影城（城关店）是万达院线在兰州开办的第二家影城，坐落于兰州万达广场，此电影院占地面积 8712 平方米、共有 10 个影厅，其中，1 个 IMAX 影厅，1 个 VIP 厅、3 个 4K 影厅和 5 个 3D 影厅。可容纳 1761 个观众同时观影，放映制式全面，影厅较多，可以基本满足影迷的观影要求

0028 太平洋电影城汇胜店（甘肃君联影视有限公司）

注 册 地：兰州市城关区永昌路 268 号汇胜购物中心四楼

主营业务：电影放映

从业人员数（人）：27

销售额（万元）：55

资产总额（万元）：193

简 介：太平洋电影城汇胜店是太平洋院线旗下成员之一，是目前兰州最迷你最实惠的影城，影城于 2014 年 9 月 18 日开业，影院内 4 个厅，240 个座位。

0029 甘肃省电影发行放映公司新兴影城

注 册 地：兰州市城关区静宁路 319 号

主营业务：电影放映

从业人员数（人）：10

销售额（万元）：131

资产总额（万元）：5.6

简 介：甘肃省电影发行放映公司新兴影城简称兰州新兴影城，是甘肃省电影发行放映公司下属影城，坐落于静宁路 319 号（省文化厅培训中心负一楼、雅居楼酒店隔壁），于 2012 年 7 月经过全面升级改造后，加盟到中影数字电影院线。现内设 3 个数字 3D 影厅，总座位数 272 个。

0030 兰州市东方红影城有限公司

注 册 地：兰州市城关区天水南路 160 号

主营业务：电影放映

从业人员数（人）：45

销售额（万元）：900

资产总额（万元）：2716

简 介：东方红影城始建于 1958 年，原身为"东岗电影院"东方红影城始建于 1958 年，前身为"东岗电影院"。兰州东方红影城隶属兰州东方红影城有限责任公司，该公司是中国第一家股份制改造的电影放映企业，实现了产权的多元化、明晰化，为进一步适应现代电影市场发展奠定了一定基础。"兰州东方红影城"于 2003 年 4 月 18 日举行奠基仪式并开工建设，国家广电总局有关领导、甘肃省委宣传部、省广电厅、省文化厅、兰州市委市政府主要领导参加了奠基仪式。影城是根据兰州市委、市政府"做西部文化，创西部一流"的指导精神设计建造的。影城按国家五星级影院标准设计，占地面积 4.312 亩，建设地下一层，地上五层，总建筑面积约 11000 平方米，总投资 2500 万元。

0031 兰州九七格林国际影业有限公司

注 册 地：兰州市城关区雁北路 1639 号

主营业务：电影放映

从业人员数（人）：30

销售额（万元）：213

资产总额（万元）：1000

简　　介：兰州九七国际电影城是兰州九七格林影业有限公司旗下具有全新理念的影院。影院位于兰州市城关区雁北路 1639 号格林小镇 17 号楼，是甘肃省投资额度最高、配置最豪华的现代化多厅全数字 3D 影院，设有 7 个国际标准数字放映厅，共 1199 座，均装配国际先进的比利时 BARCO 高清数字放映机，高保真立体环绕音系统，高增益漫反射无接缝金属大银幕，座椅呈阶梯状排列，观影视线无遮拦。其中巨幕影厅银幕宽幅 22 米，高达 9.5 米。

0032 甘肃宇星影视文化有限公司

注 册 地：兰州市城关区甘南路 66 号

主营业务：电视综艺、电视专题的制作及发行；摄制电影（单片）；国内各类广告的设计、制作

主要产品：电视节目、电影、专题片

从业人员数（人）：15

销售额（万元）：150

资产总额（万元）：300

简　　介：甘肃宇星影视文化有限公司成立于 2004 年，是一家多元化文化传播机构，公司主要业务涉及影视剧投资拍摄、出版物设计发行、艺人经纪、演出策划、实景及小剧场演出等。公司成立近十年来，以增进文化交流、繁荣传媒市场为己任，先后共制作发行电视剧 8 部，独立制作胶片电影 3 部。其中由我公司与八一电影制片厂联合拍摄《血脉》是甘肃省内第一部通过民营资本运作拍摄的电影，该片获 2006 年甘肃省广电局、

影视家协会颁发"锦鸡奖"；2012 年 7 月 14 日，由宇星影视投资拍摄的 24 集电视连续剧《先遣连》在央视一套黄金强档播出，开创了甘肃本土影视制作机构作品在央视黄金时段播出之先河，2013 年该片荣获中国电视剧的最高"政府奖"——第 29 届中国电视剧"飞天奖"长篇电视剧一等奖，收到了良好的社会效益和经济效益。

0033 甘肃百通影视发展有限公司

注 册 地：兰州市城关区

主营业务：电视综艺、电视专题、动画故事的制作、发行；音像制品批发、零售；经营演出及经纪业务；电子产品等

主要产品：《秦腔宝典》、《西北风情》

从业人员数（人）：25

销售额（万元）：167.17

资产总额（万元）：408.23

简　　介：甘肃百通影视发展有限公司成立于 1999 年，注册资本 350 万元，法定代表人：孟云。本公司自行投资拍摄《秦腔宝典》系列节目计 143 本本戏，200 余折折子戏，出版发行ＶＣＤ光盘《秦腔宝典》600 余张、《西北风情》10 余张。合作单位分别为甘、陕、宁多家专业秦腔院团，400 多位秦腔名家。为古老秦腔文化的传承与发展、活跃西北秦腔观众文化生活需求起了一定的促进作用。本公司自成立以来，每年以拍摄 10 本以上的剧目递增，在编辑质量和发行渠道上严格把关，赢得了市场的好评。

0034 甘肃祁连雪影视责任有限公司

注 册 地：兰州市城关区段家滩 540 号

主营业务：影视专题片制作

从业人员数（人）：5

销售额（万元）：1

资产总额（万元）：200

0035 兰州晟剑文化传媒有限公司

注　册　地：兰州市城关区工商局

主营业务：影视作品的策划、创意、制作；各类音乐的创作、制作；提供专业设备的配套服务；文化交流与培训

从业人员数（人）：3

资产总额（万元）：50

0036 甘肃中广传播有限公司

注　册　地：兰州市城关区

主营业务：全省移动多媒体广播电视的业务管理、内容建设、服务管理、传输和运营体系的建设管理等

从业人员数（人）：22

销售额（万元）：313

资产总额（万元）：1735

简　　介：甘肃中广传播有限公司是国家新闻出版广电总局中广传播集团与甘肃省新闻出版广电局、省广电总台及我省各市州广电单位联合成立的省级移动多媒体广播电视（CMMB）运营机构，公司主要职能是负责全省 CMMB 的业务管理、内容建设、服务管理、传输和运营体系的建设管理等，被省委文化体制改革工作领导小组评定为 2013 年《甘肃省 100 家骨干文化企业》之一。经国家出版广电总局有关部门批准，公司依法拥有"睛彩甘肃"自办频道，拥有节目制作、播出等资质。公司于 2010 年 6 月正式成立，注册资金 1750 万元，成立近 4 年来，已在全省建成 CMMB 大中功率发射站点 72 个，CMMB 信号已覆盖全省 14 个市州、甘肃矿区和 66 个县（市、区）的主城区，覆盖人口规模达 1100 万人，占全省人口的 42%。截止 2013 年 12 月底，全省已累计发展 CMMB 用户 69.6 万户，其中 G3 手机电视业务累计订购用户 46.1 万户，发展 GPS 车载、mp4、导航仪等手持电视用户 23.5 万户，发展速度迅猛。

0037 甘肃时代影视制作有限公司

注　册　地：兰州市城关区一只船北街 1 号

主营业务：电视综艺电视专题动画故事

从业人员数（人）：6

销售额（万元）：22.4

资产总额（万元）：300

0038 甘肃华源文化产业集团有限公司

注　册　地：兰州市城关区团结新村街道

主营业务：文化产业项目投资、影院建设、影视动漫制作、会议展览、艺术培训

主要产品：兰州东方红影城

从业人员数（人）：110

销售额（万元）：350

资产总额（万元）：1600

简　　介：甘肃华源文化产业集团有限公司是首批国家文化产业示范基地，总注册资本为人民币 9000 万元。现拥有兰州华源文化产业投资有限公司、兰州东方红影城有限公司、兰州东影花园宾馆有限责任公司、兰州市城关区华源艺术学校、华源国际（美国）投资有限公司等多家下属企业。其经营范围涵盖文化产业项目投资；文化资源开发；文化产品生产、销售；文化创意产业园区建设；数字影院建设；影视（动漫）制作；会议展览；艺术培训；演出经纪；旅游服务；宾馆服务等诸多领域。目前集团在册职工 110 人，资产总额约 16，000 万元，已成为西部文化产业行列中极具实力、影响力和发展潜力的产业化、规模化、效益型集团企业。

0039 兰州市广播电视总台

注　册　地：甘肃兰州

主营业务：广播电视服务

主要产品：目前广播频率的主要自办节（栏）

目：新闻综合广播有《直播兰州》（日播）、《行风阳光热线》（周二至周六）、《兰山夜话》（日播）、《听众接待室》（日播）、《空中交易厅》（日播）、《广闻天下》（日播）；交通音乐广播有《交通互联网》（日播）、《车友天下》（日播）、《音乐旋风榜》（日播）、《星光夜未眠》（日播）、《交通音乐派》（日播）；生活文艺广播有《阳光资讯》（日播）、《蓝色月光》（日播）、《与法同行》（日播）、《夜阑书香》（日播）、《家有儿女》（周播）

电视频道的主要自办节（栏）目：新闻综合频道有《兰州新闻》（日播）、《兰州零距离》（日播）、《民情民生大家谈》（周播）、《非说不可》（日播）、《每周资讯》；生活经济频道有《兰州第一百姓》（日播）、《黄河茶摊》（周一至周五）、《兰州往事》（周六、周日）；综艺体育频道有《文体快车道》（周一至周五）、《想唱就唱》（周播）、《金城之星》、《金城影院》；公共频道有《警花说交通》（周一至周六）、《新闻故事会》（周一至周六）、《我是剑青》（周一至周六）

从业人员数（人）：924
销售额（万元）：5000
资产总额（万元）：12000

简　　介：2007 年 9 月，以原兰州人民广播电台、兰州电视台为主体，组建兰州市广播电视总台，同时保留兰州人民广播电台、兰州电视台呼号。市广电总台是市委、市政府直属事业单位，实行党委领导下的总台长负责制。总台内设党政办公室、新闻协调中心、人力资源管理中心、技术中心、经营管理中心、卫视节目落地办公室、财务核算中心、物业管理中心（保卫处）八个机构，下属三个广播频率、四个电视频道：新闻综合频率、交通音乐频率、生活文艺频率、新闻综合频道、生活经济频道、综艺体育频道、公共频

道。总台系统现有企事业单位 9 个，其中县级事业单位 2 个：兰州广播电视信息网络中心、兰州广播电视传播中心；县级企业单位 2 个：兰州广播电视信息网络有限公司、兰州市电影发行放映公司；科级事业单位 2 个：兰州广播电视报社、兰州广播电视微波站；科级企业单位 3 个：兰州音像发行总公司、兰州广播电视服务中心、兰州广播电视器材供应站。

0040 太平洋电影城华孚泰店（太平洋雁滩影业有限公司）

注 册 地：兰州市城关区雁滩南路 3113 号
主营业务：数字电影放映
从业人员数（人）：32
销售额（万元）：1009
资产总额（万元）：969

简　　介：太平洋电影城华孚泰店地处集购物、餐饮、娱乐、休闲于一身的"一站式"购物中心——雁滩美仑百货购物中心，千余个停车位极至便利，是继太平洋电影城（华联店）之后，按五星级标准建造的又一座位于商业中心的现代化多厅影院，为广大影迷提供了又一处良好的观影场所。影城拥有 6 个全数字放映厅，700 余座，是集休闲、娱乐、视听等多功能于一体的数字化影城，不仅全部装备国际最先进的高清数字放映机，而且斥巨资打造了西北首家 DMAX-3D 巨幕立体电影厅。

0041 甘肃华星影视制作有限责任公司

注 册 地：兰州市城关区滨河路黄河沿宜静园 62 号
主营业务：影视制作
从业人员数（人）：1
销售额（万元）：1
资产总额（万元）：301

0042 甘肃教育出版传媒有限公司

注 册 地：兰州市

主营业务：图书

主要产品：《倪萍画日子》、《国粹京剧》等

从业人员数（人）：61

销售额（万元）：2535

资产总额（万元）：1668

0043 甘肃圣德文化传播有限公司

注 册 地：甘肃省兰州市

主营业务：电视综艺电视专题（电视节目制作发行）；企业形象策划、市场营销策划、文化艺术交流活动策划（不含中介及经纪人演出）；企业登记代理；会务服务；商务信息咨询、房屋信息咨询；房屋租赁代理、二手房买卖代理；国内各类广告的设计、制作、代理、发布。（以上各项范围法律、法规及国务院决定禁止或限制的事项，不得经营；需取得其他部门审批的事项，待批准后方可经营）

主要产品：《财富天下》

从业人员数（人）：8

销售额（万元）：33

资产总额（万元）：350

简　　介：公司成立于 2014 年 3 月，主要以电视综艺、电视专题的制作与发行、企业形象策划、文化艺术交流活动策划、会务服务等经营为主的文化传播有限公司，公司下设企划部、外联部、影像制作部等，拥有专业的制作团队及先进的技术设备，为客户制作提供高质量的各类节目。我公司制作的大型非公经济系列宣传片《财富天下》每周三晚在甘肃电视台都市频道播出。

0044 兰州天亿商贸有限公司

注 册 地：兰州市城关区广场南路 4-6 号

主营业务：电影放映

从业人员数（人）：30

销售额（万元）：1136

资产总额（万元）：3542

0045 兰州大方文化传媒有限公司

注 册 地：兰州市城关区雁北路 3008 号

主营业务：广播电视新技术新产品研发、网络工程、文化艺术交流活动等

主要产品：电视专题、微电影、晚会等

从业人员数（人）：10

销售额（万元）：20

资产总额（万元）：300

0046 甘肃飞翔影视制作有限责任公司

注 册 地：甘肃省兰州市城关区雁西路 1105 号西区 18 号

主营业务：电视综艺、电视专题节目的制作、发行

从业人员数（人）：10

销售额（万元）：200

资产总额（万元）：100

0047 兰州太平洋华联影业有限公司

注 册 地：兰州市城关区南昌路 982 号

主营业务：数字电影放映

从业人员数（人）：41

销售额（万元）：400

资产总额（万元）：400

简　　介：兰州太平洋华联影业有限公司是国家五星级电影城，甘肃省的标志性电影院，太平洋院线兰州地区旗舰店。拥有 10 个全数字电影厅，装设国际最先进的巴克高清数字放映机。其中含 1 个豪华贵宾厅、1 个 VIP 商务厅，可供 1000 余人同时观影，2012 年跻身全国百强影院。

0048 兰州华影飞天影院管理有限公司

注 册 地：兰州市城关区东岗东路 2704 号

主营业务：电影放映

从业人员数（人）：40

销售额（万元）：1000

资产总额（万元）：1000

简　　介：兰州华影飞天影院管理有限公司是由甘肃省文化厅下属的兰州飞天剧院、珠江影业传媒股份有限公司、瑞鑫商业管理公司共同投资建立的目前西北规模最大、设备最先进，集电影、艺术、休闲等于一身的多元化超五星级影城，位于兰州市城关区东岗东路五里铺桥头，万商国际大厦第六层。影城设计充分融入了西北的飞天文化、豪华、优雅、舒适，彰显浓厚的文化气息，魅力独现，本着"服务观众，引领时尚"的原则，影城将打造成为一座国际化多功能的现代化影城，兰州人民的电影文化娱乐将迎来与国际标准接轨的全新时代。

0049 甘肃辰兴影视文化传播有限公司

注 册 地：甘肃省兰州市东岗西路 226 号

主营业务：电视综艺、电视专题节目的制作、发行；文化项目的开发，企业形象策划；市场营销策划；各类广告的设计、制作、代理及发行；广播电视工程技术服务；会议会展服务；服装鞋帽的批发、零售

主要产品：《财富甘肃》电视节目

从业人员数（人）：5

销售额（万元）：25

资产总额（万元）：500

简　　介：甘肃辰兴影视文化传播有限公司是成立于 2009 年，2013 年初由原兰州中捷飞文化传播有限公司更名而成。是一家集电视节目制作、电视专题片、企业形象宣传片、纪录片、三维动画、多媒体光盘制作、广告设计、制作、代理、发行；影视文化项目的开发，企业形象策划；市场营销策划、活动策划等于一体的专业机构。在微电影、纪录片、专题片、三维动画等领域有着丰富的行业经验和扎实的专业实力。除此之外，公司还承办一些大型会议、演出、新闻发布会、文化交流活动。

0050 甘肃晏宁文化传播有限公司

注 册 地：兰州市城关区渭源路街道东岗西路 258 号

主营业务：电视综艺、电视专题制作发行

从业人员数（人）：8

资产总额（万元）：40

0051 兰州君健影视文化传播有限责任公司

注 册 地：兰州市城关区

主营业务：文化艺术活动交流策划；影视策划及咨询服务；各类广告设计、制作、代理、发布；摄影服务

主要产品：微电影《抑郁》《合规》；公益广告《一身清廉、一生幸福》《走好人生每一步》

从业人员数（人）：10

销售额（万元）：80

资产总额（万元）：200

简　　介：君健影视文化传播有限责任公司是一家集电视专题片、形象宣传片、微电影、广告片为一身的综合性影视传媒公司。公司核心团队 18 人，其中 8 人为职业媒体人，拥有良好的职业素养和专业影视技术。2012年，公司吸纳了三维动画师、特效师等后期制作人才，致力于为甘肃省内各级政府、电视台及企业形象传播工程服务。

0052 甘肃儒林文化传媒有限公司

注 册 地：兰州市城关工商分局

主营业务：电视、电影的创作和制作、电视专题片、广告片的策划制作；各类文化艺术活动的策划组织；传统文化、地域文化、民族文化、企业文化的发掘、研究；书画艺术交流等

主要产品：《民工祭》《捅破铁幕救苍生》《千里大营救》《通渭曲》《陇东道情》《别具一格的皮影艺术》

从业人员数（人）：5

销售额（万元）：4560

资产总额（万元）：56000

简　　介：兰州儒林文化传媒有限公司成立于2007年，一直立足本土文化，从事中华传统文化、地域文化、民族文化的发掘和研究，创作了许多文学和影视艺术作品，并且产生了广泛的社会影响。

0053　兰州长征剧院

注　册　地：兰州市七里河区

主营业务：电影院

从业人员数（人）：13

销售额（万元）：156

资产总额（万元）：1720

0054　兰州新视界万辉影城管理有限公司

注　册　地：兰州市七里河区敦煌路349号

主营业务：电影放映

从业人员数（人）：35

销售额（万元）：452

资产总额（万元）：1200

简　　介：新视界万辉影城是由甘肃省广播电视网络股份有限公司下属的全资子公司甘肃新视界电影院线有限公司投资并管理的兰州首家直营店。拥有先进的放映设备，集电影、艺术、休闲等于一身的多元化超五星级影院项目。占地2500多平方米，共拥有7

个高标准现代化五星级影厅，可容纳700余观众同时观影。影城配备国际先进的TMS影院自动放映管理系统，美国科视4K电影数字放映设备，分辨率达4096×2160；美国JBL原装进口还音设备；英国超高清哈克尼斯金属银幕，杜比环绕以及美国QSC系统，兼容目前国际先进的数字化画面和音响技术，是甘肃目前配置最高的数字化影城。影城拥有1个VIP观影厅和6个标准厅。

0055　兰州西火车头文化体育活动站

注　册　地：兰州市七里河区西站西路106号

主营业务：电影放映

从业人员数（人）：19

销售额（万元）：710

资产总额（万元）：1789

简　　介：兰州火车头文化体育活动站位于兰州市七里河区西站西路106号（原兰西铁路文化宫）、兰州西站繁华商业区，是兰西地区唯一一处集休闲健身于一体的大型综合性活动场所，占地面积10000平方米，建筑面积20000平方米。其中活动中心建筑面积16000平方米，游泳馆建筑面积4000平方米，外观设计独特，室内设计合理。可同时进行电影、游泳、羽毛球、乒乓球娱乐健身休闲等项目。

0056　兰州祖厉河文化传媒有限公司

注　册　地：甘肃兰州七里河区

主营业务：广告设计、制作、代理、发布，会议会展服务，企业营销策划，演义庆典策划、咨询。

主要产品：纪录片及其配套产品

从业人员数（人）：4

销售额（万元）：30.3

资产总额（万元）：88.8365

简　　介：兰州祖厉河文化传媒有限公司是

中国中央电视台首批制播分离西北唯一签约纪录片制作公司，是目前西北唯一为美国国家地理、亚洲环境基金会等机构的供片机构。2008年正式开拍纪录片，2010年成立公司祖厉河。2011年签约中央电视台CCTV-9纪录频道，成为央视首批制播分离西北唯一签约传媒公司，制作《活力中国》系列部分。2012年《赵中》获广州国际纪录片节"最具国际销售潜力"纪录片奖。2012年拍摄完成《中国东乡族》，成品420分钟。2012年中国首届纪录片制片人大会、中国纪录片直播网发起单位。2012开拍作品：《西秦之腔》。2013年开拍生态启示录第一部：《新无人区》。2013年公司成为中央电视台中国纪录片制作联盟会员机构。2013年开拍大型纪录片《大祁连》生态系列。2013年开拍大型纪录片《狂野高原》野生动物系列。纪录片《赵中》获2012年广州国际纪录片节最具国际销售潜力记录片。

0057 兰州天籁华夏影院管理有限公司

注 册 地：兰州市七里河区

主营业务：电影放映

从业人员数（人）：16

销售额（万元）：302

资产总额（万元）：665

0058 兰州倚能假日影院

注 册 地：兰州市七里河区

主营业务：电影放映

从业人员数（人）：20

销售额（万元）：1650

资产总额（万元）：2070

0059 兰州富润达文化传媒中心

注 册 地：兰州市七里河区西湖街道小西湖东街16号

主营业务：摄影、摄像、录音、配音服务

从业人员数（人）：5

资产总额（万元）：15

简 介：兰州富润达文化传媒中心是一家技术全面，服务一流的摄影，摄像，录音，配件的公司，主要以婚庆摄影摄像、晚会摄影摄像、非专业歌曲录音、非营利项目配音的一家新公司。

0060 兰州新纬度影视制作工作室

注 册 地：西固区临洮街高2—607室

主营业务：婚庆、MV制作、微电影

主要产品：微电影的前期准备、拍摄录制、后期制作，婚庆策划

从业人员数（人）：8

销售额（万元）：35

资产总额（万元）：50

0061 兰州虹盛影城管理有限公司

注 册 地：兰州市西固区

主营业务：电影放映

从业人员数（人）：23

销售额（万元）：8.3

资产总额（万元）：280

简 介：兰州虹盛影城管理有限公司成立于2014年5月，位于西固区庄浪西路174号虹盛百货6楼，总资产280万元。

0062 兰州魅拍摄影工作室

注 册 地：兰州市西固区福利路山丹街949号

主营业务：摄影

主要产品：专业拍摄照片、制作剪辑

从业人员数（人）：7

销售额（万元）：50

资产总额（万元）：35

0063 兰州新东群众文化服务有限责任公司

注 册 地：甘肃省兰州市西固区新城镇电视站

主营业务：群众文化活动服务咨询；照相、摄像、灯光音响、网络维护、家电维修

主要产品：文化服务

从业人员数（人）：7

销售额（万元）：35

资产总额（万元）：275

简　　介：兰州新东群众文化服务有限责任公司在原新城镇广播文化电视站基础上成立，2014 年 11 月 05 日正式注册成立，注册资金 275 万，主要收入来源为电视转播费及维护费，预计年收入 35 万元。

0064 西固剧院

注 册 地：兰州市西固区西固中街 25 号

主营业务：流动放映

主要产品：电影、宣传片放映。

从业人员数（人）：10

销售额（万元）：35

资产总额（万元）：50

0065 西固区广播电视站

注 册 地：兰州市西固区

主营业务：广播电视服务

从业人员数（人）：13

资产总额（万元）：1700

0066 兰州华影天佑影院管理有限公司

注 册 地：兰州市西固区公园路 36 号

主营业务：电影院经营管理

从业人员数（人）：20

销售额（万元）：100

资产总额（万元）：200

0067 兰州百汇文化传媒婚礼微电影工作室

注 册 地：兰州市西固区

主营业务：婚礼微电影推广、拍摄

主要产品：摄像、录像、婚纱摄影、商业摄影

从业人员数（人）：6

销售额（万元）：45

资产总额（万元）：80

0068 兰州市西固区四季青街道广播电视站

注 册 地：兰州市西固区西固巷社区

主营业务：文化广播宣传

主要产品：科学文化知识和党的方针政策的宣传教育

从业人员数（人）：7

销售额（万元）：20

资产总额（万元）：50

0069 兰州晓明文化传媒服务中心

注 册 地：兰州市西固区合水路 52 号 1 室

主营业务：影视服务

主要产品：影视制作、影视设备、影视广告制作

从业人员数（人）：7

销售额（万元）：30

资产总额（万元）：100

0070 阿勇影视文化传媒美戈影像部

注 册 地：兰州市西固区西固中路 455 号

主营业务：影视文化传播

主要产品：影视策划、摄影摄像、视频制作、刻录光碟

从业人员数（人）：4

销售额（万元）：35

资产总额（万元）：60

0071 兰州炼油化工总厂文化宫

注　册　地：兰州市西固区福利东路 254 号

主营业务：电影放映、各类文艺演出

主要产品：文艺演出场地出租及会议场地租
场等

从业人员数（人）：30

销售额（万元）：200

资产总额（万元）：500

0072 兰州虹盛影城管理有限公司

注　册　地：兰州市西固区庄浪路 174 号

主营业务：影城管理

主要产品：电影院运营管理、影院运作自
动化

从业人员数（人）：10

销售额（万元）：80

资产总额（万元）：50

0073 兰州新东群众文化服务有限责任公司

注　册　地：兰州市西固区新城镇电视站

主营业务：传媒业务

主要产品：安装电视业务、电视信号转接业
务、照相、摄像、灯光、音响服务等

从业人员数（人）：15

销售额（万元）：60

资产总额（万元）：120

0074 兰州华乐天下影院管理有限公司

注　册　地：兰州市西固区庄浪西路 174 号

主营业务：电影放映

从业人员数（人）：15

销售额（万元）：50

资产总额（万元）：100

0075 兰州云影影视文化工作部

注　册　地：兰州市西固区临洮街小区 3-1-102

主营业务：影视制作、采集

从业人员数（人）：10

销售额（万元）：40

资产总额（万元）：60

0076 兰州红古华夏国际影城

注　册　地：兰州市红古区海石湾镇会展中心
B 座 4 层

主营业务：电影放映

从业人员数（人）：9

销售额（万元）：61

资产总额（万元）：500

简　　　介：红古华夏国际影城地处兰州市红
古区区政府所在地海石湾镇七号路口会展中
心 B 座 4 楼，地理位置较为优越，交通便利，
影城总建筑面积是 3200 平方米，其中影视
厅占地 1500 平方米，基础建设于 2012 年 7
月中旬开工，于 2013 年 1 月 26 日完工并开业。
目前是连海地区唯一一家数字化影院，同时
也填补了红古区乃至周边地区没有电影城的
空白。

0077 兰州天和文化传播有限公司

注　册　地：兰州市红古区

主营业务：电影放映

从业人员数（人）：12

销售额（万元）：320

资产总额（万元）：1500

0078 榆中新视界影院管理有限公司

注　册　地：兰州市榆中县夏官营镇经三路学
府广场 D 座

主营业务：电影放映

从业人员数（人）：10

销售额（万元）：60

资产总额（万元）：300

简　　　介：榆中新视界影院于 2013 年 11 月

15 日开业运营，是榆中县第一家星级影城和大型综合文化设施，先进的数字放映设备，拥有全国同步影片的放映资质，地处兰州市榆中县夏官营镇大学城，毗邻西北民族大学榆中校区、兰州大学榆中校区，东面直通高速公路出口，交通方便。内设四个高品质豪华放映厅，总座位数 168 个。

0079 榆中县电影院

注 册 地：兰州市榆中县

主营业务：电影放映

从业人员数（人）：12

销售额（万元）：10

资产总额（万元）：300

简　　介：榆中县电影院始建于 1958 年 6 月，是我县的文化标志。近 50 年的历史，在文化宣传方面发挥了积极的作用。由于是大屋顶建筑，成了危房，于 2010 年拆除，为了发挥好这个阵地作用，经政府会议确定通过置换公司部分土地由开发商还建影院，新建影院设计为一大两小三个放映厅，银幕三块，能容纳 300 人，建筑面积 1000 平方米。

0080 榆中县广播电视台

注 册 地：兰州市榆中县

主营业务：广播、电视

主要产品：《榆中新闻》

从业人员数（人）：28

销售额（万元）：79

资产总额（万元）：208

简　　介：榆中县广播电视台是直属县政府管理的正科级事业单位。内设办公室、新闻部、"户户通"办公室、外宣部、编辑部、专题广告部、播音制作部、白虎山转播台等 8 个部（室）。广播自办节目开设并精办《榆中新闻》《金话筒》《周末文艺》《四季风》等 4 个栏目。电视栏目围绕社会关注的热点、难点、亮点，开设并精办《榆中新闻》《聚焦》、《七嘴八舌说变化》《美丽乡村》《百味坛》《创建文明城市——我们在行动》《金县中医》《身边科学》《奇趣大自然》等 9 个栏目。近年来举办、承办各类大型活动 150 多场；开展广播电视有奖征文 13 个；摄制了《陇右名县—榆中》《托起明天的太阳》《科学发展、成就辉煌》《生态种养模式让散养鸡做足"土"文章》以及"联村联户、为民富民"、环境整治等多种题材的电视专题片 60 多部。同时，在广播电视优秀节目评选中，多次获得省、市二、三等奖。

0081 皋兰尔雅影视传媒有限公司

注 册 地：兰州市皋兰县石洞镇北辰路 160 号

主营业务：电影和影视节目制作

主要产品：《台蒲皋兰》

从业人员数（人）：10

销售额（万元）：10

资产总额（万元）：3

简　　介：皋兰县尔雅影视传媒有限公司成立于 2013 年，是一家集视频动画制作，活动拍摄及广告、专题片的拍摄、策划、制作于一身的传媒公司。公司成立以来同多家单位联系，拍摄制作了专题片《名藩皋兰》和代表我县历史背景的三张文化名片《兰州太平鼓》、《兰州鼓子》、《魏振皆书法》以及什川梨园电视音乐宣传片和音乐电视《梨花开又放》、《梨花满天开》等经典作品，播出时引起强烈反响，现已成为这一领域中脍炙人口的作品。今年，我公司先后投入大量人力和物力，精心拍摄制作了专题片《发展中的皋兰》、《西电精神——人间正道是沧桑》等较大题材的专题片，作品播出后赢得了的一致好评和广泛赞誉。

0082 永登县电影发行放映公司

注 册 地：兰州市永登县城关镇解放街 5 号

主营业务：放映电影、开展戏剧、歌舞类等文艺演出活动

从业人员数（人）：12

销售额（万元）：12

资产总额（万元）：120

简　　介：永登县电影放映公司于 1988 年由企业改制为事业单位，企业管理、科级建制，经费独立，自负盈亏。1991 年建成永登县影剧院，建设面积约 1400 平方米，可容纳 1000 多人。2014 年投资 2260 万元的数字影院，目前主体工程已完成建设，内部放映设施等设备安装正在招商洽谈中。

0083 甘肃省广播电视网络股份有限公司酒泉分公司

注 册 地：酒泉市

主营业务：广播电视网络设计、建设、建立、开发、管理和维护；视音频内容集成、制作、分发经营；利用有线电视网络资源开展数据信息、移动多媒体及"三网融合"国家允许的通信、互联网、比照电信基础业务管理的增值电信业务等新技术、新业务、新媒体的开发经营；设计、制作、发布广告；广播电视与信息网络的技术和产品研发、生产、销售及服务；国内外广播电视及信息网络设备器材的代理、经销；符合国家产业政策的其他领域项目如电子、软件、新材料、节能等

主要产品：1. 高清套餐：1.TVU+ 乐享包（基本直播节目 + 互动点播 +16 套高清频道 +20 套专业频道。2.TVU+（基本直播节目 + 互动点播 +40 套专业经频道 +16 套高清频道 + 付费（1、4 包）3.TVU+ 基本直播节目 + 电视回看 +16 套高清频道 +40 套专业频道 + 单包付费（1 至 5 包）4.TVU+ 直播节目 + 互动点播 + 电视回看 +25 套高清频道 +40

套专业频道 + 单包付费（1 包至 5 包）

从业人员数（人）：154

销售额（万元）：2990.13

资产总额（万元）：8530.12

简　　介：甘肃省广播电视网络股份有限公司酒泉分公司成立于 2011 年 6 月 29 日，2012 年 2 月 20 日完成注册登记，3 月 8 日开通银行账户，3 月 27 日完成市级分公司人员划转与交接，2013 年 7 月 18 日正式更名为甘肃省广播电视网络股份有限公司酒泉分公司。酒泉分公司下设金塔县分公司、玉门市分公司、瓜州县分公司、肃北县分公司、阿克塞县分公司。酒泉分公司目前共设综合部、用户部、技术部、运维部、市场部、广告部、农网部、户户通管理部 8 个职能部门。

0084 酒泉有线电视台

注 册 地：酒泉市肃州区北大街 142 号

主营业务：新闻、广播电视。

从业人员数（人）：18

销售额（万元）：284

资产总额（万元）：284

0085 玉门油田分公司新闻中心

注 册 地：甘肃酒泉市

主营业务：在玉门油田分公司党委直接领导下，以报纸、电视为载体，以宣传油田为重点，以服务受众为宗旨，担负着油田对内对外新闻宣传报道工作

主要产品：《石油工人报》、《油田新闻》

从业人员数（人）：51

销售额（万元）：30

资产总额（万元）：220

简　　介：玉门油田分公司新闻中心是玉门油田分公司党委直接领导下的以报纸、电视为载体，以宣传油田为重点，以服务受众为宗旨的新闻单位，担负着油田对内对外新闻

宣传报道工作。新闻中心成立于 1997 年 1 月 1 日，是在《石油工人报》社的基础上，将原通信公司电视节目制作部、《中国石油报》玉门记者站合并成立的，主要工作是编辑、出版、发行《石油工人报》，采访、编辑、制作《油田新闻》及其他电视节目，安排播出内容丰富的电视剧和各种类型的文艺类节目。《石油工人报》创刊于 1952 年 3 月 1 日，其前身是 1950 年 1 月 1 日创刊的《人民油田》，是我国最早的石油报，也是我国最早的企业报之一。

0086 甘肃省广播电视网络股份有限公司玉门市分公司

注 册 地：酒泉市

主营业务：广播电视网络设计、建设、监理、开发、运营、管理和维护；视音频内容集成、制作、分发经营；利用有线电视网络资源开展数据信息、移动多媒体及"三网融合"国家允许的通信、互联网，比照电信基础业务管理的增值电信业务等新技术、新业务、新媒体的开发经营；设计、制作、发布广告。国内外广播电视及信息网络设备器材的代理，经销；符合国家产业政策的其他领域项目，如电子、软件、新材料、节能等

主要产品：广播电视网络设计、建设、监理、开发、运营、管理和维护；视音频内容集成、制作、分发经营；利用有线电视网络资源开展数据信息、移动多媒体及"三网融合"国家允许的通信、互联网，比照电信基础业务管理的增值电信业务等新技术、新业务、新媒体的开发经营；设计、制作、发布广告

从业人员数（人）：62

销售额（万元）：720

资产总额（万元）：2000

简　　介：甘肃省广播电视网络股份有限公司玉门市分公司于 2012 年 5 月 31 日正式挂牌成立，目前拥有有线电视网络光缆干线总长 1622 千米，有线电视用户 34000 户。玉门广电网络公司在甘肃省广播电视网络公司的统一领导下，负责玉门辖区内有线电视业务、数据业务数字电视广告业务和电视增值业务的规划、设计、建设、运营与维护管理，确保有线电视传输网络的安全运行，最大限度地满足广大人民群众的业务需求。至目前，玉门有线电视覆盖率达到 93.4%，网络内传输 101 套数字电视基本节目和 11 套付费节目，同时经营数字电视底行游走字幕、开机画面和挂角广告。

0087 金塔县广播电视局

注 册 地：酒泉市金塔县

主营业务：广播电视服务

从业人员数（人）：26

销售额（万元）：0.9

资产总额（万元）：229.3

简　　介：金塔县广播电视局的前身是设立于 1952 年的金塔县收音站，1956 年改称金塔县广播站，2002 年正式更名为金塔县广播电视局，为县政府直属事业单位，对全县广播电视实行统一管理。管辖鼎新中心广播电视站和 10 个乡镇广播电视站，内设办公室、财务股、新闻部、专题部、文艺广告部、有线电视中心、工程技术部。全局现有职工 26 人，其中局长 1 人，党支部书记 1 人，内设机构管路人员 7 人。

0088 甘肃省广播电视网络有限责任公司肃北分公司

注 册 地：酒泉市肃北蒙古族自治县

主营业务：广播电视网络设计、建设、监理、开发、运营和维护；视音频内容集成、制作、分发经营；利用有线电视网络资源开发数据信息、移动多媒体及"三网融合"国家允许

的通信、互联网、比照电信基础业务管理的增值电信业务等新技术、新业务、新媒体的开发经营；设计、制作、发布广告；广播电视与信息网络的技术与产品研发、生产销售及服务；国内外广播电视及信息网络设备器材的代理、经销；符合国家产业政策的其他领域项目如电子、软件、新材料、节能

主要产品：数字电视机顶盒

从业人员数（人）：12

销售额（万元）：5

资产总额（万元）：200

简　　介：甘肃省广播电视网络有限责任公司肃北蒙古族自治县分公司成立于 2012 年 5 月 31 日，注册资金 200 万元，主要经营广播电视网络设计、建设、监理、开发、运营和维护；视音频内容集成、制作、分发经营；利用有线电视网络资源开发数据信息、移动多媒体及"三网融合"国家允许的通信、互联网、比照电信基础业务管理的增值电信业务等新技术、新业务、新媒体的开发经营；设计、制作、发布广告；广播电视与信息网络的技术与产品研发、生产销售及服务；国内外广播电视及信息网络设备器材的代理、经销；符合国家产业政策的其他领域项目如电子、软件、新材料、节能等，现有员工 12 人。在今后的工作中，甘肃省广播电视网络有限责任公司肃北蒙古族自治县分公司将结合肃北县实际情况根据经营内容开展业务，为肃北县经济社会发展贡献力量。

0089　嘉峪关市电影发行放映公司

注　册　地：嘉峪关市新华中路二十三号

主营业务：电影发行、放映、文艺演出（以资质证为准）；摄影、摄像；影视广告。电影器材、五金交电、玩具、饰品（不含国家限制经营的项目）、电器维修

从业人员数（人）：22

销售额（万元）：282

资产总额（万元）：942

0090　嘉峪关市电影发行放映公司

注　册　地：嘉峪关市文化南路 1830 号

主营业务：电影放映

从业人员数（人）：23

销售额（万元）：332.12

资产总额（万元）：332.12

简　　介：嘉峪关市目前有数字影院 2 家，分别是文化数字影城，拥有 3 个数字放映厅；横店影城，拥有 7 个数字放映厅。

0091　甘肃省广播电视网络股份有限公司嘉峪关分公司

注　册　地：嘉峪关市新华中路 23 号

主营业务：广播电视网络设计、建设、监理、开发、运营、管理和维护；视音频内容集成、制作、分发经营；利用有线电视网络资源开展数据信息、移动多媒体及"三网融合"国家允许的通信、互联网、比照电信基础业务管理的增值电信业务等新技术、新业务、新媒体的开发经营；设计、制作、发布广告；广播电视与信息网络的技术和产品研发、生产、销售及服务；国内外广播电视及信息网络设备器材的代理、经销；符合国家产业政策的其他领域项目如电子、软件、新材料、节能等

从业人员数（人）：53

0092　甘肃省广播电视网络股份有限公司河西堡分公司

注　册　地：金昌市永昌县河西堡镇金河路北侧

主营业务：广播电视网络设计、建设、监理、开发、运营、管理和维护，视音频内容集成、制作、分发经营，利用有限电视网络资源开展数据信息、移动多媒体及"三网融合"国

家允许的通信、互联网、比照电信基础业务管理的增值电信业务等新技术、新业务、新媒体的开发经营，设计、制作、发布广告，广播电视与信息网络的技术和产品研发、生产、销售及服务，国内外广播电视及信息网络设备器材的代理、经销，符合国家产业政策的其他领域项目如电子、软件、新材料等

从业人员数（人）：22

销售额（万元）：380

资产总额（万元）：997

0093 永昌县广播电视台

注 册 地：金昌市永昌县

主营业务：1.广播节目（有线）；2.在电视公共频道的预留时段内插播当地新闻和经济类、科技类、法制类、农业类、重大活动类专题、有地方特色的文艺节目以及广告等（有线）

主要产品：《永昌新闻》、《大话永昌》

从业人员数（人）：21

销售额（万元）：26

资产总额（万元）：341.6

简　　介：永昌县广播电视台成立于1993年，隶属于永昌县文化广播影视局，目前实行局台合一的管理体制。广播电视台由广播电台和电视台组成，两台采用统一信号来源，统一制作渠道，不同播出方式的形式运行。核定事业编制21人（包括校场山转播站3人和红山窑转播站3人）。目前有新闻采编人员21人，下设新闻部、编播部、专题部、广告部、播出部等五个专业职能部门。设备方面，有3套大洋非线性编辑线，3套非线性粗编工作站，1套媒资管理系统，1套硬盘播出系统，电视节目实行数字化采编、硬盘播出。广播电台通过卫星接收转播中央一套、甘肃一套节目，中间插播永昌自办广播新闻节目和天气预报，每天早、中、晚三次

播出，全天节目播出5小时。电视台自办电视节目频道1套，主要开办《永昌新闻》《天气预报》《一周要闻》《大话永昌》等自制栏目和购买、交流节目《影视剧场》《三下乡》等。

0094 甘肃省广播电视网络股份有限公司永昌县分公司

注 册 地：金昌市永昌县城关镇南大街

主营业务：广播电视网络设计、建设、监理、开发、运营、管理和维护；视音频内容集成、制作、分发经营；利用有线电视网络资源开展数据信息、移动多媒体及"三网融合"国家允许的通信、互联网、比照电信基础业务管理的增值电信业务等新技术、新业务、新媒体的开发经营；设计、制作、发布广告；广播电视与信息网络的技术和产品研发、生产、销售及服务；国内外广播电视及信息网络设备器材的代理、经销；符合国家产业政策的其他领域项目如电子、软件、新材料、节能等

从业人员数（人）：35

销售额（万元）：400

资产总额（万元）：408

0095 天水市电影发行放映公司

注 册 地：天水市

主营业务：电影、影片发行、录像带、镭射影发行放映器材销售

从业人员数（人）：20

销售额（万元）：30

资产总额（万元）：30

简　　介：天水市电影发行放映公司位于秦城区岷山南路76号（邮政编码741000）的天水市电影发行放映公司主要经营电影、影片发行、录像带、镭射影发行放映器材销售，注册资本30万元人民币。

0096 天水太平洋影业有限公司

注 册 地：天水市

主营业务：媒体、影视、文化

从业人员数（人）：50

销售额（万元）：80

资产总额（万元）：100

简 介：天水太平洋电影城是在原南湖影院重建项目的基础上改建而成，按照五星级影院标准建设，是我市首座现代化数字多厅影院。新影院拥有5个全数字放映厅，共600座，拥有优美、舒适的观影环境，整体风格以经典的电影文化主题贯穿影城每个角落，规模和档次位居全省前列、陇东南第一。

0097 麦积区道南铸弘影视制作工作室

注 册 地：天水市麦积区

主营业务：风光片、资料片及各类影视片的拍摄与制作服务

主要产品：风光片、资料片、影视片

从业人员数（人）：4

资产总额（万元）：10

0098 大地数字影院

注 册 地：天水市麦积区

主营业务：影片放映、休闲娱乐

从业人员数（人）：20

销售额（万元）：1245054

资产总额（万元）：558

简 介：大地数字影院麦积分店位于麦积区繁华地段商埠路42号亚太购物中心。项目总投资558万元，占地面积1500平方米，建筑面积1373平方米，影厅面积1000平方米，内设多功能放映厅5个，均采用3D、2K影视标准，座位数达558座。现有员工20人，其中管理人员3人，服务人员17人。设备配置、运营模式、售票系统、人员管理及岗前培训等采用总公司统一运营管理模式。

0099 清水广播电视台

注 册 地：天水市清水县工商局

主营业务：设计、制作广播电视台广告、利用自有广播电视台发布国内外广告（凭广告经营许可证经营范围经营）

从业人员数（人）：36

销售额（万元）：11.2

资产总额（万元）：40

简 介：清水广播电视台广告经营情况清水广播电视台于2009年正式批复立台，属正科级事业单位。为清水县文广局下属单位，下设总编室、新闻中心、专题部、广告部、制播部和监管办六个业务部门。有从业人员36人，其中广告经营人员1人。目前，开办1套广播频率和1个电视频道，有4档电视自办栏目和3档广播自办栏目。电视节目日播出时长19小时，广播节目日播出3次4.5小时。

0100 甘谷县人民剧院

注 册 地：天水市甘谷县

主营业务：电影戏曲大型节目活动群众性公益场所

从业人员数（人）：5

销售额（万元）：3

资产总额（万元）：4

0101 甘谷县广播电视台

注 册 地：天水市甘谷县

主营业务：电视节目

从业人员数（人）：38

资产总额（万元）：560

0102 甘肃省广播电视网络有限公司甘谷分公司

注 册 地：天水市甘谷县

主营业务：有线电视

主要产品：网络传输管理

从业人员数（人）：69

销售额（万元）：195

资产总额（万元）：386

0103 甘谷县电影发行公司

注 册 地：天水市甘谷县

主营业务：电影发行、电影放映等

从业人员数（人）：21

销售额（万元）：55

资产总额（万元）：106

简　　介：甘谷县电影发行放映公司，位于东大街36号，主要提供电影发行，电影放映等产品和服务。

0104 甘肃省广播电视网络股份有限公司武山分公司

注 册 地：天水市武山县城关镇南滨河路

主营业务：广播电视网络设计、建设、监理、开发、运营、管理和维护；视音频内容集成、制作、分发经营；利用有线电视网络资源开展数据信息、移动多媒体及"三网融合"国家允许的通信、互联网、比照电信基础业务管理的增值电信业务等新技术、新业务、新闻媒体的开发经营；设计、制作、发布广告；广播电视与信息网络的技术和产品研发、生产、销售及服务；国内外广播电视及信息网络设备器材的代理、经销；符合国家产业政策的其他领域项目如电子、软件、新材料、节能等

从业人员数（人）：60

简　　介：甘肃省广电网络股份有限公司武山县分公司成立于2012年4月，2013年4月1日正式独立运营，现有员工21人，截止2014年7月底，数字电视整体转换用户达到5612户，各项业务运转正常。公司按

照"跳出广电看世界，围绕广电做产业，主业做精，产业做大，以业养业，多业并举、文化引领，转型跨越"的战略部署和全省一张网的建设目标要求，进行网络双向化升级改造，扩大网络运行力度，拓展新业务，从用户看电视向用电视转变。利用自身网络优势，传播党的方针、政策和当地党委、政府的各项中心工作，确保党的声音传到千家万户，满足广大人民群众的精神文化需求，保障有线电视网络健康持续发展。

0105 张家川县广播电视台

注 册 地：天水市张家川县张川镇人民东路5号

主营业务：视频广告

主要产品：《今日张家川》

从业人员数（人）：5

销售额（万元）：7

资产总额（万元）：74

简　　介：张家川县广播电视台成立于2007年4月，是集广播、电视、网络于一体的县直宣传机构，全额事业拨款单位。主要负责新闻宣传、社会教育、文化娱乐、信息服务等多种职能。自办节目体系为《今日张家川》、《魅力大戏院》和《魅力剧院》《魅力剧场》等。其中《今日张家川》为本地新闻栏目，包括《政务报道》《贴近》《亮点》《陇坂记事》《画说家园》、《天气预报》等多个子版块，日播出时长17小时，兼营县城商业广告宣传。电位从业人员25人，其中专业技术人员21人，工勤技能人员4人，副高任职资格2人，中级人任职资格7人。专业技术人员21人主要从事新闻采编播，其中记者14人，编辑2人，制作人员4人，管理人员1人，工勤技能岗位人员主要负责机房的安全播出。管理人员3人，设台长1名（县文广局副局长），副台长2人。

0106 太平洋电影城（武威店）

注 册 地：武威市凉州区

主营业务：2K 数字电影放映

从业人员数（人）：15

销售额（万元）：462

资产总额（万元）：308

简 介：太平洋电影城（武威店）成立于 2009 年 12 月 3 日，是武威市首个新型豪华多厅全数字电影院，位于武威市最繁华的商业步行街凉州商厦六楼。影城设有 5 个国际标准放映厅，均装配国际最先进的巴可（BARCO）2K 高清数字放映机，共有 600 个豪华座椅。

0107 武威市广播电视台

注 册 地：武威市凉州区

主营业务：新闻影视播放

主要产品：《武成新闻》

从业人员数（人）：128

销售额（万元）：76.5

资产总额（万元）：2805.5

简 介：武威市广播电视台是承担市委、市政府广播电视宣传职能的市级主流媒体。其前身是 1988 年成立的武威电视台和 1989 年成立的武威人民广播电台。2012 年 6 月，按照国家、省、市文化体制改革精神，经市委、市政府批准，武威市广播电视台挂牌成立，为正处级事业单位，隶属市文化广播影视新闻出版局管理。武威市广播电视台现开办有新闻综合频道、凉州频道、公共频道、CMMB "晴彩武威" 四个电视频道和新闻综合广播、天马之声广播两个广播频率。新闻综合频道现开设《武威新闻》一档新闻节目和《武威您好》《新武威新农村》《平安武威》《丝路新风采》专题栏目；凉州频道开设《凉州新闻》一档新闻节目和《凉州记录》、《健康生活》两个专题栏目；公共频道开设影视

剧专栏《星光剧场》、少儿栏目《动画城堡》和娱乐服务栏目《音乐风云榜》，转播新闻综合频道新闻和专题节目；CMMB "晴彩武威" 频道是移动多媒体（手持电视、手机电视）方式服务受众的一个新型媒体，开设有影视、体育、娱乐类栏目，同时转播武威新闻节目；广播频率现开设广播新闻节目《武威新闻》和《与您同行》《金色年华》《快乐驿站》等节目。武威市广播电视台广播、电视节目均以有线传输和无线发射方式传送讯号，覆盖武威一区三县及周边部分地区。

0108 甘肃省广播电视网络股份有限公司古浪县分公司

注 册 地：甘肃省武威市古浪县政府巷

主营业务：广播电视网络设计、建设、监理、开发、运营、管理和维护；视音频内容集成、制作、分发经营；利用有线电视网络资源开展数据信息、移动多媒体及 "三网融合" 国家允许的通信、互联网、比照电信基础业务管理的增值电信业务等新技术、新业务、新媒体的开发经营；设计、制作、发布广告；广播电视与信息网络的技术和产品研发、生产、销售及服务；国内外广播电视及信息网络设备器材的代理、经销；符合国家产业政策的其他领域项目如电子、软件、新材料、节能等

从业人员数（人）：41

销售额（万元）：170

资产总额（万元）：760

简 介：甘肃省广播电视网络股份有限公司古浪县分公司于 2012 年 5 月 29 日正式挂牌成立，12 月 2 日正式独立运营。现有员工 55 人，其中正式员工 51 人，临时 24 人；男员工 31 人，女员工 24 人；党员 5 人。公司内设办公室、运维部、农网部、市场部，部门下设中心机房、营业厅、古浪、永黄、大

靖等三个数字站，平顶山和青山寺两个转播站。全县共有在册数字电视用户 12370 户，其中城网 4738 户，农网 2569 户，付费 2177 户。古浪县农村数字电视建于 1999 年，采用 MMDS 微波传输系统。主要由前端机房、平顶山发射站、黑冲滩中继站和青山寺发射站组成。古浪县分公司成立后，在原有前端设备和转播设备的基础上增加设备，进行升级改造，在原有的节目基础上增加两个节目包传输频点，从数字电视平台和付费节目包中挑选 32 套节目进行传输，使农村有线电视节目套数增加到 75 套，信号覆盖川区 12 个乡镇、8 万多农户。

0109 甘肃省民勤县广播电影电视局

注 册 地：武威市民勤县

主营业务：广播、电影、电视。广播主要以转播中央人民广播电台、甘肃人民广播电台节目和民勤人民广播电台的自办节目。电影主要负责民勤 24.7 万人民的电影放映工作。电视主要转播中央电视台、甘肃电视台、威武电视台节目和民勤电视台自办节目。负责全县 5.、8 万户村村通、户户通卫星电视地面接收设施的维修服务工作和全县村村响广播维修服务工作

主要产品：《民勤新闻》、《发展看项目》，专题节目——《奋进的民勤》

从业人员数（人）：50

销售额（万元）：20

资产总额（万元）：1136.36

0110 民勤人民广播电台

注 册 地：武威市民勤县

主营业务：民勤人民广播电台主要转播中央人民广播电台、甘肃人民广播电台的部分重要节目，民勤人民广播电台的新闻节目和自办节目，主要有民勤新闻、科技服务、天气

预报、灾害性气象预报等节目。民勤电视台主要转播中央电视台新闻节目、甘肃新闻、武威新闻、自办节目和电视剧等节目

主要产品：绿洲论坛、绿洲先锋、绿洲他乡人、沙漠养羊大户风采、新春走基层、民勤农民之星、走向小康、全民参与落实水权、科学发展成就辉煌等广播电视节目

从业人员数（人）：51

销售额（万元）：12

资产总额（万元）：16930

0111 甘肃省广播电视网络股份有限公司目民勤县分公司

注 册 地：武威市民勤县西大街 21 号广电大厦 4 楼

主营业务：广播电视网络设计、建设、监理、开发、运营、管理和维护利用有线电视网络资源开展数据信息、移动多媒体及"三网融合"国家允许的通信、互联网等业务

主要产品：TVU+

从业人员数（人）：42

销售额（万元）：300

资产总额（万元）：1800

简　　介：甘肃省广播电视网络股份有限公司民勤县分公司于 2012 年 5 月 12 挂牌成立。是在原民勤县广播电影电视局有线电视网络的基础上，通过全省广电网络资源整合而成立的一家广电网络运营企业。公司办公地点设在民勤县西大街 21 号广电大厦四楼，现有正式员工 36 人，聘用人员 6 人，服务全县 18000 多户城乡有线电视用户。公司内部设立综合办公室、用户部，运维部等三个部门。综合办公室包括行政和财务；用户部包括收费室和呼叫中心；运维部包括有线机房、城工部和农工部。目前，公司城区近 10000 户有线电视用户实行全数字传输方式，传输 190 多套电视节目；农村实行模拟、数字

微波两种传输方式，输送节目 36 套，拥有 8000 多户用户。民勤分公司拥有城乡主干线路 200 公里，辐射城区，农村 18 个乡镇.全力培育广播电视基本业务、数字电视增值业务、宽带双向交互业务以充分满足广大城乡电视用户多方面、多层次、多样性的精神文化和经济生活需求，为促进民勤全县城乡家庭和社会信息化发挥着积极的推动作用。二、重点业务介绍民勤分公司依托有线光缆培育发展了广播电视基本业务、数字电视增值业务、高清互动、数字宽带等业务。

0112 山丹县鑫海源影视中心

注 册 地：张掖市山丹县工商局

主营业务：电影放映

从业人员数（人）：3

销售额（万元）：24

资产总额（万元）：150

简 介：山丹鑫海源电影城是于 2013 年 7 月通过国家认证的山丹县唯一一家大型豪华电影城。以电影城为中心，配套有住宿、餐饮、银行、旅游服务、商务洽谈、娱乐、休闲、大型停车场等多功能为一体的星级酒店。地处山丹县城中心，南大街 38 号。毗邻山丹县医院，商业步行街，大型连锁超市等，交通便捷。内设两个高品质豪华放映厅，总座位数 208 个，影厅外设有约 200 平方米的电影主题休闲区。

0113 民乐县电影发行放映公司

注 册 地：张掖市民乐县县城东街

主营业务：电影放映

从业人员数（人）：3

销售额（万元）：2

资产总额（万元）：20

简 介：民乐县电影发行放映公司成立于 1981 年 8 月，现有干部职工 6 人。为丰富全县广大人民群众的精神文化生活，解决看电影难的问题，民乐县电影发行放映公司抢抓国家电影放映工程的大好机遇，依据国家电影事业发展的主流趋势，结合全县的实际情况，进一步加快基础设施建设步伐，在大力发展电影事业的基础上，于 2004 年 8 月投资 360 多万元，修建了一座影剧院。该影剧院地处民乐县中心广场以北，占地面积 2780 平方米，与广电大厦连成一体，形成"T"型布局。影剧院设计长度 37 米，宽 21 米，总建筑面积 806 平方米。设计耐火等级二级，抗震设防 8 度，内设座椅 546 座。墙体为排架结构，混合砂浆红砖砌筑，屋面为轻型梯形钢屋架和彩色夹芯聚苯板盖顶，为乙等中型影院设计标准，是集电影放映、文艺演出、开展各类培训讲座、文化宣传活动和承办县上大型会议的一座多功能场所。自 2008 年 1 月影剧院建成投入使用以来，充分发挥其功能作用，在推动电影事业又好又快发展的同时，极大地满足了人民群众日益增长的精神文化需求。

0114 民乐县电影发行放映公司电影院

注 册 地：张掖市民乐县县城东街

主营业务：电影放映

从业人员数（人）：3

销售额（万元）：3

资产总额（万元）：78

简 介：民乐县电影发行放映公司电影院成立于 1981 年 8 月，为丰富全县广大人民群众的精神文化生活，解决看电影难的问题，民乐县电影发行放映公司电影院抢抓国家电影放映工程的大好机遇，依据国家电影事业发展的主流趋势，结合全县的实际情况，进一步加快基础设施建设步伐，在大力发展电影事业的基础上，于 2004 年 8 月投资 360 多万元，修建了一座影剧院。该影剧院地处民乐县中心广场以北,占地面积2780平方米,与广电大厦连成一体,形成"T"型布局。影剧院设计长度37米,宽21米,总建筑面积806平方米。设计耐火等级二级,抗震设防8度,内设座椅546座。墙体为排架结构,混合砂浆红砖砌筑,屋面为轻型梯形钢屋架和彩色夹芯聚苯板盖顶,为乙等中型影院设计标准,是集电影放映、文艺演出、开展各类培训讲座、文化宣传活动和承办县上大型会议于一身的一座多功能场所。自2008年1月影剧院建成投入使用以来,充分发挥其功能作用,在推动电影事业又好又快发展的同时,极大的满足了人民群众日益增长的精神文化需求。

0115 高台县电影发行放映公司

注 册 地:张掖市高台县

主营业务:电影放映、文艺演出、会议接待

从业人员数(人):4

销售额(万元):36.4

资产总额(万元):750

简　　介:高台县电影发行放映公司也叫高台县影剧院,影剧院设计有一大两小共三个放映厅,是集电影放映、文艺演出、会议服务、健身娱乐为一体的多功能综合性文化传播场所,总投资约750万元,是县广播电影电视局历年来投资额最大的项目,建成后能同时容纳450多人观看电影或文艺演出。影剧院占地面积6000多平方米,其中建筑占地面积1455.21平方米,建筑面积2836.53平方米,建筑物南北长53.7米,东西宽36.4米。共分三层,其中大放映厅为单层,小放映厅、办公、娱乐场所在二、三层,一层为商业门点。

0116 高台县广播电视台

注 册 地:张掖市高台县湿地新区

主营业务:开设新闻节目两档:《高台新闻》

和《一周要闻》。《高台新闻》为当日新闻,星期一至星期五播出,每期时长15分钟左右;《一周要闻》每周周六、周日播出。开设专题节目一档:《高台纪事》,每月四期,每期时长15分钟左右

主要产品:《高台新闻》、《一周要闻》、《高台纪事》。

从业人员数(人):18

销售额(万元):47

资产总额(万元):850

简　　介:高台县广播电视台成立于2006年1月,是经甘肃省广播电影电视局审核,由国家广播电影电视总局于2004年7月颁发《广播电视播出机构许可证》,是高台县唯一合法的广播电视播出机构。高台县广播电视台按照广电总局"导向立台"、"新闻立台"要求,结合实际,提出了"新闻立台、导向立台、深度立台、特色立台"的办台宗旨,确立了"坚持一线主线,抓好两个重点,实现三个突破"为内容的总体思路先后推出了《建设五个家园推动转型跨越》《联村联户为民富民》《新年新打算》《转型跨越、科学发展》《记者走基层》《劳动模范风采》《和谐路上星光耀》等20多个紧跟上级精神,契合时代脉搏的专栏。

0117 肃南裕固族自治县广播电视台

注 册 地:张掖市肃南县

主营业务:设计,制作广播,电视广播,利用自有广播电台,电视台发布国内外广播广告

从业人员数(人):15

销售额(万元):3

资产总额(万元):1200

0118 白银爱大唐影视传播有限公司

注 册 地:白银市白银区

主营业务：电影播放

从业人员数（人）：19

销售额（万元）：153.4

资产总额（万元）：730

简　　介：白银大唐影城位于白银嘉垣广场北侧，是白银大唐影城公司在白银城区投资建设的第一家数字化影院。公司成立于2010年12月17日，注册该影城投资金额为50万，占地面积1600平方米，共建造4个影厅，座位数为533个，于2011年9月投入运营。

0119 甘肃省广播电视股份有限公司平川区分公司

注 册 地：白银市平川区工商行政管理局

主营业务：广播电视网络管理维护

从业人员数（人）：45

销售额（万元）：50

资产总额（万元）：1038

简　　介：甘肃省广播电视网络股份有限公司平川区分公司于2012年5月31日正式挂牌成立。公司在省市公司的正确指导下，坚决实施"4631"发展战略和"跳出广电看世界，围绕信息做产业，主业做精，产业做大，以业养业，多业并举、文化引领、跨越转型"的发展思路，认真贯彻区委、区政府"基础并行、项目带动、工业主导、城乡统筹、好中求快"的区域发展战略，努力把平川广电网络打造成助推地方经济和社会快速发展的崭新平台，为建设"数字平川""和谐平川"作出了积极贡献。

0120 白银新视界尚文坊影城管理有限公司

注 册 地：白银市平川区工商行政管理局

主营业务：电影放映

从业人员数（人）：30

销售额（万元）：35

资产总额（万元）：200

简　　介：新视界白银尚文坊影城是由甘肃新视界电影院线公司投资兴建，位于白银市平川区尚文坊一条街北侧。建筑面积为700平方米，包括两个3D厅、一个2D厅。其中一号厅68平方米，40座；二号厅100.29平方米，57座；三号厅100.29平方米，57座，共计154座。全部使用2k数字放映设备，另有候影区100平方米，休闲区66.47平方米，可供观众休闲使用。

0121 甘肃省广播电视网络股份有限公司会宁县分公司

注 册 地：白银市会宁县工商行政管理局

主营业务：广播电视风络设计、建设、监理、开发、运营、管理和维护；视音频内容集成、制作、分发现营销利用有线电视网络资源开展数据信息、移动多媒体及"三网融合"国家允许的通信、互联网、比照电信基础业务管理的增值电信业务等新技术、新业务、新媒体的开发经营；设计、制作、发布广告；广播电视与信息网络的技术和产品研发、生产、销售及服务；国内外广播电视及信息网络设备器材的代理、经销；符合国家产业政策的其他领域项目如电子、软件、新材料、节能等

从业人员数（人）：45

资产总额（万元）：1400

简　　介：甘肃广电网络股份有限公司会宁县分公司成立于2012年5月，是甘肃广电网络股份有限公司垂直管理、分级授权的省属国有文化企业。公司净资产规模为1470.73万元人民币，员工45人。公司下设办公室、运维部、用户部；拥有有线电视用户1万多户，全县光缆干线达到190多公里，主杆电缆140公里，有线电视覆盖全县5个乡镇，传输20多套高清、94套标清数字信

号电视节目、40 套模拟信号电视节目和 35 套广播节目。目前，公司致力于为政府、企事业单位、家庭及个人用户提供安全、可靠、高效及健康的广播电视传输服务，已成为一个集公共传播、信息服务、文化娱乐、交流互动于一身的信息高速公路和多媒体传播综合平台。

0122 甘肃黄土魂文化传播有限公司

注 册 地：白银市会宁县工商行政管理局

主营业务：影视制作、文化艺术交流

从业人员数（人）：3

资产总额（万元）：220

简　　介：甘肃黄土魂文化传播有限公司注册资金 220 万元，主要开展电影、电视剧、电视纪录片的创作、拍摄与制作。力争在五年之内成为甘肃最具品牌的文化传播企业之一。公司坚持以传统文化与高端时尚风格为主要创作宗旨，秉承以资源整合与锐意创新并重的经营理念，着力打造具有深厚文化内涵和强大影响力的作品。公司遵循专业化和精益求精的创作准则，使其创作的每部作品在业内具有较高的影响力，并积极吸收业内资深导演和艺术精英指导，为社会奉献更多高质量的影视作品。

0123 景泰县三人行文化有限公司

注 册 地：白银市景泰县

主营业务：文化艺术交流策划、企业管理咨询、商务信息咨询、礼仪服务、展览展示服务、会务服务、教育培训、广告设计发布、图文设计制作、摄影服务、网站建设与维护、计算机软硬件销售及维修；电子产品、通讯器材、音响、文化用品、摄影器材销售

主要产品：计算机及周边设备、服务器、计算机软件、办公设备、网络设备、安防器材、通讯器材摄影器材、办公耗材

从业人员数（人）：5

销售额（万元）：50

资产总额（万元）：50

简　　介：景泰县三人行文化有限公司成立于成立于 2013 年 10 月，前身是 2003 年 10 月成立的"三人行多媒体"。是一家集网站建设运营、商务信息咨询、广告设计发布、图文装帧设计、计算机软硬件及办公设备销售维修、电子产品通讯器材销售现代传媒运营公司。公司旗下网站"景泰在线"（www.0943.cn）自 2003 成立以来，已发展成为集信息发布、本土文化宣传、互助学习、娱乐交友、原创文学发表为一体的综合性门户网站，并与一些知名网站和企业建立了良好的合作关系。公司旗下"一石居·原创文学网"（www.yishiju.com），自 2006 年创建以来，是景泰县外界广大文学爱好者的交流平台，也是推广景泰县文化产业发展的宣传平台，现为"景泰县作家协会"及其杂志《景泰文学》官方网站。

0124 甘肃省广播电视网络有限公司景泰分公司

注 册 地：白银市景泰县

主营业务：公共数字电视、视频点播、数据专网、IP 电话、宽带上网、阳光政务、电子商务、生活资讯、远程教育等多功能服务

从业人员数（人）：24

销售额（万元）：289.3

资产总额（万元）：8412668.45

简　　介：甘肃省广播电视网络有限责任公司景泰县分公司（简称：甘肃广电网络景泰县分公司）是省委、省政府整合全省广电网络资产成立的甘肃省国有控股大型文化企业的下属县级分公司之一，其前身是景泰县广播电视网络中心，1995 年经县委、县政府批准成立，隶属于景泰县广播电影电视局，副

科级建制，属自收自支事业单位。景泰县分公司于 2012 年 5 月 15 日挂牌成立，按照全省广播电视网络"统一规划、统一建设、统一管理、统一运营"的新体系运行，是当地有线广播电视业务的唯一经营主体。

0125 景泰县广播电视台

注 册 地：白银市景泰县

主营业务：新闻播放

主要产品：《景泰新闻》

从业人员数（人）：45

资产总额（万元）：520

简 介：1955 年 4 月，景泰县收音机站建立，主要抄收中央人民广播电台和西北人民广播电台的纪录新闻；1956 年 7 月 1 日景泰县广播站成立，宣传以转播为主，辅以不定时的自办节目；1990 年 10 月，景泰人民广播电台成立，主要收转中央、省人民广播电台部分节目，少量插播当地新闻，1991 年开设了《景泰新闻》、《对农村广播》、《金色年华》、《综合服务窗》、《艺术天地》等专题栏目；1998 年，景泰广播电台与县电视台合并，统称景泰县广播电台。现开设的节目：电视自办节目有《景泰新闻》、《每周新闻看点》、《百姓生活》、《天气预报》，引进节目有《农村普法》、《少儿节目》、《希望的田野》；广播自办节目有《景泰新闻》、《每周新闻看点》、《农家话语》、《百姓纪事》、《音乐随心听》。

0126 大敦煌影视城（景泰县大敦煌影视文化发展有限公司）

注 册 地：白银市景泰县

主营业务：影视制作、文化交流、旅游开发、艺术培训、商业演出、广告发布、大型展览、签约演员

从业人员数（人）：8

销售额（万元）：16

资产总额（万元）：605

简 介：大敦煌影视城占地面积 622 亩，有仿敦煌标志性建筑九间坊，内有 8.8 米高泥塑弥勒佛，有仿莫高窟壁画、雕塑；仿古建筑明清一条街、蒙古包、塔林、牌楼、洞窟、土匪山寨、古战场、人工湖、摄影棚等建筑 5000 多平方米，有体现西部风情的红柳、沙枣树 200 亩。这里先后拍摄过电视剧《大敦煌》、《天下粮仓》、《老柿子树》、《书剑恩仇录》、《风之国》、《汗血宝马》、《英雄志》、《好家伙》、《轩辕剑》、《步步惊情》及电影《神话》、《雪花那个飘》、《花木兰》、《惊沙》、《决战刹马镇》、《兰州——1949》等 50 多部影视剧。2008 年，大敦煌影视城被甘肃省委宣传部等部门定为甘肃省文化产业示范基地，同时与黄河石林、永泰龟城一并被甘肃省广电局列为省级影视拍摄基地。

0127 甘肃省广播电视网络有限责任公司平凉分公司

注 册 地：平凉市

主营业务：广播电视有线传输

主要产品：传输 103 套电视节目。其中：标清电视节目 101 套，高清电视节目 2 套；基本节目 61 套，收费节目 42 套

从业人员数（人）：80

销售额（万元）：500

资产总额（万元）：5000

0128 平凉市崆峒区广播电视台

注 册 地：平凉市

主营业务：1.主要负责宣传党的路线、方针、政策和法律、法规，把握正确的舆论导向；2.围绕区委、区政府的中心开展新闻宣传工作；3.按规定转播中央及省市台广播电视节

目；4. 负责完成区委、区政府和上级部门交办的其他工作任务

主要产品：《媒体快报》、《今日话题》、《生活空间》等。电视节目全天播出 15 小时，有《崆峒新闻》、《聚焦崆峒》、《一周新闻回顾》、《戏迷俱乐部》、《动画天地》、《影视剧场》等栏目。

从业人员数（人）：51

销售额（万元）：35.5

资产总额（万元）：355.54

0129 甘肃省广播电视网络股份有限公司泾川县分公司

注 册 地：平凉市泾川县城农林路 5 号

主营业务：广播电视网络设计、建设、监理、开发、运营、管理和维护；视音频内容集成、制作、分发经营；利用有线电视网络资源开展数据信息、移动多媒体及"三网融合"国家允许的通信、互联网、比照电信基础业务管理的增值电信业务等新技术、新业务、新媒体的开发经营；设计、制作、发布广告；广播电视与信息网络的技术和产品研发、生产、销售及服务；国内外广播电视及信息网络设备器材的代理、经销；符合国家产业政策的其他领域项目如电子、软件、新材料、节能等

从业人员数（人）：11

0130 甘肃省广播电视网络股份有限公司华亭县分公司

注 册 地：平凉市华亭县

主营业务：广播电视网络传输、安装、维护

从业人员数（人）：31

销售额（万元）：300

资产总额（万元）：1000

简 介：该公司属于股份有限公司分公司，位于华亭县南新街 16 号，面积 200 平方米，

拥有计算机终端 10 台，从业人员 31 人，主要服务项目有广播电视网络传输安装、维护、检修工作，年产值 300 余万元。

0131 华亭县电影发行放映公司

注 册 地：平凉市华亭县

主营业务：电影发行、放映、录像放映、礼仪、音响服务

从业人员数（人）：6

销售额（万元）：26

资产总额（万元）：93

0132 庄浪县电视台

注 册 地：平凉市庄浪县

主营业务：新闻报道

从业人员数（人）：37

0133 甘肃省广播电视网络股份有限公司静宁县分公司

注 册 地：平凉市静宁县工商行政管理局

主营业务：广播电视网络设计、建设、监理、开发、运营、管理和维护；视音频内容集成、制作、分发经营；利用有线电视网络资源开展数据信息、移动多媒体及"三网融合"国家允许的通信、互联网、比照电信基础业务管理的增值电信业务等新技术、新业务、新媒体的开发经营；设计、制作、发布广告；广播电视与信息网络的技术和产品研发、生产、销售及服务；国内外广播电视及信息网络设备器材的代理、经销；符合国家产业政策的其他领域项目如电子、软件、新材料、节能等

从业人员数（人）：30

资产总额（万元）：40

0134 静宁县万达影视有限责任公司

注 册 地：平凉市静宁县工商行政管理局

主营业务：电影放映、发行；承办文艺演出；承办全县性大型会议

从业人员数（人）：10

资产总额（万元）：10

0135 庆阳市黄土艺影传媒有限公司

注 册 地：庆阳市工商局

主营业务：影视策划

主要产品：影视广告策划

从业人员数（人）：6

销售额（万元）：25

资产总额（万元）：120

0136 甘肃大河传媒有限公司

注 册 地：庆阳市安定东路131号

主营业务：新媒体开发；文化创意产业开发；影视、动漫产品营销策划；影视传媒节目包装策划；影视剧策划；数字影视院线管理咨询；传媒业管理咨询；国内户外、报刊、影视制作

销售额（万元）：60

资产总额（万元）：100

0137 甘肃省广播电视网络股份有限公司庆阳市分公司

注 册 地：庆阳市

主营业务：广播电视网络设计、建设、监理、开发、运营、管理和维护；视音频内容集成、制作、分发经营；利用有线电视网络资源开展数据信息、移动多媒体及"三网融合"国家允许的通信、互联网、比照电信基础业务管理的增值电信业务等新技术、新业务、新媒体的开发经营；设计、制作、发布广告；广播电视与信息网络的技术和产品研发、生产、销售及服务；国内外广播电视及信息网络设备器材的代理、经销；符合国家产业政策的其他领域项目如电子、软件、新材料、

节能等

从业人员数（人）：129

销售额（万元）：500

资产总额（万元）：1700

简　　介：甘肃省广播电视网络股份有限公司庆阳市分公司位于甘肃省庆阳市西峰区长庆大道（电视台院内）成立于2013年06月25日，经营范围为广播电视网络设计、建设、监理、开发、运营、管理和维护；视音频内容集成、制作、分发经营；利用有线电视网络资源开展数据信息、移动多媒体及"三网融合"国家允许的通信、互联网、比照电信基础业务管理的增值电信业务等新技术、新业务、新媒体的开发经营；设计、制作、发布广告；广播电视与信息网络的技术和产品研发、生产、销售及服务；国内外广播电视及信息网络设备器材的代理、经销；符合国家产业政策的其他领域项目如电子、软件、新材料、节能等。

0138 甘肃省广播电视网络股份有限公司正宁县分公司

注 册 地：庆阳市正宁县城东街14号

主营业务：广播电视网络设计、建设、监理、开发、运营、管理和维护等

从业人员数（人）：14

销售额（万元）：42

资产总额（万元）：100

简　　介：甘肃省广播电视网络股份有限公司正宁县分公司于2012年5月21日挂牌成立，是在原正宁县广播电影电视局网络传输中心基础上组建成立的隶属于甘肃省广播电视网络股份有限公司的省属国有文化企业。正宁分公司位于正宁县东街14号，原广电局办公楼一楼，拥有临街营业用房2间，办公用房6间、机房1间、仓库1间。内设办公室、用户部、运维部三个部门。分公司有

线电视网络拥有光缆干线 161.1KM，在广电局二楼建有中继机房，覆盖县城城区及西坡乡、山河镇、永正乡、榆林子镇等 4 乡（镇）17 个行政村。

0139 甘肃省新闻出版广电局正宁广播转播台

注　册　地：庆阳市正宁县西坡乡宋家畔

主营业务：广播转播

从业人员数（人）：8

资产总额（万元）：38

简　　　介：正宁广播转播台建于 1990 年 10 月，位于西坡乡宋畔村，占地面积 2000 平方米。该台主要承担中央人民广播电台《中国之声》和《甘肃综合广播》的转播任务，每天累计播出 34.5 小时。

0140 甘肃省广播电视网络股份有限责任公司合水县分公司

注　册　地：庆阳市合水县

主营业务：广播电视网络设计、建设、监理、开发、运营、管理和维护；音视频内容集成、制作、分发经营；利用有线电视网络资源开展数据信息、移动多媒体及"三网融合"国家允许的通信、互联网、比照电信基础业务管理的增值业务等新技术和新产品的研发、生产、销售等

从业人员数（人）：15

销售额（万元）：22.5

资产总额（万元）：891

0141 合水县电视台

注　册　地：庆阳市合水县

主营业务：广播电视制作播出

主要产品：《合水新闻》、《社会视角》、《一线关注》等

从业人员数（人）：37

销售额（万元）：6.5

资产总额（万元）：93.3

简　　　介：1956 年 5 月合水县广播站成立，1987 年 10 月建立合水县广播电视转播台，1995 年 12 月，组建合水县有线电视台。2002 年按照上级关于县级播出机构合并的相关文件精神，将原县广播站和待批的有线电视台合并为"合水县广播电视台"，隶属合水县广播电视局，2004 年 7 月经国家广电总局批准，合水县广播电视播出机构正式确立，对外播出呼号分别为"合水县人民广播电台"和"合水县电视台"。2006 年 5 月全县事业单位机构改革，"合水县人民广播电台"和"合水县电视台"改称为合水县广播电视台，正科级事业单位。主要承担全县各行各业广播电视新闻宣传，电视自办节目制作播出及无线转播发射等工作。

0142 甘肃省广播电视网络股份有限公司宁县分公司

注　册　地：庆阳市宁县新宁镇辑宁南路 12 号

主营业务：广播电视网络设计、建设、监理、开发、运营、管理和维护

从业人员数（人）：8

销售额（万元）：100

简　　　介：甘肃省广播电视网络股份有限公司宁县分公司于 2012 年 4 月成立，位于宁县辑宁南路，从业人员 8 人，年销售额 100 万元，目前主营业务有：广播电视网络设计、建设、监理、开发、运营、管理和维护。该公司拥有一张覆盖全县、连通全国、品质优良、结构合理、带宽资源极其丰富的网络，不仅可承载与广播电视相关的模拟电视、数字电视、网络电视等各种业务，同时还经营电视电话会议、个人宽带、视频监控等各种数据业务。

0143 甘肃中广传播有限公司宁县分公司

注　册　地：庆阳市宁县辑宁南路 12 号

主营业务：经营移动多媒体广播电视业务

从业人员数（人）：15

销售额（万元）：200

0144 庆城县金辉黄土文化开发有限公司

注　册　地：庆阳市庆城县

主营业务：电影和影视节目制作

主要产品：《凤凰沟的春天》

从业人员数（人）：6

销售额（万元）：56

资产总额（万元）：100

简　　　介：庆城县金辉黄土文化有限公司庆城县金辉黄土文化开发有限公司 2012 年 5 月注册成立，设有"陇东文化艺术中心""圣水塘生态风景区""公刘庄作坊黄酒""蓓蕾校园数字院线"等机构。由庆城县文化广播影视局主管，目前公司陇东文化艺术中心作创拍摄的电影《大山深处的保尔》荣获全国第十届"五个一工程"优秀电影，第二届甘肃电影"锦鸡奖"优秀编剧奖。电影《凤凰沟的春天》荣获甘肃第七届敦煌文艺奖，目前公司正在筹备电影《少年孝子》的拍摄。户外工程投资 180 万元。已给彭阳春酒业公司、九龙春酒业公司制作大型广告牌 10 个。圣水塘生态风景区将在刘八沟打造黄土风情影视基地和陇东黄土风情文化示范区。

0145 甘肃省龙霖影视业有限公司

注　册　地：庆阳市庆城县

主营业务：1. 数字电影、电视剧摄制；2. 企业宣传片、专题片、产品广告拍摄和投放；3. 各类大型文化活动实况多机位录制；4. 影音后期剪辑、多媒体制作、三维动画；5. 电视综艺节目录制、个人爱情微电影摄制

从业人员数（人）：5

销售额（万元）：120

资产总额（万元）：300

简　　　介：该公司成立于 2009 年，前身是成立于 80 年代当地最早运用广播级设备拍摄影视节目的龙霖专业摄影工作室发展起来的专业影视机构，2010 年第一部电视电影《梨树沟往事》通过发行许可，2011 年元旦节在甘肃电视台播出。公司以新锐的运作模式，低成本，高品质，制作周期短及完善的制作方案，在当地影视文化产业中有着明显的优势。

0146 庆阳市陇浪传媒影视制作中心

注　册　地：庆阳市镇原县城关镇广汇花苑

主营业务：影视项目开发、电视专题摄制、广播电视配音、影视广告传媒、图文设计制作

从业人员数（人）：8

销售额（万元）：3.6

资产总额（万元）：12

0147 甘肃省广播电视网络股份有限公司环县分公司

注　册　地：庆阳市环县环城镇中街

主营业务：广播电视网络设计、建设、监理、开发、运营、管理和维护；视音频内容集成、制作、分发经营；利用有线电视网络资源开展数据信息、移动多媒体及"三网融合"国家允许的通信、互联网、比照电信基础业务管理的增值电信业务等新技术、新业务、新媒体的开发经营；设计、制作、发布广告；广播电视与信息网络的技术和产品研发、生产、销售及服务；国内外广播电视及信息网络设备器材的代理、经销；符合国家产业政策的其他领域项目如电子、软件、新材料、节能等

从业人员数（人）：12

销售额（万元）：23

0148 环县电影发行放影公司

注 册 地：庆阳市环县环城镇西关街 31 号

主营业务：影片发行与放映

从业人员数（人）：10

销售额（万元）：50

资产总额（万元）：54

0149 定西市广播电视台

注 册 地：定西市

主营业务：广播电视

从业人员数（人）：84

销售额（万元）：21.7

资产总额（万元）：170

0150 定西市电影院

注 册 地：定西市工商行政管理局

主营业务：电影放映

从业人员数（人）：8

销售额（万元）：70.6

资产总额（万元）：47

0151 定西市安定区广播电视台

注 册 地：定西市安定区

主营业务：广播电视

从业人员数（人）：40

销售额（万元）：11.7

资产总额（万元）：11.1

0152 陇西景利达华纳影院有限公司

注 册 地：定西市陇西县

主营业务：电影放映（凭有效电影放映经营
许可证经营）

销售额（万元）：100

资产总额（万元）：100

0153 临洮县广播电视台

注 册 地：定西市临洮县

主营业务：广播电视新闻宣传、农村电影放映

主要产品：临洮新闻

从业人员数（人）：46

资产总额（万元）：410

简　　介：临洮县广播电视台成立于 1998
年 12 月，现有职工 46 人，主要职能为广播
电视新闻宣传和农村电影放映工作。节目设
置有《临洮新闻》《走进临洮》《临洮影像
志》《今日访谈》等。

0154 临洮新视界馨尹数字影城（临洮馨尹电影放映有限公司）

注 册 地：定西市临洮县洮阳镇背斗巷

主营业务：电影放映

从业人员数（人）：10

销售额（万元）：30

资产总额（万元）：30

简　　介：临洮新视界馨尹数字影城是甘肃
省广播电视网络股份有限公司投资的现代化
数字影城，用全资子公司甘肃新视界电影院
线有限公司负责管理运营。临洮新视界馨尹
影城位于临洮县文化中心二楼，由两个现代
化 3D 数字影厅，安装了美国科视 2K 放映
设备，杜比服务器，皇冠功放，JBL 影响，
计算机售票系统和全影城监控系统，用现代
化的管理进行规范化经营。

0155 两当县广播电视台

注 册 地：陇南市两当县

主营业务：广播电视节目的制作和播放服务

主要产品：文化类广告

从业人员数（人）：16

销售额（万元）：2

资产总额（万元）：60

0156 临夏市动感之旅电影城

注 册 地：临夏市平等路 67 号

主营业务：电影放映

从业人员数（人）：2

销售额（万元）：15

资产总额（万元）：60

简　　介：临夏市动感之旅电影城位于临夏市平等路 67 号，占地面积 270 平方米，投资 60 万，大厅分为 A 厅和 B 厅，影厅座位各 35 座，配备爱晋升 EB-C2040XN 数字设备。

0157 临夏九七国际影业有限公司

注 册 地：临夏州临夏市庆胜东路临夏义乌国际商业广场 28 号楼 4 楼

主营业务：电影放映

从业人员数（人）：30

销售额（万元）：200

资产总额（万元）：600

简　　介：临夏九七国际影业有限公司位于临夏市庆胜东路临夏义乌国际商业广场 28 号楼 4 楼，影院分 1-7 个厅 759 个座位，配备巴可 DP2K-20C 品牌设备。

0158 甘肃省广播电视网络股份有限公司永靖县分公司

注 册 地：临夏州永靖县

主营业务：利用有线电视网络资源开展数据信息、移动多媒体及"三网融合"国家允许的通信、互联网、比照电信基础业务管理的增值电信业务等新技术、新业务、新媒体的开发经营；设计、制作、发布广告；广播电视与信息网络的技术和产品开发、生产、销售及服务；国内外广播电视及信息网络设备器材的代理、销售；符合国家产业政策的其他领域项目如电子、软件、新材料、节能

从业人员数（人）：20

销售额（万元）：100

资产总额（万元）：130

简　　介：甘肃省广播电视网络股份有限公

司永靖县分公司成立于 2012 年 5 月。内设办公室、运维部和用户部 3 个部门，甘肃省广播电视网络股份有限公司永靖县分公司，公司网络光缆干线已通达西至三塬镇，东至三条岘乡，北至盐锅峡镇的所有区域，总长 150 千米，现有数字电视用户 17000 户。

0159 甘肃省广播电视网络股份有限公司甘南分公司

注 册 地：甘南藏族自治州

主营业务：承担广播电视的安全保障；为党委、政府建设"平安城市"提供技术保障，为政务网提供安全、优质、稳定的网络资源

从业人员数（人）：24

销售额（万元）：378

资产总额（万元）：500

简　　介：甘肃省广播电视网络股份有限公司甘南分公司原为服务于政府，惠利于广大群众的公众性事业单位。2011 年根据国家、省上的有关要求转型为国有企业，是为党委、政府的文化产业。目前共有正式职工 9 人，临聘人员 15 人。有线广电网络线路总长 250 多公里，主干线和支干线共长 58 公里，覆盖合作市、郊区全部区域。除早晚定时转播甘南自办藏、汉语两台节目外，每天 24 小时转播中央台、各地方台数字电视节目共 124 套，广播节目 17 套。目前发展有线电视用户 14000 户，占合作总户数的 90%。

0160 江红坡调频广播转播台

注 册 地：甘南州临潭县

主营业务：广播信号传输

主要产品：转发广播信号服务

从业人员数（人）：5

销售额（万元）：1

资产总额（万元）：100

简　　介：临潭县江红坡调频广播转播台

发射机功率增加为 100 瓦，调频频率中央台 95.40MHz，甘肃台 91.4MHz。转播中央电台一套，甘肃电台一套，甘南电台共三套节目，调频频率分为 95.4MHz，91.4HMz，105HMz。覆盖全县卓洛乡、长川乡、术布乡、古战乡、羊永乡、刘顺乡和城关镇，并覆盖麻路乡、申藏乡、阿子滩乡、卡车乡，覆盖人口 8.33 万人，为临卓两县 10 个乡镇群众提供播出了广播节目，供广大群众收听。为临卓两县 10 个乡镇群众提供无线广播播出了广播节目，供广大群众收听。

0161 临潭县电视台

注　册　地：甘南州临潭县

主营业务：临潭县新闻、专题、广告制作播出

主要产品：《临潭新闻》、《多彩临潭》

从业人员数（人）：19

销售额（万元）：5

资产总额（万元）：30

简　　　介：临潭县电视台成立于 1996 年，主要承担全县新闻宣传，现有新闻工作者 16 名，其中记者 11 名，播音员 3 名，有虚拟播音室一处，非线性编辑机 3 台，摄像机 7 台。主要栏目《临潭新闻》《乡村法制》《乡村文化》《人口与计生》《教育视窗》《城建聚焦》。专项栏目有《多彩临潭》《临视点》。播放类栏目有电视剧、动画片、风光片等。电视台广告费年收入 6 万元左右。

0162 甘肃省广播电视网络股份有限公司迭部县分公司

注　册　地：甘南州迭部县

主营业务：广播电视网络设计、建设、监理、开发、运营、管理和维护；视音频内容集成、制作、分发经营；利用有线电视网络资源开展数据信息、移动多媒体及"三网融合"国家允许的通信、互联网、比照电信基础业务管理的增值电信业务等新技术、新业务、新媒体的开发经营；设计、制作、发布广告；广播电视与信息网络的技术和产品研发、生产、销售及服务；国内外广播电视及信息网络设备器材的代理、经销；符合国家产业政策的其他领域项目如电子、软件、新材料、节能

主要产品：《迭部新闻》

从业人员数（人）：5

销售额（万元）：1

0163 甘肃省广播电视网络股份有限公司玛曲县分公司

注　册　地：甘南州玛曲县

主营业务：广播电视网络设计、建设、监理、开发、运营、管理和维护；视音频内容集成、制作分发经营；利用有线电视网络资源开发数据信息、移动多媒体及"三网融合"国家允许的通信、互联网、比照电信基础业务管理的增值电信业务等新技术、新业务、新媒体的开发经营；设计、制作、发布广告；广播电视与信息的技术和产品研发、生产、销售及服务；国内外广播电视及信息网络设备器材的代理、经销

从业人员数（人）：5

销售额（万元）：4

资产总额（万元）：10

甘肃省文化资源名录

第三十六卷 文化产业、传媒 I

文化用品的生产

0001 兰州华宇包装彩印有限责任公司

注 册 地：兰州市

主营业务：胶印、彩印、其他包装加工工艺

从业人员数（人）：130

销售额（万元）：1676

资产总额（万元）：3521

0002 甘肃云盛印刷有限公司

注 册 地：兰州市

主营业务：画册、包装盒、数码打样、其他个性印刷

从业人员数（人）：21

销售额（万元）：1208

资产总额（万元）：1746

简　　介：甘肃云盛印刷有限公司（原名兰州装潢工艺厂）。现有固定资产总值 1500 多万元，占地面积 5000 多平方米。建筑面积 3600 多平米，职工 100 多人。拥有最先进的日本进口超大四开四色高速胶印机；日本高速全能自动不干胶商标印刷机；北大方正排版系统；苹果彩色制作系统，彩色对开、四开、八开胶印，覆膜机，双色打码印刷机，电控刀混合式折页机，半自动骑马订书机等，先进的印刷技术。

0003 兰州光明纸业有限责任公司

注 册 地：兰州市七里河区

主营业务：文化用纸

从业人员数（人）：3

销售额（万元）：22.4

资产总额（万元）：53

0004 兰州红旭商贸有限公司

注 册 地：兰州市七里河区义乌商贸城 8 楼

主营业务：办公用品、日用百货、劳保用品、体育用品及设施、家用电器、工艺美术品、办公家具、计算机配件及耗材、通讯器材（不含卫星地面接收设施）、电线电缆、电气设备、仪器仪表、机电产品（不含小轿车）、建筑材料、金属材料、五金交电、水暖器材、化工产品（不含危险化学品）的批发、零售；广告的设计、制作、发布、代理

主要产品：办公用品、日用百货

从业人员数（人）：8

资产总额（万元）：200

0005 甘肃永恒文化传媒有限公司

注 册 地：兰州市

主营业务：庆典礼仪活动策划、剪彩礼仪活动策划，演出工程策划，灯光工程，兰州舞台搭建公司

从业人员数（人）：25

销售额（万元）：615

资产总额（万元）：500

简　　介：甘肃永恒文化传媒有限公司是一家融广告策划、设计、制作、代理、发布为一体的综合性传媒机构。

0006　兰州墨缘斋文化传播有限公司

注　册　地：兰州市城关区北滨河路 450 号

主营业务：书画展览；字画销售；书画装裱、揭裱修复；画框画盒、文化用品批发、零售

0007　甘肃成州旅游产业开发有限责任公司

注　册　地：兰州市城关区武都路 52 号

主营业务：旅游产品开发、销售；农业开发；铅锌矿勘探（合同区域内）、浮选、销售；机械设备的购销

0008　兰州文润电脑轻印刷有限公司

注　册　地：兰州城关区

主要产品：联单、名片

从业人员数（人）：5

销售额（万元）：20

资产总额（万元）：30

0009　兰州迪尔文教用品有限公司

注　册　地：兰州市城关区伏龙坪后街 71 号

主营业务：文化用品的生产与销售

从业人员数（人）：8

销售额（万元）：50

资产总额（万元）：150

0010　兰州墨人教育科技有限公司

注　册　地：兰州市城关区雁滩路 3610 号

主营业务：图书、教学仪器设备销售

从业人员数（人）：4

销售额（万元）：30

资产总额（万元）：50

0011　兰州森杰包装有限公司

注　册　地：兰州市城关区东岗 456 号

主营业务：软包装

主要产品：塑料彩印包装

从业人员数（人）：15

销售额（万元）：300

资产总额（万元）：300

0012　兰州君必成电子科技有限公司

注　册　地：兰州市七里河区

主营业务：办公用品销售

从业人员数（人）：2

销售额（万元）：135

资产总额（万元）：98.8

0013　兰州圣美特文体用品有限公司

注　册　地：兰州市七里河区

主营业务：文具批发

从业人员数（人）：3

销售额（万元）：60

资产总额（万元）：50

0014　兰州联诚商贸有限公司

注　册　地：兰州市七里河区

主营业务：软件开发

从业人员数（人）：2

销售额（万元）：47.2

资产总额（万元）：1.2

0015　甘肃森火文化传播有限公司

注　册　地：兰州市七里河区

主营业务：网站建设

从业人员数（人）：5

销售额（万元）：66

资产总额（万元）：42

0016　兰州华达纸业有限公司

注　册　地：兰州市七里河区

主营业务：纸张销售

从业人员数（人）：4

销售额（万元）：281

资产总额（万元）：229.5

0017　兰州百立丰电子科技有限公司

注　册　地：兰州市七里河区

主营业务：计算机软硬件开发

从业人员数（人）：24

销售额（万元）：710

资产总额（万元）：1860

0018　兰州百迪电子科技有限公司

注　册　地：兰州市七里河区

主营业务：软件开发

从业人员数（人）：3

销售额（万元）：40

资产总额（万元）：576

0019　兰州乐视信息科技有限公司

注　册　地：兰州市七里河区

主营业务：软件开发

从业人员数（人）：2

销售额（万元）：20

资产总额（万元）：12

0020　兰州华诺印刷器材有限公司

注　册　地：兰州市七里河区

主营业务：纸张

从业人员数（人）：2

销售额（万元）：408.2

资产总额（万元）：121.3

0021　兰州捷软电力科技有限公司

注　册　地：兰州市七里河区

主营业务：软件开发

从业人员数（人）：7

销售额（万元）：350

资产总额（万元）：370

0022　兰州艾迪商贸有限公司

注　册　地：兰州市七里河区

主营业务：办公用品批发、零售

从业人员数（人）：23

销售额（万元）：342

资产总额（万元）：193

0023　甘肃盛鑫商贸有限公司

注　册　地：兰州市七里河区

主营业务：电子产品批发

从业人员数（人）：1

销售额（万元）：52

资产总额（万元）：12.1

0024　兰州珙泉纸业有限公司

注　册　地：兰州市七里河区

主营业务：纸张销售

从业人员数（人）：8

销售额（万元）：5374.8

资产总额（万元）：1052.9

0025　甘肃九度网络科技有限公司

注　册　地：兰州市七里河区

主营业务：网络建设

销售额（万元）：640

资产总额（万元）：570

0026　兰州周利杰商贸有限公司

注　册　地：兰州市七里河区

主营业务：文具批发

从业人员数（人）：2

销售额（万元）：52.6

资产总额（万元）：47.2

0027 兰州三行电子科技有限公司

注　册　地：兰州市七里河区

主营业务：计算机软硬件销售

从业人员数（人）：4

销售额（万元）：40.8

资产总额（万元）：58.3

0028 甘肃合驰贸易有限公司

注　册　地：兰州市七里河区

主营业务：办公用品销售

从业人员数（人）：3

销售额（万元）：20.2

资产总额（万元）：48.7

0029 兰州大方电子有限责任公司

注　册　地：兰州市七里河区

主营业务：电脑销售

从业人员数（人）：100

销售额（万元）：4870

资产总额（万元）：721

0030 甘肃华德科教仪器设备有限公司

注　册　地：兰州市七里河区

主营业务：文教设备销售

从业人员数（人）：3

销售额（万元）：37

资产总额（万元）：15.1

0031 兰州希赛信息系统有限公司

注　册　地：兰州市七里河区

主营业务：计算机销售

从业人员数（人）：3

销售额（万元）：32

资产总额（万元）：60

0032 甘肃工大摄影器材有限责任公司

注　册　地：兰州市七里河区

主营业务：照相

主要产品：照相器材销售

从业人员数（人）：5

销售额（万元）：16.8

资产总额（万元）：82.3

0033 甘肃达源商贸有限责任公司

注　册　地：兰州市七里河区西津西路 94 号

主营业务：预包装食品（酒类）（凭许可证
有效期经营）、劳保用品、铁路物资、农副
产品（不含食品及原粮油）、日用百货、五
金交电、机电产品（不含小轿车）、电脑及
软件耗材、体育器材、家用电器、钢材、建材、
办公用品、消防器材、服装及饰品的批发、
零售；房地产开发（凭资质证经营）、农业
开发；园林绿化；广告的设计、制作、发布、
代理

主要产品：广告

从业人员数（人）：8

资产总额（万元）：200

0034 兰州恺郁商贸有限公司

注　册　地：兰州市七里河区

主营业务：批发、零售文化用品

从业人员数（人）：5

销售额（万元）：222.2

资产总额（万元）：78

0035 兰州华海纸张批发部

注　册　地：兰州市七里河区

主营业务：纸张批发

从业人员数（人）：3

销售额（万元）：36

资产总额（万元）：12.8

0036 兰州金百合纸业有限公司

注 册 地：兰州市七里河区

主营业务：纸张销售

从业人员数（人）：2

销售额（万元）：16.4

资产总额（万元）：25

0037 甘肃彩源油墨物资有限公司

注 册 地：兰州市七里河区

主营业务：文化用品销售

从业人员数（人）：4

销售额（万元）：76

资产总额（万元）：54.8

0038 兰州三鑫印刷机械器材有限公司

注 册 地：兰州市七里河区

主营业务：印刷机械销售

从业人员数（人）：4

销售额（万元）：290

资产总额（万元）：166

0039 兰州鑫塑包装材料有限责任公司

注 册 地：兰州市七里河区

主营业务：包装材料销售

从业人员数（人）：8

销售额（万元）：240

资产总额（万元）：50

0040 兰州大河纸业有限公司

注 册 地：兰州市七里河区

主营业务：文化用品

从业人员数（人）：3

销售额（万元）：23.8

资产总额（万元）：5.8

0041 甘肃工大舞台技术工程有限公司

注 册 地：兰州市七里河区

主营业务：舞台照明设备生产

从业人员数（人）：151

销售额（万元）：15112.8

资产总额（万元）：8057.4

0042 兰州众捷创联网络科技有限公司

注 册 地：兰州市七里河区

主营业务：网络制作

从业人员数（人）：3

销售额（万元）：40

资产总额（万元）：6.6

0043 兰州海翰印刷设备有限公司

注 册 地：兰州市七里河区

主营业务：印刷材料销售

从业人员数（人）：4

销售额（万元）：42

资产总额（万元）：10.4

0044 兰州星思晨信息科技有限公司

注 册 地：兰州市七里河区

主营业务：LED 显示屏销售

从业人员数（人）：8

销售额（万元）：80

资产总额（万元）：92

0045 兰州力申伟业办公设备有限公司

注 册 地：兰州市七里河区

主营业务：办公设备及耗材

从业人员数（人）：1

销售额（万元）：12

资产总额（万元）：10

0046 兰州羽佳文化用品有限责任公司

注 册 地：兰州市七里河区

主营业务：印刷耗材

从业人员数（人）：4

销售额（万元）：474.8

资产总额（万元）：112.5

0047 甘肃博通讯捷电子科技有限责任公司

注 册 地：兰州市七里河区

主营业务：计算机网络工程

从业人员数（人）：2

销售额（万元）：40

资产总额（万元）：12

0048 甘肃日盛文化用品有限公司

注 册 地：兰州市七里河区

主营业务：文化用品零售

从业人员数（人）：3

销售额（万元）：36

资产总额（万元）：54.4

0049 兰州得力翔商贸有限公司

注 册 地：兰州市七里河区

主营业务：文体用品销售

从业人员数（人）：3

销售额（万元）：36

资产总额（万元）：3

0050 兰州恒泰昌顺商贸有限公司

注 册 地：兰州市七里河区

主营业务：办公用品销售

从业人员数（人）：1

销售额（万元）：10.2

资产总额（万元）：17.3

0051 兰州瑞隆纸业有限公司

注 册 地：兰州市七里河区

主营业务：其他未列明零售业

从业人员数（人）：6

销售额（万元）：555.8

资产总额（万元）：268.5

0052 兰州杨氏印刷器材有限责任公司

注 册 地：兰州市七里河区

主营业务：油墨销售

从业人员数（人）：2

销售额（万元）：247.6

资产总额（万元）：197.2

0053 甘肃文腾商贸有限公司

注 册 地：兰州市七里河区

主营业务：办公用品销售

从业人员数（人）：2

销售额（万元）：69.4

资产总额（万元）：199.6

0054 甘肃万升商贸有限公司

注 册 地：兰州市七里河区

主营业务：电子产品销售

从业人员数（人）：3

销售额（万元）：24

资产总额（万元）：193.2

0055 兰州亚正商贸有限公司

注 册 地：兰州市七里河区

主营业务：办公用品销售

从业人员数（人）：3

销售额（万元）：39.2

资产总额（万元）：13.5

0056 甘肃兰文纸业有限责任公司

注 册 地：兰州市七里河区

主营业务：纸张印刷品销售

从业人员数（人）：7

销售额（万元）：382.4

资产总额（万元）：282.7

0057　甘肃宏华信息科技有限公司

注　册　地：兰州市七里河区

主营业务：计算机软件设计

从业人员数（人）：3

销售额（万元）：28

资产总额（万元）：20

0058　兰州鑫广商贸有限公司

注　册　地：兰州市七里河区

主营业务：文具批发及零售

从业人员数（人）：2

销售额（万元）：17.6

资产总额（万元）：70.8

0059　兰州飞龙印刷物资有限公司

注　册　地：兰州市七里河区

主营业务：印刷器材销售

从业人员数（人）：6

销售额（万元）：975

资产总额（万元）：548.5

0060　兰州荣浩商贸有限责任公司

注　册　地：兰州市七里河区

主营业务：油墨销售

从业人员数（人）：3

销售额（万元）：498.2

资产总额（万元）：125.2

0061　兰州铭远华星通讯设备有限公司

注　册　地：兰州市七里河区

主营业务：办公用品销售

从业人员数（人）：5

销售额（万元）：111

资产总额（万元）：42

0062　兰州多琳乐器有限公司

注　册　地：兰州市七里河区

主营业务：乐器的批零

从业人员数（人）：4

销售额（万元）：13.4

资产总额（万元）：17.1

0063　兰州百迪电子科技有限公司

注　册　地：兰州市七里河区

主营业务：软件开发

从业人员数（人）：3

销售额（万元）：40

资产总额（万元）：96

0064　甘肃国讯通网络科技有限公司

注　册　地：兰州市七里河区

主营业务：设计、策划

从业人员数（人）：2

销售额（万元）：36

资产总额（万元）：360

0065　兰州天府纸业有限公司

注　册　地：兰州市七里河区

主营业务：纸张销售

从业人员数（人）：6

销售额（万元）：844.8

资产总额（万元）：413.7

0066　兰州恒安印刷材料有限责任公司

注　册　地：兰州市七里河区

主营业务：印刷器材销售

从业人员数（人）：7

销售额（万元）：383.2

资产总额（万元）：78.6

0067　兰州恒石网络技术有限公司

注　册　地：兰州市七里河区

主营业务：互联网技术服务

从业人员数（人）：10

销售额（万元）：1000

资产总额（万元）：430

0068 兰州优礼特商贸有限公司

注　册　地：兰州市七里河区

主营业务：文体用品销售

销售额（万元）：100

资产总额（万元）：200

0069 兰州逸枫乐器有限公司

注　册　地：兰州市七里河区

主营业务：乐器零售

从业人员数（人）：2

销售额（万元）：320

资产总额（万元）：500

0070 兰州乐彩商贸有限公司

注　册　地：兰州市七里河区

主营业务：文化用品销售

从业人员数（人）：2

销售额（万元）：24

资产总额（万元）：13

0071 甘肃兴盛照明科技有限公司

注　册　地：兰州市七里河区

主营业务：办公用品销售

从业人员数（人）：4

销售额（万元）：80

资产总额（万元）：104

0072 甘肃合驰贸易有限公司

注　册　地：兰州市七里河区

主营业务：办公用品销售

从业人员数（人）：3

销售额（万元）：20.2

资产总额（万元）：48.7

0073 兰州振达印刷机械器材有限责任公司

注　册　地：兰州市七里河区

主营业务：印刷器材批发

从业人员数（人）：5

销售额（万元）：60

资产总额（万元）：18.3

0074 兰州宏石科教模型器材有限公司

注　册　地：兰州市七里河区

主营业务：静动态模型

从业人员数（人）：2

销售额（万元）：24

资产总额（万元）：5

0075 兰州千禾丝网印刷器材有限公司

注　册　地：兰州市七里河区

主营业务：丝网印刷器材、油墨销售

从业人员数（人）：2

销售额（万元）：22.4

资产总额（万元）：43.4

0076 甘肃瑞泰体育用品有限公司

注　册　地：兰州市七里河区

主营业务：文体用品销售

从业人员数（人）：3

销售额（万元）：93.6

资产总额（万元）：35.8

0077 兰州市教学仪器供应站

注　册　地：兰州市七里河区

主营业务：教学仪器

从业人员数（人）：6

销售额（万元）：137

资产总额（万元）：145.8

0078 兰州爱使商贸有限公司

注 册 地：兰州市七里河区

主营业务：文化用品销售

从业人员数（人）：2

销售额（万元）：128

资产总额（万元）：55.4

0079 兰州华文笔业有限公司

注 册 地：兰州市七里河区

主营业务：文化用品

从业人员数（人）：2

销售额（万元）：30

资产总额（万元）：17.8

0080 兰州亚正商贸有限公司

注 册 地：兰州市七里河区

主营业务：办公用品

从业人员数（人）：3

销售额（万元）：39.2

资产总额（万元）：13.5

0081 兰州华维科技有限公司

注 册 地：兰州市七里河区

主营业务：计算机系统设计

销售额（万元）：216

资产总额（万元）：320

0082 甘肃泰利信息科技有限公司

注 册 地：兰州市七里河区

主营业务：软件开发及销售咨询

从业人员数（人）：2

销售额（万元）：60

资产总额（万元）：380

0083 兰州赫格瑞斯商贸有限公司

注 册 地：兰州市七里河区

主营业务：户外运动用具销售

销售额（万元）：84.2

资产总额（万元）：956

0084 兰州精丰印刷设备有限公司

注 册 地：兰州市七里河区

主营业务：销售印刷设备

从业人员数（人）：2

销售额（万元）：12.8

资产总额（万元）：3.8

0085 兰州市西固区神韵音响装饰商行

注 册 地：兰州市西固区西固东路 116—4 号

主营业务：音响、装饰材料销售

从业人员数（人）：5

销售额（万元）：15

资产总额（万元）：35

0086 天艺琴行

注 册 地：兰州市西固区先锋路

主营业务：乐器零售

从业人员数（人）：3

销售额（万元）：2

资产总额（万元）：5

0087 小状元文具石化学院店

注 册 地：兰州市西固区山丹街石化学院东校区附近

主营业务：文具用品销售

从业人员数（人）：4

销售额（万元）：10

资产总额（万元）：28

0088 兰州长江伟业商贸有限公司

注 册 地：兰州市西固区西固巷锦龙大厦182 号

主营业务：办公用品销售

从业人员数（人）：6

销售额（万元）：35

资产总额（万元）：50

0089 一二三文具店

注 册 地：兰州市西固区合水南路

主营业务：文具用品销售

从业人员数（人）：3

销售额（万元）：7

资产总额（万元）：25

0090 荟文文具

注 册 地：兰州市西固区福利东路94号

主营业务：文具用品销售

从业人员数（人）：3

销售额（万元）：6

资产总额（万元）：20

0091 兰州鑫铭办公用品有限公司

注 册 地：兰州市西固区西固中路813号

主营业务：文具销售

从业人员数（人）：5

销售额（万元）：15

资产总额（万元）：20

0092 甘肃茗瀚商贸中心

注 册 地：兰州市西固区先锋路118号

主营业务：办公用品批发、零售

从业人员数（人）：5

销售额（万元）：10

资产总额（万元）：15

0093 齐心办公西固店

注 册 地：兰州市西固区西固中街111号

主营业务：办公用品销售

从业人员数（人）：5

销售额（万元）：20

资产总额（万元）：30

0094 兰州微大贸易有限公司

注 册 地：兰州市西固区俱乐部南外围2楼铺面4号

主营业务：工艺品及古玩零售及批发

主要产品：工艺品、艺术品、古玩、字画、古董

从业人员数（人）：6

销售额（万元）：25

资产总额（万元）：40

0095 兰州益合商贸有限公司

注 册 地：兰州市西固区

主营业务：打字复印服务

从业人员数（人）：3

销售额（万元）：3

资产总额（万元）：36

0096 兰州石化职业技术学院印刷厂

注 册 地：兰州市西固区先锋路

主营业务：印刷、包装、装潢

主要产品：书本、刊物

从业人员数（人）：87

销售额（万元）：751

资产总额（万元）：1703

0097 西固区东风文化用品总汇

注 册 地：兰州市西固区西固巷16号

主营业务：文化用品销售

主要产品：文化用品、办公用品、体育音乐器材等

从业人员数（人）：6

销售额（万元）：40

资产总额（万元）：100

0098 教考书店一分店

注 册 地：兰州市西固区福利路街道综合楼1楼

主营业务：各类图书销售

从业人员数（人）：4

销售额（万元）：20

资产总额（万元）：15

0099 冯华文具百货超市

注 册 地：兰州市西固区福利西路 617 号

主营业务：文具用品销售批发

主要产品：学生文具、办公文具、体育用品、教学器材等

从业人员数（人）：5

销售额（万元）：15

资产总额（万元）：35

0100 甘肃兰炼设计院纽派克科技开发设计咨询公司

注 册 地：兰州市西固区福利东路 632 号

主营业务：游艺器材制造

主要产品：通信设备、计算机制造业及游艺器材及娱乐用品制造

从业人员数（人）：8

销售额（万元）：60

资产总额（万元）：100

0101 兰州西固锦发文化体育用品商店

注 册 地：兰州市西固区中心市场 5 号

主营业务：文化体育用品批发销售

主要产品：游泳用品、健身健美训练器材、球类设施等

从业人员数（人）：6

销售额（万元）：50

资产总额（万元）：100

0102 金泉办公文具

注 册 地：兰州市西固区合水路 457 号

主营业务：办公文具销售

主要产品：办公用品、文具、体育用品等

从业人员数（人）：4

销售额（万元）：15

资产总额（万元）：20

0103 兰州顺达工贸有限责任公司

注 册 地：兰州市西固区西固巷 100 号

主营业务：文化用品销售

主要产品：文件夹、纸张、笔记本、计算器等

从业人员数（人）：5

销售额（万元）：17

资产总额（万元）：30

0104 博士文具店

注 册 地：兰州市西固区山丹街 107 号

主营业务：文具用品销售

主要产品：办公文具、学生文具等

从业人员数（人）：3

销售额（万元）：8

资产总额（万元）：20

0105 兰州兰花办公用品销售部

注 册 地：兰州市西固区西部市场 5 区 11 号

主营业务：文具销售

主要产品：笔记本、文件夹、计算机、笔袋等

从业人员数（人）：5

销售额（万元）：16

资产总额（万元）：25

0106 兰州天艺琴行

注 册 地：兰州市西固区庄浪东路文化小区 804-4 号

主营业务：乐器销售及培训

主要产品：乐器配件、钢琴、吉他等

从业人员数（人）：5

销售额（万元）：65

资产总额（万元）：120

0107 兰州国新乐器制造厂

注 册 地：兰州市西固区东川镇西行线旁小二楼

主营业务：乐器制造

主要产品：乐器加工制造及批发

从业人员数（人）：6

销售额（万元）：25

资产总额（万元）：15

0108 新时代琴行

注 册 地：兰州市西固区先锋路

主营业务：销售、教学

主要产品：钢琴、电子琴、电钢琴、吉他等二胡及专业书籍乐器配件等

从业人员数（人）：3

销售额（万元）：10000

资产总额（万元）：20

简　　介：兰州新时代琴行 2000 年开业现经营面积 100 余平方米，为甘肃省唯一美国 GIBSON 公司指定代理商及其下属子品牌 EPIPHONE、KRAMER、TALENT；美国 ERNIE BALL 吉他配件产品分销商；北京 MOEN 效果器经销商；FARIda 吉他代理；CASIO 电子琴、电钢琴特约商户；北京俊杰二胡琴业兰州代理；MAPEX 爵士鼓及子产品 LINKO 架子鼓兰州分销商。并销售 YAMAHA 钢琴、电子琴、电钢琴；珠江钢琴及凯撒堡钢琴；专业书籍乐器配件等。琴行集乐器批发、销售、订购、邮购、器乐培训及专业保养维修于一身。

0109 嘉恒文具

注 册 地：兰州市西固区福利东路 196 号

主营业务：文具用品销售

主要产品：学生文具、办公文具、体育用品等

从业人员数（人）：3

销售额（万元）：8

资产总额（万元）：28

0110 金科文体用品超市

注 册 地：兰州市西固区玉门街 1 号

主营业务：文体用品销售

主要产品：文化、体育、办公用品等

从业人员数（人）：6

销售额（万元）：30

资产总额（万元）：60

0111 西固金豪文体配送中心

注 册 地：兰州市西固区西部市场 1 号

主营业务：文体用品批发、零售

主要产品：文化体育办公用品等

从业人员数（人）：5

销售额（万元）：30

资产总额（万元）：60

0112 兰州华胤工贸有限责任公司

注 册 地：兰州市西固区

主营业务：文化用品销售

从业人员数（人）：6

销售额（万元）：200

资产总额（万元）：1000

0113 兰州东益办公设备有限公司

注 册 地：兰州市西固区西固中路 515 号

主营业务：办公设备销售

主要产品：文化办公用品、设备等

从业人员数（人）：6

销售额（万元）：50

资产总额（万元）：100

0114 甘肃鸿广商贸有限公司

注 册 地：兰州市西固区福利西路 570-2 号

主营业务：文化用品销售

主要产品：笔记本、文件夹、纸张

从业人员数（人）：5

销售额（万元）：15

资产总额（万元）：30

0115 甘肃昌平商贸有限公司

注 册 地：兰州市西固区环形中路 109 号

主营业务：文具销售

主要产品：中性笔、笔芯、文件夹、钢笔、笔记本等

从业人员数（人）：5

销售额（万元）：15

资产总额（万元）：30

0116 炫客文具

注 册 地：兰州市西固区福利东路

主营业务：文具用品销售

主要产品：学生文具、办公文具、体育用品等

从业人员数（人）：4

销售额（万元）：6

资产总额（万元）：25

0117 兰州守升办公用品经营部

注 册 地：兰州市西固区西部市场 1 号

主营业务：文具销售

主要产品：文件夹、计算机、笔记本、钢笔、铅笔等

从业人员数（人）：5

销售额（万元）：10

资产总额（万元）：20

0118 兰州怀鑫办公用品销售部

注 册 地：兰州市西固区西部市场 11 号

主营业务：文具销售

主要产品：文件夹、文件袋、笔袋、笔记本、钢笔等

从业人员数（人）：5

销售额（万元）：12

资产总额（万元）：20

0119 兰州天艺琴韵乐器有限责任公司

注 册 地：兰州市西固区庄浪东路文化小区 804 号商铺

主营业务：乐器、音响影像器械批发销售

从业人员数（人）：6

销售额（万元）：60

资产总额（万元）：100

0120 吉普森乐器兰州专卖店

注 册 地：兰州市西固区福利东路 18 号

主营业务：乐器销售

主要产品：钢琴、吉他、乐器配件等

从业人员数（人）：5

销售额（万元）：60

资产总额（万元）：100

0121 星动漫文具店

注 册 地：兰州市西固区福利西路 347—357 号

主营业务：文具用品销售

主要产品：办公文具、学生文具、教学器材等

从业人员数（人）：4

销售额（万元）：10

资产总额（万元）：25

0122 兰州金科文商贸有限公司

注 册 地：兰州市西固区

主营业务：文体用品销售

从业人员数（人）：3

销售额（万元）：311

资产总额（万元）：500

0123 兰州益合商贸有限公司

注 册 地：兰州市西固区山丹街 593 号

主营业务：办公设施

业人员数（人）：6

销售额（万元）：45

资产总额（万元）：60

0124 兰州东益办公设备有限公司

注　册　地：兰州市西固区西固中路 515 号

主营业务：办公用品销售

从业人员数（人）：5

销售额（万元）：25

资产总额（万元）：20

0125 兰州兴安物资纸业有限公司

注　册　地：兰州市安宁区

主营业务：纸制品

从业人员数（人）：2

销售额（万元）：20

资产总额（万元）：50

0126 兰州恒昌包装有限公司

注　册　地：兰州市安宁区

主营业务：包装装潢

从业人员数（人）：15

销售额（万元）：58.4

资产总额（万元）：42.1

0127 兰州海韵乐器有限公司

注　册　地：兰州市安宁区

主营业务：乐器销售

从业人员数（人）：2

销售额（万元）：100.8

资产总额（万元）：90

0128 甘肃信邦物资有限公司

注　册　地：兰州市安宁区

主营业务：纸箱包装

从业人员数（人）：95

销售额（万元）：1199.8

资产总额（万元）：874.9

0129 兰州安宁科技教育书店

注　册　地：兰州市安宁区

主营业务：图书零售

从业人员数（人）：2

销售额（万元）：5

资产总额（万元）：13

0130 甘肃金路通商贸有限公司

注　册　地：兰州市安宁区

主营业务：文化用品销售

从业人员数（人）：4

销售额（万元）：65

资产总额（万元）：130

0131 兰州和志远文化传播中心

注　册　地：兰州市安宁区

主营业务：字画零售

从业人员数（人）：6

销售额（万元）：24

资产总额（万元）：140

0132 甘肃铭轩商贸有限公司

注　册　地：兰州市安宁区

主营业务：文化用品销售

从业人员数（人）：5

销售额（万元）：40

资产总额（万元）：20

0133 兰州鑫利彩色包装有限责任公司

注　册　地：兰州市安宁区

主营业务：包装装潢

从业人员数（人）：5

销售额（万元）：19

资产总额（万元）：160

0134 甘肃万方达工贸有限公司

注　册　地：兰州市安宁区

主营业务：文化用品销售

从业人员数（人）：8

销售额（万元）：60

资产总额（万元）：180

0135 兰州方正包装有限责任公司

注 册 地：兰州市安宁区

主营业务：包装装潢及其他印刷

从业人员数（人）：33

销售额（万元）：128.8

资产总额（万元）：512.8

0136 甘肃印象黄河钢琴城有限公司

注 册 地：兰州市安宁区

主营业务：乐器销售

从业人员数（人）：8

销售额（万元）：43.8

资产总额（万元）：78.4

0137 邱家湾市场音像零售店

注 册 地：兰州市安宁区

主营业务：音像制品零售

从业人员数（人）：2

销售额（万元）：3

资产总额（万元）：9

0138 兰州戴氏兄弟乐器有限公司

注 册 地：兰州市安宁区

主营业务：乐器销售

从业人员数（人）：6

销售额（万元）：44

资产总额（万元）：143.8

0139 兰州再兴印刷有限公司

注 册 地：兰州市安宁区

主营业务：印刷

从业人员数（人）：8

销售额（万元）：112.8

资产总额（万元）：58.4

0140 兰州爵士星商贸有限公司

注 册 地：兰州市安宁区

主营业务：文化用品销售

从业人员数（人）：5

销售额（万元）：40

资产总额（万元）：4.6

0141 兰州润宇印刷厂

注 册 地：兰州市安宁区

主营业务：印刷

从业人员数（人）：3

销售额（万元）：14

资产总额（万元）：10

0142 兰州启迪乐器有限公司

注 册 地：兰州市安宁区

主营业务：乐器销售

从业人员数（人）：4

销售额（万元）：71.7

资产总额（万元）：121.9

0143 甘肃田禾纸业商贸有限责任公司

注 册 地：兰州市安宁区

主营业务：纸制品批发

从业人员数（人）：8

销售额（万元）：53.4

资产总额（万元）：99.9

0144 兰州哈曼尼乐器有限公司

注 册 地：安宁区

主营业务：乐器销售

从业人员数（人）：3

销售额（万元）：31

资产总额（万元）：120

0145 兰州安宁兴华纸箱有限责任公司

注 册 地：兰州市安宁区

主营业务：纸制品生产

从业人员数（人）：90

销售额（万元）：2955.5

资产总额（万元）：1478.2

0146 兰州博昌商务票据印刷有限责任公司

注 册 地：兰州市安宁区

主营业务：其他印刷品

从业人员数（人）：10

销售额（万元）：20

资产总额（万元）：190

0147 甘肃八音乐器有限责任公司

注 册 地：兰州市安宁区

主营业务：乐器销售

从业人员数（人）：2

销售额（万元）：31

资产总额（万元）：110

0148 兰州盛博苑问题用品有限公司

注 册 地：兰州市安宁区

主营业务：文化用品批发

从业人员数（人）：2

销售额（万元）：11

资产总额（万元）：50

资产总额（万元）：67

0149 兰州泓盛商贸有限公司

注 册 地：兰州市红古区

主营业务：文化用品销售

从业人员数（人）：12

销售额（万元）：50

资产总额（万元）：70

0150 兰州耀阳商贸有限公司

注 册 地：兰州市红古区

主营业务：文化用品销售

从业人员数（人）：12

销售额（万元）：88

资产总额（万元）：125

0151 兰州明益达商贸有限公司

注 册 地：兰州市红古区

主营业务：文化用品销售

从业人员数（人）：10

销售额（万元）：20

资产总额（万元）：40

0152 兰州顺晟祥商贸有限公司

注 册 地：兰州市红古区

主营业务：文化用品销售

从业人员数（人）：8

销售额（万元）：50

资产总额（万元）：80

0153 兰州明峰顺达商贸有限责任公司

注 册 地：兰州市红古区

主营业务：文化用品销售

从业人员数（人）：20

销售额（万元）：40

资产总额（万元）：60

0154 兰州宸鸣尚沃商贸有限公司

注 册 地：兰州市红古区

主营业务：文化用品销售

从业人员数（人）：10

销售额（万元）：40

资产总额（万元）：60

0155 窑街煤电集团甘肃金能工贸有限公司理想图文总汇

注 册 地：兰州市红古区

主营业务：文化用品销售

从业人员数（人）：20

销售额（万元）：50

资产总额（万元）：70

0156 兰州莲瑞商贸有限责任公司

注 册 地：兰州市红古区

主营业务：文化用品销售

从业人员数（人）：10

销售额（万元）：20

资产总额（万元）：50

0157 兰州锦元商贸有限公司

注 册 地：兰州市红古区

主营业务：经营各类办公用品体育用品以及各类文化用品、电子产品等

从业人员数（人）：12

销售额（万元）：121

资产总额（万元）：222

0158 永登盛世名都商业文化经营中心

注 册 地：兰州市永登县

主营业务：其他文化用品的销售

从业人员数（人）：12

销售额（万元）：49

资产总额（万元）：87

0159 兰州国民商贸有限公司

注 册 地：兰州市永登县

主营业务：文具等文化用品的销售

从业人员数（人）：12

销售额（万元）：48

资产总额（万元）：99

0160 永登县爱萍之光文化用品经营中心

注 册 地：兰州市永登县

主营业务：文具等文化用品的销售

从业人员数（人）：14

销售额（万元）：60

资产总额（万元）：110

0161 永登恒琛商贸有限公司

注 册 地：兰州市永登县

主营业务：文具等文化用品的销售

从业人员数（人）：13

销售额（万元）：48

资产总额（万元）：98

0162 永登九兴工艺品经营中心

注 册 地：兰州市永登县

主营业务：其他文化用品的销售

从业人员数（人）：13

销售额（万元）：48

资产总额（万元）：90

0163 永登盛世金利商贸有限公司

注 册 地：兰州市永登县

主营业务：文具等文化用品的销售

从业人员数（人）：12

销售额（万元）：55

资产总额（万元）：110

0164 永登惠民科技服务中心

注 册 地：兰州市永登县

主营业务：其他文化用品的销售

从业人员数（人）：10

销售额（万元）：42

资产总额（万元）：62

0165 永登创梦玫瑰科技有限公司

注 册 地：兰州市永登县

主营业务：其他文化用品的销售

从业人员数（人）：13

销售额（万元）：46

资产总额（万元）：69

0166 兰州永鑫金银饰品有限公司

注 册 地：兰州市永登县

主营业务：其他文化用品的销售

从业人员数（人）：14

销售额（万元）：85

资产总额（万元）：180

0167 永登县昌鑫有限公司

注 册 地：兰州市永登县

主营业务：文具等文化用品的销售

从业人员数（人）：13

销售额（万元）：54

资产总额（万元）：110

0168 永登文萃社新型制字

注 册 地：兰州市永登县

主营业务：其他文化用品的销售等

从业人员数（人）：6

销售额（万元）：36

资产总额（万元）：42

0169 永登县世纪星电子科技有限责任公司

注 册 地：兰州市永登县

主营业务：文具等文化用品的销售

从业人员数（人）：14

销售额（万元）：52

资产总额（万元）：110

0170 甘肃玉宝斋商贸有限公司

注 册 地：兰州市永登县

主营业务：其他文化用品的销售

从业人员数（人）：13

销售额（万元）：51

资产总额（万元）：72

0171 永登林源电子商贸有限责任公司

注 册 地：兰州市永登县

主营业务：文化用家电的销售等

从业人员数（人）：12

销售额（万元）：70

资产总额（万元）：100

0172 兰州连峰电子科技有限公司

注 册 地：兰州市永登县

主营业务：文化用家电的销售等

从业人员数（人）：10

销售额（万元）：56

资产总额（万元）：110

0173 兰州恒丰泰电子科技有限公司

注 册 地：兰州市永登县

主营业务：文化用家电的销售等

从业人员数（人）：12

销售额（万元）：53

资产总额（万元）：74

0174 兰州华文测绘有限公司

注 册 地：兰州市永登县

主营业务：其他文化用品的销售

从业人员数（人）：14

销售额（万元）：43

资产总额（万元）：68

0175 兰州奥森电子科技有限公司

注 册 地：兰州市永登县

主营业务：文化用家电的销售等

从业人员数（人）：13

销售额（万元）：75

资产总额（万元）：98

0176　兰州丛林办公设施商务中心

注　册　地：兰州市永登县

主营业务：文具等文化用品的销售

从业人员数（人）：10

销售额（万元）：60

资产总额（万元）：108

0177　永登亚泰电子科技有限公司

注　册　地：兰州市永登县

主营业务：文化用家电的销售等

从业人员数（人）：12

销售额（万元）：69

资产总额（万元）：94

0178　永登县赏延阁文化传播中心

注　册　地：兰州市永登县

主营业务：其他文化用品的销售

从业人员数（人）：12

销售额（万元）：50

资产总额（万元）：75

0179　兰州天云商贸有限责任公司

注　册　地：兰州市永登县

主营业务：其他文化用品的销售

从业人员数（人）：20

销售额（万元）：47

资产总额（万元）：85

0180　永登悦达通讯有限公司

注　册　地：兰州市永登县

主营业务：其他文化用品的销售

从业人员数（人）：10

销售额（万元）：48

资产总额（万元）：72

0181　兰州紫轩商贸有限责任公司

注　册　地：兰州市永登县

主营业务：文具等文化用品的销售

从业人员数（人）：12

销售额（万元）：56

资产总额（万元）：110

0182　酒泉英特伟业电脑有限责任公司

注　册　地：酒泉市

主营业务：计算机及耗材、复印机、打印机、油印机、办公自动化设备及相关配件、数码产品、；家用电器、空调设备、电子产品、文化用品、办公用品、办公家具、体育用品、教学设备的批发、零售；网络设备安装、系统集成；监控安防设备安装；LED 显示屏广告发布

从业人员数（人）：2

资产总额（万元）：510

0183　甘肃轶能科技有限公司

注　册　地：酒泉市

主营业务：机电设备及配件的加工与销售（不含小轿车）。文化办公用品、办公设备、办公家具、电子产品、通讯设备（不含卫星地面接收设施）、仪器仪表、电线电缆、计算机软硬件及配件、水暖器材、卫生洁具、陶瓷制品、建筑材料、五金交电、日用百货的销售

从业人员数（人）：2

资产总额（万元）：100

0184　酒泉市艺博文体用品有限公司

注　册　地：酒泉市肃州区

主营业务：文体用品、办公用品、电子产品、

工艺品、印刷品、卫生洁具、环卫设备机械、金属制品、橡胶制品、建筑装潢材料、厨房设备、酒店用品、陶瓷制品、照明器材、汽车配件、摩托车配件、通讯器材（不含地面卫星接受设备）、五金交电、机电设备、电动工具、电线电缆、服装鞋帽、针纺织品、仪器仪表、水泥制品、不锈钢制品、铝合金制品、防水防潮材料、管道阀门、机电产品、冶金设备、包装材料、日用百货的销售

从业人员数（人）：2

资产总额（万元）：1000

0185 酒泉东银信息化网络工程有限公司

注 册 地：酒泉市肃州区

主营业务：计算机软件开发及系统集成；电子产品及电子信息化网络设备、通信信息设备（除卫星地面接收设施）、工业自动化控制系统设备、安防系统集成、电子显示屏、计算机及配件、办公自动化设备、照像器材、家用电器、五金工具、金属材料、办公用品、日用杂品、农副产品、机电产品（除小轿车）、消防器材、测绘仪器的批发、零售

从业人员数（人）：2

资产总额（万元）：518

0186 玉门神大电脑商贸有限责任公司酒泉分公司

注 册 地：酒泉市肃州区

主营业务：电子计算机、复印机、打字机及配套设备的销售，家用电器、通讯器材（国家专营及报经国家审批的除外）及前列各项耗材的销售，打字、复印及办公设备、计算机技术的维修、销售，钢材、化工原料（不含化学危险品），机电产品（不含小轿车），文化用品的销售

从业人员数（人）：2

0187 酒泉市赛格科技有限责任公司

注 册 地：酒泉市肃州区

主营业务：计算机、软件、耗材、办公用品、文化用品、家用电器（不含进口摄录像机）、电工电料、通讯器材、五金工具、日用杂品、百货、照像摄影器材、数码产品、太阳能、服装、农副土特产品的零售；保安监控及防盗报警系统、计算机网络系统的安装施工

资产总额（万元）：100

0188 酒泉市三和彩印包装纸业有限公司

注 册 地：酒泉市肃州区

主营业务：其他印刷品印刷；包装装潢；运输包装用单瓦楞纸箱和双瓦楞纸箱的生产、销售；聚酯（PET）塑料瓶加工、销售

从业人员数（人）：2

资产总额（万元）：150

0189 酒泉鼎志伟业科技有限责任公司

注 册 地：酒泉市肃州区

主营业务：软件开发；综合布线；网络工程；计算机及辅助设备、办公自动化设备、网络设备、舞台设备、通讯器材、文化用品、仪器仪表、电工电料的零售；计算机维修

从业人员数（人）：2

资产总额（万元）：30

0190 甘肃莫高香文化开发有限公司

注 册 地：酒泉市肃州区银达镇蒲上沟村2组南侧

主营业务：香文化产品研发、生产、制作、销售；香文化观光接待；天然香料的种植、养殖

主要产品：香文化产品、天然香料。

从业人员数（人）：5

销售额（万元）：100

资产总额（万元）：1000

0191 酒泉银星纸业有限责任公司

注 册 地：酒泉市肃州区雄关路 11 号

主营业务：各类高中档文化用纸文、生活用纸、民用包装纸、纸箱的生产、销售，机械加工；经营本企业自产产品及技术的出口业务和本企业所需的机械设备、零配件、原辅材料及技术的进口业务、但国家限定的经营或禁止进出口的部品及技术除外

从业人员数（人）：50

销售额（万元）：1000

资产总额（万元）：1050

0192 肃北县搏骏马头琴文化传播研发有限公司

注 册 地：酒泉市肃北县

主营业务：研发、制作、生产、销售专业马头琴等民族乐器为主，兼营各种规格、款式蒙古族民族用品及旅游纪念品

主要产品：马头琴、民族乐器、各种规格、款式蒙古族民族用品及旅游纪念品

从业人员数（人）：63

销售额（万元）：5，

资产总额（万元）：200

简　　介：肃北县搏骏马头琴文化传播研发有限公司是一家融人员培训、马头琴加工制作与销售、民族文化传播与演艺为一体的综合性文化企业。公司正式注册成立于 2013 年，注册资金 200 万元，下设马头琴与呼麦培训中心、马头琴与呼麦协会两个部门，现有综合演艺厅一间，办公室 2 间，加工制作车间 3 个，琴房 13 间。公司旗下的肃北马头琴与呼麦协会成立于 2010 年，是甘肃省唯一一所以教学、演艺、交流马头琴呼麦文化为主的民间组织。该协会现有专业马头琴老师 3 名，呼麦老师 1 名，会员及学员 63 名，其

中年龄最小的仅有 6 岁，最年长的已近古稀。协会成立以来，在县委、县政府和相关部门的关心支持及马头琴爱好者的共同努力下，教育质量不断加强、演艺水平大幅提升，先后多次被邀请参加肃北那达慕民族文化旅游节、中国西部那达慕、周末文化广场等大型文化活动 30 多场次。

0193 嘉峪关舞焰乐器有限公司

注 册 地：嘉峪关市祁连西路 766-2 号

主营业务：乐器、音响、电子产品的批发及零售

从业人员数（人）：2

资产总额（万元）：50

0194 麦积区道北得力文具四分店

注 册 地：天水市

主营业务：办公用品、文具用品、体育用品的零售

从业人员数（人）：1

资产总额（万元）：0.3

0195 天水市麦积区花牛镇文申文体用品商行

注 册 地：天水市麦积区

主营业务：办公用品、文化学生用品、体育用品、财会劳保用品、电脑耗材、打字复印、日用百货、资料文件柜的零售

从业人员数（人）：2

资产总额（万元）：5

0196 天水市麦积区东岔镇中路电脑服务部

注 册 地：天水市麦积区

主营业务：办公用品的销售；电脑刻字、喷绘服务；庆典会展会务服务；摄影拍照服务；写真、名片、条幅、牌匾、标牌的制作

从业人员数（人）：1
资产总额（万元）：5

0197 天水鑫瑞达电子工程有限责任公司

注 册 地：天水市

主营业务：计算机、计算机软件及辅助设备、机电设备、办公用品、办公耗材、教学设备、教学用品、文具、文化用品、数码摄影器材、集成线路的批发、零售；计算机网络工程、室内外监控工程及器材销售、维修、安装和售后服务

资产总额（万元）：100

0198 天水市麦积区道南红光音像大全

注 册 地：天水市

主营业务：录音磁带、VCD 光盘、小家电、儿童玩具的零售

从业人员数（人）：2

资产总额（万元）：0.2

0199 天水裕港商贸有限公司

注 册 地：天水市

主营业务：办公家具、酒店家具、经典装饰木门、办公耗材、校用设备、体育器材、健身器材、建筑材料的销售

资产总额（万元）：200

0200 天水志诚科技有限公司

注 册 地：天水市

主营业务：计算机、打印机及耗材、办公设备、办公用品的销售；计算机网络布线工程的设计及安装；监控、安防、城市亮化设备安装工程的设计及设备安装

资产总额（万元）：50

0201 天水恒远电子技术有限责任公司

注 册 地：天水市

主营业务：计算机及计算机配件、软件、耗材、办公设备、数码产品、商业收款设备、通信设备的销售；民用安防监控设备的销售及安装，网络布线工程的安装，互联网站开发

资产总额（万元）：30

0202 麦积区社棠镇宏声音像店

注 册 地：天水市麦积区

主营业务：音像制品的出租、零售

从业人员数（人）：1

资产总额（万元）：0.5

0203 天水金瑞电子技术有限责任公司

注 册 地：天水市

主营业务：计算机、计算机软件及辅助设备、机电设备、办公用品、教学设备、文化用品、数码摄影器材、集成线路的批发、零售；计算机网络工程、室内外监控工程及器材销售、维修、安装和售后服务

资产总额（万元）：310

0204 麦积区桥南海曼电器经营部

注 册 地：天水市

主营业务：家用电器的批发、零售

从业人员数（人）：2

资产总额（万元）：0.6

0205 麦积区道北思远广告文化工作室

注 册 地：天水市

主营业务：广告牌制作、文化用品零售

从业人员数（人）：3

资产总额（万元）：0.56

0206 天水市麦积区社棠三合书店

注 册 地：天水市麦积区

主营业务：书籍、文具、办公用品的零售

从业人员数（人）：1

资产总额（万元）：5

0207 天水市麦积区道北博渊文具店

注 册 地：天水市麦积区

主营业务：办公用品、文具的零售

从业人员数（人）：1

资产总额（万元）：2

0208 麦积区花牛镇佳宝办公用品经营部

注 册 地：天水市麦积区

主营业务：办公桌椅及床的组装、销售

从业人员数（人）：5

资产总额（万元）：3

0209 天水科源信息技术有限公司

注 册 地：天水市

主营业务：计算机办公自动化设备及耗材的批发、零售；电子显示屏楼宇监控、电子产品（不包括卫星地面接收设施）的批发、零售及安装维修；计算机软件的开发、系统集成、网络工程建设及维护

资产总额（万元）：35

0210 天水市麦积区新世元广告服务部

注 册 地：天水市

主营业务：广告牌制作；装饰材料、办公用品、文体用品、五金交电（不含油漆）的销售

资产总额（万元）：5

0211 天水中环商贸有限公司

注 册 地：天水市

主营业务：办公家具、酒店家具、经典装饰木门、办公耗材、校用设备、体育器材、健身器材、建筑材料的销售

资产总额（万元）：100

0212 天水景顺办公设备有限公司

注 册 地：天水市

主营业务：办公用品、家具、教学设备、铁制品、门窗、钢结构的加工及销售（以上项目国家禁止及须取得专项许可的除外）；体育器材的销售

主要产品：办公用品、家具、教学设备、体育器材

资产总额（万元）：150

0213 天水智联信息技术有限公司

注 册 地：天水市

主营业务：计算机、软硬件及辅助设备、网络设备、通讯设备批发、零售及维修；信息系统集成、信息技术咨询、数据处理和存储、网络工程及技术服务；软硬件开发；技术开发及转让；安防监控系统；亮化工程；计算机自动化工程；电子商务；网站建设；网络营销

资产总额（万元）：50

0214 天水市麦积区道南文乐文化用品商行

注 册 地：天水市麦积区

主营业务：办公用品、体育用品的零售

从业人员数（人）：2

资产总额（万元）：10

0215 天水普天共创商贸有限公司

注 册 地：天水市

主营业务：计算机、软件及辅助设备零售

资产总额（万元）：80

0216 天水益宇智能系统有限公司

注 册 地：天水市

主营业务：计算机安装及网络布线、音响设备安装、监控报警设备安装及工程的设计及布线施工；监控报警设备及器材、电子计算机及配件、通信设备、音响设备的销售

资产总额（万元）：50

0217 天水博睿电子商务有限责任公司

注 册 地：天水市

主营业务：计算机软件，网络，平台技术的开发、设计与维护、技术服务；网络信息数据系统设计；网络信息业务、技术推广服务；电脑图文设计与制作；计算机系统服务、电子商务

资产总额（万元）：10

0218 天水鑫宝办公设备有限公司

注 册 地：天水市

主营业务：办公用品及家具、教学设备的加工及销售

资产总额（万元）：50

0219 天水玉龙办公设备有限公司

注 册 地：天水市

主营业务：计算机、打印机、复印机、影像设备、办公设备及办公用各类耗材的销售；办公类设备维修

资产总额（万元）：680

0220 天水泰运商贸有限公司

注 册 地：天水市

主营业务：家具销售、家居售后服务；建筑材料、家用电器、装潢材料、办公设备、文体用品的销售；室内外装饰工程、防水工程

资产总额（万元）：10

0221 麦积区桥南永顺办公设备经营部

注 册 地：天水市麦积区

主营业务：办公设备、办公耗材的销售及售后服务

从业人员数（人）：4

资产总额（万元）：10

0222 天水智宇网络工程有限公司

注 册 地：天水市

主营业务：计算机网络工程室内布线施工，电脑软件的设计与开发；复印机、打印机、传真机、办公设备及耗材、电脑数码产品、计算机软件及硬件、配件的销售；办公设备维修，打字及复印，电脑技术的咨询服务

资产总额（万元）：10

0223 天水市麦积区桥南曦里文化用品经销部

注 册 地：天水市麦积区

主营业务：办公用品、文具的批发、零售

从业人员数（人）：2

资产总额（万元）：2

0224 天水四方口文化用品有限责任公司

注 册 地：天水市

主营业务：办公用品、文化体育器材、办公设备、电脑耗材、教学仪器、实验器材的销售

资产总额（万元）：30

0225 天水明宇电子有限责任公司

注 册 地：天水市麦积区

主营业务：计算机、办公自动化设备耗材、电子开关及稳压电源、数码照相摄像器材、五金交电、文化用品、教学设备及器材的销售及售后服务；计算机网络工程、室内布线施工

资产总额（万元）：208

0226 天水三元电脑技术有限公司

注 册 地：天水市

主营业务：计算机及附助设备、电子产品、通讯设备（不含无线电设备和卫星接收器）、办公设备、电线电缆、仪器仪表、机电设备（不含专项审批品）、家用防盗监控设备、化工产品（不含易燃易爆腐蚀等危险品）、建筑材料、装饰材料、劳保用品及批发、零售；计算机软件开发及技术服务

资产总额（万元）：101

0227 天水市麦积文教印刷厂

注 册 地：天水市麦积区

主营业务：作业本、表、册制造、销售、广告设计、制作

从业人员数（人）：7

资产总额（万元）：19.6

0228 麦积区道南文博帐表文化用品商店

注 册 地：天水市麦积区

主营业务：办公用品、日用百货、体育用品、劳保用品

从业人员数（人）：4

资产总额（万元）：5.1

0229 天水盈科电子技术有限公司

注 册 地：天水市

主营业务：计算机及配件、智能电子产品、数码产品（以上不含专项审批许可品和禁止经营品）的销售；计算机软件开发；计算机网络工程的综合步线及视频监控工程的设计安装

资产总额（万元）：50

0230 天水市天碁商贸有限责任公司

注 册 地：天水市

主营业务：计算机、办公自动化设备及耗材、电子白板、LED 显示设备、五金电器、文体用品、教学设备、实验器材、办公家具、课桌椅、钢架床、服装、工艺美术品、通讯设备（不含无线电设备、卫星设备、通讯卫星设备）的销售；广播视频设备、安全防盗电子设备（国家禁止经营审批除外）的安装及销售；网站、网页的设计与销售；网络综合布线、网络设计及计算机应用软件技术服务；室内外亮化装饰、室内外小型装修、建筑维修

资产总额（万元）：201

0231 清水县阳天电脑经销有限责任公司

注 册 地：天水市清水县

主营业务：计算机、软件及辅助设备零售、电教设备、照明电器、家用电器、文体用品、日杂用品、办公用品、手机通讯、家具零售

主要产品：计算机、文体用品、电教设备

从业人员数（人）：7

销售额（万元）：41.93

资产总额（万元）：100

0232 天水轩辕纸业有限公司

注 册 地：天水市清水县

主营业务：机制纸及农副产品包装纸箱的生产、加工、销售

主要产品：高强度施胶瓦楞原纸和普通瓦楞纸，瓦楞原纸，瓦楞原纸

从业人员数（人）：120

销售额（万元）：2000

资产总额（万元）：5000

简 介：天水轩辕纸业有限公司天水轩辕纸业有限公司成立于 2006 年 9 月，目前投资 6000 多万元，其中固定资产投资 3500 万元，年生产能力 5 万吨。该公司在县委、县

政府的大力支持下，不断推进技术改造，引进了一批先进生产设备，积极营造良好的发展环境，公司主要经营的高强度施胶瓦楞原纸和普通瓦楞纸，获得了广大群众的一致好评，公司年营业额高达 2000 多万元，产品销往全国各地。

0233 天水飞宇呈祥商贸有限公司

注 册 地：天水市清水县

主营业务：电脑及配件、打印设备及耗材、电器照明、办公用品、文体用品、摄影器材、监控防盗、教学仪器、办公桌椅、日杂百货零售、广告制作、喷绘写真、条幅展板、打字复印

主要产品：办公用品、文体用品、摄影器材

从业人员数（人）：9

销售额（万元）：30

资产总额（万元）：120

简　　介：天水飞宇呈祥商贸有限公司成立于 2012 年 7 月，注册资金 120 万元，其前身为清水县飞宇呈祥电脑经销部。公司经营地址：清水县农商贸综合市场，经营产品主要为计算机及辅助设备，文体用品、办公用品的零售，电脑维护、网络调试、局域网、宽带安装等。公司拥有职工 9 人，技术人员 6 人。目前，公司已经拥有了自己的售后服务团队，服务范围遍布清水各个地区。

0234 清水县新一代文体用品有限责任公司

注 册 地：天水市清水县

主营业务：文化体育用品、日杂用品、日用百货、针织品的批发、零售

主要产品：文体用品

从业人员数（人）：3

销售额（万元）：82

资产总额（万元）：100

简　　介：清水县新一代文体用品有限责任公司始于 2001 年 4 月，现有固定资产、库存商品及流动资金 100 多万元，有总店一处，分店两处，招收下岗职工 8 人就业。该公司已县城区 100 个行政事业单位、18 个乡镇府和 18 个乡镇的中小学校与本公司建立长期采购关系，年供货金额达 50 多万元。

0235 天水祥瑞达商贸有限责任公司

注 册 地：天水市清水县

主营业务：文化用品、办公用品、体育用品、教学实验仪器、五金交电、百货日杂、办公家私、电子计算机及软件、通讯器材（不含无线器材）的批发、零售

主要产品：文化用品、办公用品、体育用品、教学实验仪器

从业人员数（人）：12

销售额（万元）：82

资产总额（万元）：108

简　　介：天水祥瑞达商贸有限责任公司注册于 2012 年 4 月 27 日，前系天水瑞达商贸有限责任公司清水分公司，成立于 2008 年 12 月 30 日，是一家专业从事文化用品、办公用品、体育用品、教学实验仪器、场地塑胶跑道、健身器材、电脑耗材、日用百货、办公家私和数码产品的批发、零售公司。营业面积 90 多平方米，经营上百个品牌，商品多达 1000 余种。现已发展成为清水县规模最大的文体办公用品的企业。

0236 清水县东升商贸有限责任公司

注 册 地：天水市清水县

主营业务：日杂百货、办公用品、电教及设备、计算机及零配件、文化体育品、五金交电、化工用品、自行车的零售

主要产品：办公用品、电教及设备

从业人员数（人）：4

销售额（万元）：12

资产总额（万元）：100

简　　介：清水县东升商贸有限责任公司位于清水县永清镇永清路十字路口中心地段。公司成立于 2003 年 11 月。原名清水县东盛五交化商行，营业面积 72.8 平方米，从业人员 4 人，送货维修车 1 辆。

0237　清水县宏伟商贸有限责任公司

注　册　地：天水市清水县

主营业务：办公用品、文体用品的批发、零售

从业人员数（人）：10

销售额（万元）：12

资产总额（万元）：150

简　　介：清水县宏伟商贸有限责任公司，成立于 2012 年，注册资金 150 万元，是一家专注于办公用品和文体用品批发及零售为一体的一人有限责任公司，现经营各种办公用品、文体用品 500 多种，能够满足各类中小企业及事业单位的办公需求。

0238　清水县美奇文化体育用品有限责任公司

注　册　地：天水市清水县

主营业务：文化体育用品、日用百货、电器、电料、日杂、计算机及配件批发、零售

主要产品：文体用品

从业人员数（人）：4

销售额（万元）：55

资产总额（万元）：100

简　　介：清水县美奇文化体育用品有限责任公司清水县美奇文化体育用品有限责任公司，位于清水县永清镇中山南路，是一家集办公用品、学生用品、体育用品、财会用品的专营企业。有营业面积 48 平方米，营业人员 4 名，送货维修车 2 辆。随着企业的发展，市场的所需，于 2012 年的 4 月出资 100

万，注册为有限责任公司。公司经过十多年的不断发展和内部的自我完善，已成为清水县规模最大、实力雄厚、品种最全、价格适中有一定影响力的企业。

0239　清水县文生商务有限责任公司

注　册　地：天水市清水县

主营业务：其他印刷品印刷服务、办公用品印刷服务（凭许可证有效期经营）、文化体育用品、办公用品、办公家具、日用杂品、日用小百货、计算机配件、数码器材、五金交电的批发、零售

主要产品：印刷品印刷服务，办公用品印刷服务，文体、办公用品

从业人员数（人）：21

销售额（万元）：98

资产总额（万元）：136

简　　介：清水县文生商务有限责任公司创建于 2005 年 6 月，是集印刷品印刷服务、办公用品印刷服、文化体育用品、报告用品销售为一体的综合公司，占地 6 亩，约 3996 平方米，有厂房 18 间，建筑面积 786.5 平方米。现有印刷机、制版机、排版机、装订机、打印机等印前印后设备 15 台，总投资 136 万元，其中固定资产投资 66 万元，库存成品 35 万元，流动资金 35 万元，工作人员 9 人。2010 年被省教育厅确定为清水县勤学牌健视作业本地点生产单位。

0240　清水县小博士文具有限责任公司

注　册　地：天水市清水县

主营业务：文化体育用品、日用百货、日用杂品、小五金的零售

主要产品：文化体育用品

从业人员数（人）：6

销售额（万元）：89

资产总额（万元）：100

简　　介: 清水县小博士文具有限责任公司，成立于 2003 年 10 月，是清水一家较早从事文化体育用品的公司。公司经营面积 98 平方米，固定资产 100 万元，从业人员 6 人。主要经营办公用品、学生用品、体育用品，兼营日用百货的批发、零售。

0241 甘肃泰达包装印务发展有限公司

注 册 地: 天水市秦安县

主营业务: 烟箱、酒箱、奶箱、果品外包装箱等销售

从业人员数（人）: 100

销售额（万元）: 20000

资产总额（万元）: 16000

简　　介: 甘肃泰达包装印务发展有限公司是甘肃天水昊峰集团控股有限公司全资所属企业，公司创建于 2008 年 3 月，是秦安县 2009 年重点招商引资项目，投资总额 1.6 亿元，是采用国际先进印刷技术，面向全省，辐射西部的大型包装彩印企业。

0242 甘肃省金黄河笔业有限责任公司

注 册 地: 天水市秦安县

主营业务: 铅笔、绘图笔加工

从业人员数（人）: 200

销售额（万元）: 5000

资产总额（万元）: 1000

简　　介: 甘肃金黄河笔业有限责任公司位于秦安县兴国镇秦南路何川工业园区，是西北地区唯一的木杆铅笔专业生产厂家，公司占地面积 15000 平方米，现有员工 200 多人，总资产 6000 万元，年生产"五星""黄河""伏羲"三大品牌四大系列 100 多个花色品种的铅笔 3 亿支。

0243 甘谷县前进印刷厂

注 册 地: 天水市甘谷县

主营业务: 印刷及印刷器材设施出租出售

从业人员数（人）: 12

销售额（万元）: 62

资产总额（万元）: 178

0244 甘谷广场文具超市

注 册 地: 天水市甘谷市

主营业务: 零售办公用品、文化用品

从业人员数（人）: 1

销售额（万元）: 17

资产总额（万元）: 35

0245 甘谷县惠元阁文化用品超市

注 册 地: 天水市甘谷县

主营业务: 零售办公用品、文化用品

从业人员数（人）: 2

销售额（万元）: 18

资产总额（万元）: 33

0246 甘谷县永恒印刷厂

注 册 地: 天水市甘谷县

主营业务: 印刷及印刷器材设施出租出售

从业人员数（人）: 14

销售额（万元）: 68

资产总额（万元）: 184

0247 甘谷县志强印刷厂

注 册 地: 天水市甘谷县

主营业务: 印刷及印刷器材设施出租出售

从业人员数（人）: 12

销售额（万元）: 65

资产总额（万元）: 124

0248 甘谷县光明印刷厂菜市口经营部

注 册 地: 天水市甘谷县

主营业务: 办公用品、文化用品零售

从业人员数（人）: 2

销售额（万元）：18

资产总额（万元）：22

0249 甘谷县教育印刷厂

注　册　地：天水市甘谷县

主营业务：印刷及印刷器材设施出租出售

从业人员数（人）：12

销售额（万元）：65

资产总额（万元）：126

0250 甘谷县好友印刷厂

注　册　地：天水市甘谷县

主营业务：印刷及印刷器材设施出租出售

从业人员数（人）：11

销售额（万元）：36

资产总额（万元）：98

0251 甘谷县文友文体商行

注　册　地：天水市甘谷县

主营业务：办公用品、文化用品零售

从业人员数（人）：1

销售额（万元）：15

资产总额（万元）：30

0252 甘肃新恒达化工有限公司

注　册　地：天水市甘谷县

主营业务：印刷油墨、印刷辅料生产及销售

销售额（万元）：500

资产总额（万元）：5800

简　　介：甘肃新恒达化工有限公司是由原甘肃省甘谷油墨厂颜料分厂、原甘肃恒达化工有限公司、原甘谷飞天颜料有限公司重组而成立的新公司。公司产品品质优异，技术力量雄厚，检测手段完善。已有30多年的颜料生产历史，年生产各类有机颜料3000吨。甘肃新恒达化工有限公司已通过 ISO9001：2000 质量管理体系认证。

0253 甘谷县冀骐文体商行

注　册　地：天水市甘谷县

主营业务：办公用品、文化用品零售

从业人员数（人）：2

销售额（万元）：17

资产总额（万元）：32

0254 甘谷翔达化工有限公司

注　册　地：天水市甘谷县

主营业务：颜料、有机颜料、化工颜料、偶氮颜料

主要产品：印刷油墨、印刷辅料

销售额（万元）：1000

资产总额（万元）：3000

简　　介：甘谷翔达化工有限公司专业从事颜料、有机颜料、化工颜料、偶氮颜料、色淀颜料、联苯胺黄、永固黄、透明黄、金光红、耐晒艳红、大红粉、立索尔大红、艳红、酞菁蓝、耐晒桃红色原、酞菁绿、永固紫、耐晒青莲色原、耐晒品兰色原、耐晒玫红色原、耐晒桃红色淀等产品生产加工。甘谷翔达化工有限公司位于"历史文化名城"天水市甘谷县境内。厂区环境优美，布局新颖，是一座现代化绿地工厂。

0255 甘谷县田禾聚印刷厂

注　册　地：天水市甘谷县

主营业务：印刷及印刷器材设施出租出售

从业人员数（人）：9

销售额（万元）：65

资产总额（万元）：124

0256 甘肃聚宝斋文化艺术有限公司

注　册　地：天水市甘谷县

主营业务：零售办公用品、文化用品

从业人员数（人）：5

销售额（万元）：25

资产总额（万元）：62

0257　甘谷县天马印刷厂

注　册　地：天水市甘谷县

主营业务：印刷及印刷器材设施出租出售

从业人员数（人）：9

销售额（万元）：11

资产总额（万元）：65

0258　甘谷县中州印刷厂

注　册　地：天水市甘谷县

主营业务：印刷及印刷器材设施出租出售

从业人员数（人）：12

销售额（万元）：35

资产总额（万元）：120

0259　甘谷县全龙彩印刷厂

注　册　地：天水市甘谷县

主营业务：印刷及印刷器材设施出租出售

从业人员数（人）：12

销售额（万元）：35

资产总额（万元）：98

0260　甘肃盈科化工有限责任公司

注　册　地：天水市甘谷县

主营业务：油墨、颜料、油墨半成品生产及销售

销售额（万元）：1000

资产总额（万元）：3500

简　　　介：甘肃盈科化工有限责任公司是在原甘肃甘谷油墨厂基础上改制设立的有限责任公司，是西部地区唯一集炼油树脂、油墨生产、科研开发于一身的化工企业，其产品"敦煌"牌油墨荣获甘肃省著名商标和"陇货精品"称号。先后有18个产品获国家、省、部优奖。主要产品印刷油墨16大类、200多个花色品种，主要生产印刷油墨、印刷辅料。

0261　甘谷县永宏印刷厂

注　册　地：天水市甘谷县

主营业务：印刷及印刷器材设施出租出售

从业人员数（人）：9

销售额（万元）：12

资产总额（万元）：65

0262　武山三鑫印刷有限公司

注　册　地：天水市武山县城关镇解放路

主营业务：文化用品印刷，文化用品及办公用品的批发、零售

主要产品：文化用品、办公用品

从业人员数（人）：30

销售额（万元）：200

资产总额（万元）：100

简　　　介：武山三鑫印刷有限公司成立于2010年7月，负责人：杜晓明。公司现有员工30多人。主要经营：学生用本，塑料制品，图书等产品。

0263　武山县文博商行

注　册　地：天水市武山县城关镇宁远广场

主营业务：工艺美术品、文化用品的批发、零售

从业人员数（人）：3

销售额（万元）：50

资产总额（万元）：20

0264　武山县均力塑料工业有限责任公司

注　册　地：天水市武山县城关镇渭北

主营业务：纸张印刷、文化用品的批发、零售

从业人员数（人）：50

销售额（万元）：200

资产总额（万元）：300

简　　　介：武山县均力塑料工业有限责任公司占地面积25334.6平方米，建筑面积

14300 平方米。公司拥有年产覆膜水泥包装袋 2300 万条，学生作业本 500 万册的专业生产线。公司汇集了一批锐意创新、经验丰富的水泥包装袋生产和管理专业化人才。现有员工 40 多人，其中专业质检人员 5 人，专业技术员工 10 余人。

0265 武山县城关光明文化商城

注 册 地：天水市武山县城关镇宁远广场

主营业务：文化用品、办公用品的批发、零售

从业人员数（人）：3

销售额（万元）：50

资产总额（万元）：10

0266 白银市恒运商贸有限公司

注 册 地：白银市

主营业务：家用视听设备零售

从业人员数（人）：36

销售额（万元）：206.3959

资产总额（万元）：62.7976

0267 临泽县教育印刷厂

注 册 地：张掖市临泽县

主营业务：彩色胶印、打字复印、表格单据、作业票证、帐页证卷、卡片名片、商标封面、便函信笺、产品说明、材料装订、印刷材料、请柬聘书、加工切制、画册、台历、挂历、海报、手提袋等

从业人员数（人）：25

销售额（万元）：140

资产总额（万元）：160

简　　介：临泽县教育印刷厂是一家民营印刷企业，2006 年 10 月成立，注册资金 160 万元，从业人员 25 人，是一家专业设计、开发、生产为一体的印刷生产企业。公司为客户提供印前设计、制版、胶印、印后加工等全套的印刷服务。公司产品涵盖多个行业，

主营：彩色胶印、打字复印、表格单据、作业票证、帐页证卷、卡片名片、商标封面、便函信笺、产品说明、材料装订、印刷材料、请柬聘书、加工切制、画册、台历、挂历、海报、手提袋等。

0268 临泽县华光印刷包装有限责任公司

注 册 地：张掖市临泽县

主营业务：主营高档样本、画册、台历、挂历、海报、商标、标签、包装盒、包装箱、手提袋、精品盒、礼品盒、不干胶等精美彩色印刷

从业人员数（人）：14

销售额（万元）：100

资产总额（万元）：160

简　　介：临泽县华光印刷包装有限责任公司是一家融各类文印及包装纸箱生产和销售为一体的民营企业，现有员工 14 人，注册资金 50 万元，总资产 160 万元，2012 年实现销售收入 100 余万元、利润 12 万元、上交各类税金 8 万元。公司的前身是原临泽县印刷厂，建厂已有三十多年的历史，目前是临泽县规模最大、设施最全、设备最先进的印刷包装企业。

0269 临泽县文正印刷厂

注 册 地：张掖市临泽县

主营业务：主营高档样本、画册、台历、挂历、海报、商标、标签、包装盒、包装箱、手提袋、精品盒、礼品盒、不干胶等精美彩色印刷

从业人员数（人）：18

销售额（万元）：120

资产总额（万元）：100

简　　介：临泽县文正印刷厂是一家民营印刷企业，2005 年 8 月成立，注册资金 100 万元，从业人员 18 人，是一家融专业设计、开发、生产为一体的印刷生产企业。主要为客户提

供印前设计、制版、胶印、印后加工等全套的印刷解决方案。公司产品涵盖多个行业，主营高档样本、画册、台历、挂历、海报、商标、标签、包装盒、包装箱、手提袋、精品盒、礼品盒、不干胶等精美彩色印刷

0270 高台县天外天商贸有限责任公司

注 册 地：张掖市高台县
主营业务：家用试听设备零售
从业人员数（人）：15
销售额（万元）：286.2
资产总额（万元）：196.6

0271 高台县风华电器有限责任公司

注 册 地：张掖市高台县
主营业务：家用试听设备零售
从业人员数（人）：16
销售额（万元）：280.8
资产总额（万元）：690

0272 高台县新鹏文体批发部

注 册 地：张掖市高台县
主营业务：文化体育用品的批发与零售
从业人员数（人）：5
销售额（万元）：86
资产总额（万元）：532

0273 白银市平川区翰墨一楼文化艺术服务中心

注 册 地：白银市平川区
主营业务：文化用品、美术工艺品、书画销售、书画装裱服务等
从业人员数（人）：2
销售额（万元）：1
资产总额（万元）：10
简　　介：白银市平川区翰墨一楼文化艺术服务中心位于白银市平川区长征西路，注册

人为刘翠。

0274 白银市平川区大明文化用品经销部

注 册 地：白银市平川区
主营业务：文化用品销售
从业人员数（人）：3
销售额（万元）：5
资产总额（万元）：8

0275 会宁县教育印刷厂

注 册 地：白银市会宁县会师镇宴门川
主营业务：本册印刷与销售
从业人员数（人）：15
销售额（万元）：92，
资产总额（万元）：500

0276 靖远县晨光文具乌兰小学店

注 册 地：白银市靖远县乌兰小学西侧
主营业务：文具、办公用品、玩具批发、零售
从业人员数（人）：1
销售额（万元）：5
资产总额（万元）：5

0277 靖远三好文体配送中心

注 册 地：白银市靖远县乌兰镇东大街
主营业务：日用百货、玩具、小家电、箱包、文具用品、体育用品批发、零售
从业人员数（人）：1
销售额（万元）：3
资产总额（万元）：3

0278 靖远建祥文体综合批发商行

注 册 地：白银市靖远县
主营业务：文具用品、体育用品、办公用品批发、零售

从业人员数（人）：2

销售额（万元）：5

资产总额（万元）：5

0279 泾川县龙芯电脑经销部

注　册　地：平凉市泾川县

主营业务：计算机、软件及辅助设备零售

从业人员数（人）：1

资产总额（万元）：5

0280 泾川县梦里花文具店

注　册　地：平凉市泾川县

主营业务：文具、体育用品、日用小百货、小家电、小五金零售

从业人员数（人）：1

资产总额（万元）：1

0281 泾川县倩倩文具店

注　册　地：平凉市泾川县

主营业务：学生用品、文具零售

从业人员数（人）：1

资产总额（万元）：3

0282 泾川县一诺文具会计用品服务部

注　册　地：平凉市泾川县

主营业务：会计用品、办公用品、学生用具、体育用品零售。

从业人员数（人）：1

资产总额（万元）：10

0283 泾川县凯博电脑科技销售部

注　册　地：平凉市泾川县

主营业务：品牌电脑、数码产品、电脑配件及耗材批发兼零售

从业人员数（人）：1

资产总额（万元）：5

0284 泾川县罗飞文体用品店

注　册　地：平凉市泾川县

主营业务：文具、体育用品批发兼零售

从业人员数（人）：1

资产总额（万元）：5

0285 泾川县俊伊文具店

注　册　地：平凉市泾川县

主营业务：文具、日用百货零售

从业人员数（人）：1

资产总额（万元）：6

0286 泾川县琴生文化用品经销部

注　册　地：平凉市泾川县

主营业务：办公用品、学生文具零售

从业人员数（人）：1

资产总额（万元）：5

0287 泾川县泾诚电脑商行

注　册　地：平凉市泾川县

主营业务：电脑及耗材零售；电脑维修

从业人员数（人）：1

资产总额（万元）：5

0288 泾川县宇航科技有限责任公司

注　册　地：平凉市泾川县北新街党校楼下

主营业务：电脑及耗材、手机、打印机、数码产品、办公用品、监控设备购销

0289 泾川县俊伊文具店

注　册　地：平凉市泾川县

主营业务：文具、日用百货零售

从业人员数（人）：1

资产总额（万元）：6

0290 泾川县彩亮电子科技服务部

注　册　地：平凉市泾川县

主营业务：电脑耗材、网络设备、监控器材、办公用品、办公设备零售

从业人员数（人）：1

资产总额（万元）：4

0291 泾川县泾河文具店

注 册 地：平凉市泾川县

主营业务：文具、体育用品、办公用品、日用百货零售

从业人员数（人）：1

资产总额（万元）：5

0292 泾川县玉都镇芬芳文具店

注 册 地：平凉市泾川县

主营业务：文具、礼品、日用百货零售

主要产品：文具

从业人员数（人）：1

资产总额（万元）：3

0293 泾川县博远文体总汇

注 册 地：平凉市泾川县

主营业务：文具用品、办公用品、体育用品、玩具、计算机耗材、百货批发兼零售

从业人员数（人）：1

资产总额（万元）：30

0294 泾川县玉都镇雪琴精品文具店

注 册 地：平凉市泾川县

主营业务：预包装食品兼散装食品、乳制品、烟酒、日用品、文具零售

主要产品：文具

从业人员数（人）：1

销售额（万元）：1

资产总额（万元）：4

0295 泾川县太阳花文具店

注 册 地：平凉市泾川县

主营业务：文具零售

从业人员数（人）：1

资产总额（万元）：3

0296 泾川县沛东文具经销部

注 册 地：平凉市泾川县

主营业务：文具、办公用品、电脑耗材、纸张批发兼零售

从业人员数（人）：1

资产总额（万元）：3

0297 泾川县晨曲文化用品总汇

注 册 地：平凉市泾川县

主营业务：办公用品、文具、五金日杂、香烟零售

从业人员数（人）：1

资产总额（万元）：10

0298 泾川县携手礼品文具店

注 册 地：平凉市泾川县

主营业务：文具、工艺品、百货零售

资产总额（万元）：8

0299 泾川县翔翔文化用品店

注 册 地：平凉市泾川县

主营业务：办公用品、纸张、文具、五金零售

从业人员数（人）：1

资产总额（万元）：2

0300 泾川县琴琴文具店

注 册 地：平凉市泾川县

主营业务：文具、日用百货零售

从业人员数（人）：1

资产总额（万元）：6744300

0301 泾川县时代文具店

注 册 地：平凉市泾川县

主营业务：文具零售

从业人员数（人）：1

资产总额（万元）：6

主营业务：文具、日用品零售

从业人员数（人）：1

资产总额（万元）：5

0302 泾川县玉都镇美好时光文具礼品店

注 册 地：平凉市泾川县

主营业务：学生文具、体育用品、礼品零售

主要产品：文具

从业人员数（人）：1

资产总额（万元）：4

0303 泾川县建萍时尚文具店

注 册 地：平凉市泾川县

主营业务：文具、纸张、香蜡批发、零售

从业人员数（人）：2

资产总额（万元）：3

0304 泾川县晓敏文具店

注 册 地：平凉市泾川县

主营业务：文具零售

从业人员数（人）：1

资产总额（万元）：5

0305 泾川县全利文具办公用品商店

注 册 地：平凉市泾川县

主营业务：文具、办公用品批发兼零售

从业人员数（人）：1

资产总额（万元）：5

0306 泾川县金春文具店

注 册 地：平凉市泾川县

主营业务：文具、体育用品零售

从业人员数（人）：1

资产总额（万元）：10

0307 泾川县红利文具门市部

注 册 地：平凉市泾川县

0308 泾川县新星文具门市部

注 册 地：平凉市泾川县

主营业务：文化用品、儿童玩具零售

资产总额（万元）：6

0309 灵台县教育印刷厂

注 册 地：平凉市灵台县中台镇中学路 85 号

主营业务：各种簿册、各类教学印刷品，作业本

从业人员数（人）：21

销售额（万元）：58

资产总额（万元）：72

简　　介：灵台县教育印刷厂建办于 1986 年 9 月，接受县教育局管理指导，系城市集体企业。目前在职职工 22 人（其中管理人员 1 名）。本厂占地面积 1264.7 平方米，厂房 27 间、340 平方米，单色胶印机 2 台、碘家灯晒版机 1 台、切纸机 2 台、铁丝订书机 1 台。截至 2013 年底先后淘汰铅板圆盘印刷机 2 台、四开平板铅板印刷机 4 台、15 千瓦柴油发电机 1 台、切纸机 3 台，磨刀机 1 台，淘汰机器造价 13.44235 万元。

0310 华亭县艺扬传媒有限责任公司

注 册 地：平凉市华亭县东华镇文化街北段

主营业务：广告媒体信息咨询服务、教育咨询

从业人员数（人）：2

销售额（万元）：14

资产总额（万元）：10

0311 甘肃仁信投资管理有限公司

注 册 地：平凉市华亭县华庄路 6 号

主营业务：企业管理策划、企业培训、广告代理、企业形象策划。

从业人员数（人）：5

销售额（万元）：20

资产总额（万元）：2000

0312 华亭县豆豆文体总汇

注 册 地：平凉市华亭县麻池小区

主营业务：文具、百货、办公用品、玩具零售

从业人员数（人）：1

销售额（万元）：2，

资产总额（万元）：1

0313 华亭县大地文体商店

注 册 地：平凉市华亭县西大街26号

主营业务：文体用品、办公用品、工艺礼品、日用百货零售

从业人员数（人）：1

销售额（万元）：5

资产总额（万元）：8

0314 得力现代办公用品

注 册 地：平凉市华亭县西大街

主营业务：办公用品、文体用品零售

从业人员数（人）：1

销售额（万元）：3

资产总额（万元）：0.7

0315 华亭县博渊文具店

注 册 地：平凉市华亭县砚峡小区大门口31号

主营业务：文化用品零售

从业人员数（人）：1

销售额（万元）：2

资产总额（万元）：5

0316 华亭县多彩文印办公中心

注 册 地：平凉市华亭县东大街

主营业务：办公用品批发、零售，文印广告制作服务

从业人员数（人）：1

销售额（万元）：3

资产总额（万元）：5

0317 华亭县强强文体办公大全

注 册 地：平凉市华亭县马峡街道

主营业务：文体、办公用品零售

从业人员数（人）：2

销售额（万元）：6

资产总额（万元）：2

0318 通亚文化用品部

注 册 地：平凉市华亭县城南大街

主营业务：办公用具零售

从业人员数（人）：2

销售额（万元）：5

资产总额（万元）：1.2

0319 华亭县晨光文具办公用品儿童玩具店

注 册 地：平凉市华亭县砚北小区

主营业务：文具、办公用品、儿童玩具零售

从业人员数（人）：1

销售额（万元）：3

资产总额（万元）：0.2

0320 华亭县周宇办公用品行

注 册 地：平凉市华亭县南新街十字

主营业务：办公用品批发兼零售

从业人员数（人）：2

销售额（万元）：5

资产总额（万元）：8

0321 华亭县鸿雁文化用品经营部

注 册 地：平凉市华亭县文化街

主营业务：文化用品、电脑耗材、家用电器销售兼维修

从业人员数（人）：2

销售额（万元）：3

资产总额（万元）：1

0322 华亭县三木文化用品店

注 册 地：平凉市华亭县西大街

主营业务：办公用品、文化用品零售

从业人员数（人）：2

销售额（万元）：6

资产总额（万元）：2

0323 华亭县鸿普办公文印部

注 册 地：平凉市华亭县策底镇街道

主营业务：办公用品、铝合金、不锈钢、玻璃零售、标牌制作

从业人员数（人）：2

销售额（万元）：7

资产总额（万元）：15

0324 文化办公用品商店

注 册 地：平凉市华亭县安口东大街

主营业务：文具、灯具、工艺品、办公用品零售

从业人员数（人）：2

销售额（万元）：4

资产总额（万元）：2.1

0325 洰源办公文化用品店

注 册 地：平凉市华亭县

主营业务：办公文化用品、体育用品零售

从业人员数（人）：2

销售额（万元）：3

资产总额（万元）：1.2

0326 华亭县亚通办公会计用品商店

注 册 地：平凉市华亭县南大街

主营业务：办公用品、会计用品、文化用品、电脑耗材、体育器材零售

从业人员数（人）：2

销售额（万元）：5

资产总额（万元）：3

0327 都都文具

注 册 地：平凉市华亭县西大街

主营业务：办公用品、文具、体育用品零售

从业人员数（人）：1

销售额（万元）：3

资产总额（万元）：7

0328 华亭县石堡子丽丽文具店

注 册 地：平凉市华亭县石堡子工业园区

主营业务：文具用品、玩具零售

从业人员数（人）：2

销售额（万元）：2

资产总额（万元）：2

0329 华亭县博诚文体百货部

注 册 地：平凉市华亭县城文昌路

主营业务：办公用品、百货零售

从业人员数（人）：1

销售额（万元）：5

资产总额（万元）：2.6

0330 华亭县得力文体办公用品店

注 册 地：平凉市华亭县东大街

主营业务：文体用品零售

从业人员数（人）：1

销售额（万元）：4

资产总额（万元）：5

0331 华亭县卓越办公文体店

注 册 地：平凉市华亭县西大街世纪嘉园

主营业务：办公文体用品零售

从业人员数（人）：2

销售额（万元）：4

资产总额（万元）：20

0332 静宁县欣荣文体用品批发部

注 册 地：平凉市静宁县

主营业务：办公用品、体育用品、电脑耗材、针织品批发、零售、日用品

从业人员数（人）：1

销售额（万元）：5

资产总额（万元）：4

0333 静宁县欣盛印刷厂

注 册 地：平凉市静宁县城中街108号

主营业务：作业本、表册制作，办公用品、文化用品零售

从业人员数（人）：10

销售额（万元）：30

资产总额（万元）：20

0334 静宁县文豪办公用品经营部

注 册 地：平凉市静宁县

主营业务：文具、办公用品、电脑耗材零售

从业人员数（人）：1

销售额（万元）：4

资产总额（万元）：2

0335 静宁县燕姿文体超市

注 册 地：平凉市静宁县

主营业务：办公用品、学生文具零售

从业人员数（人）：1

销售额（万元）：5

资产总额（万元）：5

0336 静宁鼎元包装印务有限公司

注 册 地：平凉市静宁工业园区

主营业务：纸箱、塑料包装加工、销售，原纸经销，包装装潢印刷品印刷

从业人员数（人）：100

销售额（万元）：400

资产总额（万元）：520

0337 静宁县锐源印刷有限公司

注 册 地：平凉市静宁县城关镇东关村

主营业务：其他印刷品印刷服务及各种纸张零售

从业人员数（人）：12

销售额（万元）：200

资产总额（万元）：400

0338 静宁县五角星文化社

注 册 地：平凉市静宁县

主营业务：乐器、美术用品、办公用品批发及零售、乐器培训

从业人员数（人）：2

销售额（万元）：5，

资产总额（万元）：10

0339 静宁县一中教育印刷厂

注 册 地：平凉市静宁县城关镇中街170号

主营业务：单据、表册、印刷、图书、报刊、作业本

从业人员数（人）：20

销售额（万元）：150

资产总额（万元）：300

0340 静宁县捷强文体乐器行

注 册 地：平凉市静宁县

主营业务：文体、乐器、学生用品批发及零售

销售额（万元）：2

资产总额（万元）：2

0341 甘肃静宁印刷有限责任公司

注 册 地：平凉市静宁县工业园区恒辉路

主营业务：出版物、包装装潢、印刷品及其他印刷品、商标印刷

从业人员数（人）：30

销售额（万元）：300

资产总额（万元）：500

0342 庆阳市百灵文化科技有限公司

注 册 地：庆阳市西峰区解放西路 239 号西 1 号商铺

主营业务：文娱用品、体育用品、文化用品、电子产品（不含地面卫星接受设施）的批发及零售；电脑软件应用、图片设计、音乐培训服务

从业人员数（人）：4

销售额（万元）：9

资产总额（万元）：95

0343 西峰区海之韵琴行

注 册 地：庆阳市西峰区朔州东路

主营业务：乐器、文化用品批发零售

从业人员数（人）：1

销售额（万元）：20

资产总额（万元）：80

0344 西峰区鸿途文具店

注 册 地：庆阳市西峰区北大街 77 号

主营业务：文具零售

从业人员数（人）：1

销售额（万元）：7

资产总额（万元）：5

0345 西峰区文华阁文具店

注 册 地：庆阳市西峰区九龙路 8 号

主营业务：文具零售

从业人员数（人）：1

销售额（万元）：4

资产总额（万元）：4

0346 庆阳市西峰区华文堂文化用品商行

注 册 地：庆阳市西峰区陇东商场

主营业务：文具、办公用品、百货批发、零售

从业人员数（人）：2

销售额（万元）：5

资产总额（万元）：0.2

0347 庆阳市西峰区天香草堂文化用品经销部

注 册 地：庆阳市西峰区北大街

主营业务：文化用品零售

从业人员数（人）：1

销售额（万元）：13

资产总额（万元）：12

0348 庆阳市西峰区慧源文具

注 册 地：庆阳市西峰区

主营业务：文具、百货、小五金销售

从业人员数（人）：2

销售额（万元）：4

资产总额（万元）：2

简 介：庆阳市西峰区慧源文具批发部成立于 2007 年 3 月 5 日，店面在庆阳市西峰区最大的批发市场陇东商场。该店占地 30 余平方米，主营学生用品、办公用品、饰品、时尚手提、袋、背包、书包。

0349 庆阳市西峰区刘海娟办公用品经销部

注 册 地：庆阳市西峰区庆州西路石家庄小区

主营业务：办公用品、电脑耗材零售

销售额（万元）：1

资产总额（万元）：20

0350 庆阳市西峰区博诚文化用品店

注 册 地：庆阳市西峰区

主营业务：文具、百货批发、零售

从业人员数（人）：3

销售额（万元）：4

资产总额（万元）：3

0351 庆阳市西峰区恒盛文化用品大全

注 册 地：庆阳市西峰区

主营业务：文具、小百货

从业人员数（人）：2

销售额（万元）：4

资产总额（万元）：3

0352 庆阳市西峰区文宝斋

注 册 地：庆阳市西峰区

主营业务：文具、字画、古玩零售、字画装裱、画框制作

从业人员数（人）：2

销售额（万元）：6

资产总额（万元）：2

0353 庆阳市百灵文化科技有限公司

注 册 地：庆阳市西峰区解放西路

主营业务：文化、体育用品及器材销售

从业人员数（人）：3

销售额（万元）：10

资产总额（万元）：60

0354 庆阳市西峰区宝斌文具批发部

注 册 地：庆阳市西峰区

主营业务：文具批发、零售

从业人员数（人）：1

销售额（万元）：5

资产总额（万元）：1

简　　　介：西安精美文化用品商行始创于上世纪 90 年代，以学生办公精品为主导，经过 20 多年的发展，并开设了 2 家分店，均位于西安市商业中心地段，店面周围是西北地区批发行业的聚集地，分布于众多大型批发、零售商场和购物中心，其中我行占地 600 余平方米，设施齐全，管理完善，产品种类丰富，学生用品，办公用品，饰品，时尚手提袋，背包，书包，相册等时尚用品的大型综合卖场，新卖场代理全国品牌产品达 30 多家，批发、零售兼营，专走时尚风格，紧跟时尚追求高品质和优越的服务是我们坚定不移的原则，精美文化愿与您携手并进，共创辉煌，加入精美文化，让我们一起缔造奇迹。

0355 庆阳市西峰区聚珍斋文化工艺品商店

注 册 地：庆阳市西峰区九龙北路 17 号

主营业务：书画、文具、工艺品

从业人员数（人）：2

销售额（万元）：4

资产总额（万元）：1

0356 庆阳市西峰区卢万红办公用品店

注 册 地：庆阳市西峰区兰州路三力百货批发城

主营业务：文具办公用品批发、零售

从业人员数（人）：2

销售额（万元）：5

资产总额（万元）：10

0357 庆阳市西峰区永鹏纸张经销部

注 册 地：庆阳市西峰区北大街

主营业务：纸张批发、零售

从业人员数（人）：2

销售额（万元）：7

资产总额（万元）：3

0358 庆阳市西峰区快乐学子文具店

注 册 地：庆阳市西峰区解放西路 38 号

主营业务：文具、玩具零售

从业人员数（人）：1

销售额（万元）：8

资产总额（万元）：6

0359 庆阳市西峰区学国教学仪器设备经营部

注 册 地：庆阳市西峰区长庆大道

主营业务：乐器、体育器材、教学仪器、成套设备零售

主要产品：乐器、体育器材、教学仪器、成套设备

从业人员数（人）：2

销售额（万元）：30

资产总额（万元）：10

0360 庆阳市西峰区阿波罗琴行

注 册 地：庆阳市西峰区大什字西峰巷口

主营业务：乐器零售

从业人员数（人）：2

销售额（万元）：23

资产总额（万元）：10

0361 庆阳市西峰区华宝堂文化用品门市

注 册 地：庆阳市西峰区北大街

主营业务：文化用品零售

从业人员数（人）：1

销售额（万元）：5

资产总额（万元）：3

0362 庆阳市西峰区鑫潮文体办公商行

注 册 地：庆阳市西峰区兰州东路三力义乌

商贸中心 1 楼

主营业务：文具、办公用品、体育用品批发、零售

主要产品：文具、办公用品

从业人员数（人）：2

销售额（万元）：10

资产总额（万元）：36

简　　介：西峰区鑫潮文体办公商行成立于 2011 年 6 月 23 日，位于庆阳市西峰区兰州东路三力义乌商贸中心 1 楼，属个体经营，主要经营文具、办公用品和体育用品批发、零售。

0363 庆阳市西峰区宏昌文化用品批发部

注 册 地：庆阳市西峰区

主营业务：文具、办公用品、劳保用品

从业人员数（人）：2

销售额（万元）：4

资产总额（万元）：2

简　　介：庆阳市西峰区宏昌文具批发部成立于 2004 年 4 月 1 日，店面在庆阳市西峰区最大的批发市场陇东商场，该店占地 30 余平方米，主营学生用品、办公用品、饰品、时尚手提袋、背包、书包。

0364 庆阳市西峰区齐心办公文具批发部

注 册 地：庆阳市西峰区

主营业务：办公用品、文具批发

从业人员数（人）：2

销售额（万元）：10

资产总额（万元）：15

简　　介：西峰区齐心办公文具批发部成立于 2008 年 3 月 5 日，店面在庆阳市西峰区最大的批发市场陇东商场。该店占地 30 余平方米，主营学生用品、办公用品、饰品、

时尚手提袋、背包、书包。

0365 庆阳市西峰区金秋堂书画经营部

注 册 地：庆阳市西峰区

主营业务：书画装裱零售

从业人员数（人）：2

销售额（万元）：6

资产总额（万元）：5

0366 庆阳市西峰区波音琴行

注 册 地：庆阳市西峰区

主营业务：乐器、音箱器材零售

从业人员数（人）：2

销售额（万元）：35

资产总额（万元）：20

简 介：西峰区波音琴行成立于 2011 年 12 月 6 日。该琴行拥有资产总额 20 万元，年销售额约 35 万元。现在拥有工作人员 2 名，主要经营项目有乐器、音响器材零售。

0367 庆阳市西峰区纸宜阁文化用品店

注 册 地：庆阳市西峰区

主营业务：文具零售

从业人员数（人）：1

销售额（万元）：5

资产总额（万元）：3

0368 庆阳市西峰区旭升文具批发部

注 册 地：庆阳市西峰区

主营业务：文具批发、零售

从业人员数（人）：1

销售额（万元）：4

资产总额（万元）：0.5

0369 庆阳市西峰区博士文化用品批发

注 册 地：庆阳市西峰区

主营业务：文具批发、零售

从业人员数（人）：3

销售额（万元）：5

资产总额（万元）：1

0370 庆阳市新世纪实业有限公司

注 册 地：庆阳市西峰世纪大道

主营业务：文化用品、办公设备及教学仪器

从业人员数（人）：3

销售额（万元）：15

资产总额（万元）：500

简 介：庆阳市新世纪实业有限公司成立于 1997 年 7 月 7 日，主要经营文具、办公用品销售。公司坐落于庆阳市西峰区世纪大道电信家园旁边，占地面积 200 平方米，员工 2 人。

0371 庆阳市西峰区赵莉文化用品批发部

注 册 地：庆阳市西峰区

主营业务：文具、百货

从业人员数（人）：2

销售额（万元）：5

资产总额（万元）：3

0372 庆阳市西峰区文汇办公用品大全

注 册 地：庆阳市西峰区

主营业务：文化用品批发、零售

从业人员数（人）：3

销售额（万元）：8

资产总额（万元）：10

0373 庆阳市西峰区星期八文具饰品店

注 册 地：庆阳市西峰区九龙南路三中门口

主营业务：文具、饰品零售

从业人员数（人）：1

销售额（万元）：4

资产总额（万元）：0.5

0374 庆阳市西峰区南方辉兵文体办公用品批发部

注 册 地：庆阳市西峰区

主营业务：文具、百货批发、零售

从业人员数（人）：1

销售额（万元）：6

资产总额（万元）：1

0375 庆阳市西峰市西峰区四宝堂文具

注 册 地：庆阳市西峰区

主营业务：文具批发、零售

从业人员数（人）：1

销售额（万元）：6

资产总额（万元）：2

0376 庆阳市西峰区正凯文化用品经销部

注 册 地：庆阳市西峰区

主营业务：文具、小百货

从业人员数（人）：3

销售额（万元）：8

资产总额（万元）：10

0377 庆阳市西峰区新起点文具经销部

注 册 地：庆阳市西峰区解放路1号

主营业务：文具、办公用品、体育用品批发、零售

从业人员数（人）：2

销售额（万元）：6

资产总额（万元）：3

0378 庆阳市西峰区富德纸张门市部

注 册 地：庆阳市西峰区

主营业务：纸张零售

从业人员数（人）：2

销售额（万元）：7

资产总额（万元）：3

0379 庆阳市西峰区开元文化用品大全

注 册 地：庆阳市西峰区

主营业务：文具、小百货批发、零售

从业人员数（人）：1

销售额（万元）：6

资产总额（万元）：5

0380 庆阳市西峰区四海文具批发部

注 册 地：庆阳市西峰区

主营业务：文具批发、零售

从业人员数（人）：3

销售额（万元）：8

资产总额（万元）：15

简　　介：庆阳市西峰区四海文具批发部成立于2005年3月6日，主要经营文具销售。庆阳市西峰区四海文具批发部坐落于庆阳市西峰区陇东商场内，占地面积30平方米，员工4人。

0381 庆阳市西峰区爱笛乐器经销部

注 册 地：庆阳市西峰区北大街258号

主营业务：乐器零售

从业人员数（人）：2

销售额（万元）：26

资产总额（万元）：10

0382 庆阳市西峰区王江书店

注 册 地：庆阳市西峰区兰州东路

主营业务：图书零售

从业人员数（人）：3

销售额（万元）：3

资产总额（万元）：8

0383 庆阳市西峰区李本悟文具批发部

注 册 地：庆阳市西峰区兰州东路

主营业务：文具批零

从业人员数（人）：2

销售额（万元）：1

资产总额（万元）：2

0384 庆阳市西峰区博才图书店

注 册 地：庆阳市西峰区肖金镇南街

主营业务：图书零售

从业人员数（人）：1

销售额（万元）：5

资产总额（万元）：1

0385 庆阳芳梅南方商贸有限公司

注 册 地：庆阳市西峰区

主营业务：文具、办公用品、电脑及耗材销售

从业人员数（人）：4

销售额（万元）：30

资产总额（万元）：50

简　　　介：庆阳芳梅南方商贸有限公司成立于 2010 年 12 月 6 日，主要经营文具、办公用品、电脑及耗材销售。公司坐落于庆阳市西峰区陇东商场内，占地面积 200 平方米，员工 4 人。

0386 庆阳市西峰区尊翔办公用品商行

注 册 地：庆阳市西峰区

主营业务：文具、办公用品

从业人员数（人）：2

销售额（万元）：6

资产总额（万元）：15

0387 庆阳隆盛包装有限公司

注 册 地：庆阳市正宁县工业园区

主营业务：纸箱生产销售

从业人员数（人）：260

销售额（万元）：10500

资产总额（万元）：10800

简　　　介：庆阳汇丰实业有限责任公司位于庆阳市正宁县城工业集中区，注册资金5000 万元。总占地面积 50349 平方米，生产车间 13006.5 平方米，技术研发中心、质量检测中心综合办公楼 2400 平方米；总资产 10800 万元。现有高级技术人才 18 名，员工 260 多人。该公司是一家集包装箱生产销售、农产品、果品、蔬菜收购、贮藏、销售、中药材种植加工、苗木种植于一身的市级农业产业化企业。下设陇盛包装、宇欣生物科技、瑞嘉农业发展、恒信投资 4 个子公司。

0388 正宁县丰凯印刷有限公司

注 册 地：庆阳市正宁县西街

主营业务：印刷、文化用品销售

从业人员数（人）：11

销售额（万元）：20

资产总额（万元）：50

简　　　介：正宁县丰凯印刷有限公司位于正宁县城兴旺路，公司注册于 2012 年，注册资金 50 万元。现有员工 6 名，其中经理 1 名，技术员 4 名，外勤人员 1 名。电脑 4 台、激光打印复印一体机 3 台、速印机 2 台、制版机 2 台、胶印机 1 台、彩色打印机 2 台、传真机 1 台，业务用车 1 部。公司承接县内外打印、复印、胶印、工程制图、资料装订、书籍印刷、彩页制作等业务，属县级政府定点采购企业，业务范围覆盖政府机关、企事业单位、社会团体和零散客户。年业务收入100 多万元，净收入 20 多万元。

0389 合水县得力办公文具店

注 册 地：庆阳市合水县

主营业务：办公文具零售

业人员数（人）：1

销售额（万元）：4.5

资产总额（万元）：7

0390 合水县文化用品总汇

注 册 地：庆阳市合水县

主营业务：办公用品、纸张零售

从业人员数（人）：1

销售额（万元）：4

资产总额（万元）：5

0391 合水县文房四宝文具店

注 册 地：庆阳市合水县

主营业务：文具、办公用品零售

从业人员数（人）：1

销售额（万元）：3

资产总额（万元）：5

0392 合水县万通文具大全

注 册 地：庆阳市合水县

主营业务：文具、办公用品零售

从业人员数（人）：1

销售额（万元）：11

资产总额（万元）：20

0393 合水县大众文具批零部

注 册 地：庆阳市合水县

主营业务：文具零售

主要产品：无

从业人员数（人）：1

销售额（万元）：0.8

资产总额（万元）：2

0394 庆阳联创体育设施有限公司

注 册 地：庆阳市庆城县

主营业务：塑胶跑道生产

从业人员数（人）：80

销售额（万元）：650

资产总额（万元）：200

简　　介：庆阳联创体育设施有限公司是庆城县利用油田闲置资产，通过招商引资引进的一户利用废旧轮胎加工新型复合塑胶跑道材料、塑胶（PV）运动场地铺装材料及运动器材、体育用品的民营企业。公司占地15亩，项目计划总投资4500万元，其中固定资产3000万元，流动资金1500万元。

0395 甘肃省辰光照明科技有限公司

注 册 地：庆阳市庆城县

主营业务：LED灯源、灯具研发、生产

主要产品：环保型LED投光灯、洗墙灯、管类灯、节日灯和花园灯等产品

从业人员数（人）：200

销售额（万元）：200

资产总额（万元）：6500

简　　介：甘肃省辰光照明有限公司是庆城县利用油田闲置资产，由北京看丹合力混凝土有限公司投资新建的一家LED灯源、灯具研发、生产企业。该公司位于庆城县三十里铺镇（原庆阳炼化发油发气站），注册资金1000万元。公司占地46亩，项目计划总投资1.1亿元，其中固定资产6500万元，流动资金4500万元。该公司主要以节能环保型LED投光灯、洗墙灯、管类灯、节日灯和花园灯等产品的生产研发为主，并承接各种室内外照明、城市亮化工程。其中LED照明系列产品生产工艺先进，科技含量高，节能环保，是国家"十二五"期间鼓励发展的节能环保型产品。

0396 镇原县三律器乐有限公司

注 册 地：庆阳市镇原县城关镇兴文巷1号

主营业务：乐器制作销售

从业人员数（人）：23

销售额（万元）：38

资产总额（万元）：41

0397 环县一中印刷厂

注 册 地：庆阳市环县县城老城街 75 号

主营业务：学生作业本、表格印刷

从业人员数（人）：10

销售额（万元）：120

资产总额（万元）：6.5

0398 甘肃恒发文化传播有限公司

注 册 地：定西市陇西县巩昌镇景家桥 2 号

主营业务：信息技术服务、计算机与其配套产品的销售与维护；商务信息咨询；广告设计及制作、整合营销推广；企业刊物设计、企业形象设计；会议会展服务；庆典策划；安防监控工程安装

从业人员数（人）：10

销售额（万元）：100.5

资产总额（万元）：150.2

0399 陇西玫瑰佳人庆典有限公司

注 册 地：定西市陇西县

主营业务：婚庆、庆典礼仪；晚会、舞美设计；广告制作、发布；音响、舞蹈服装租赁；花卉及庆典用品销售

从业人员数（人）：5

销售额（万元）：2

资产总额（万元）：5

0400 甘肃博士源文化教育用品有限公司

注 册 地：定西市安定区

主营业务：多媒体教学器械及电子产品，图书装备，试验器材装备，监控设备，音响乐器及配件、文体用品

从业人员数（人）：4

资产总额（万元）：200

0401 定西市宏远照摄像科技开发有限公司

注 册 地：定西市安定区

主营业务：照摄像器材开发，安防产品，监控设备，软件开发，安防工程、网络工程设计施工

从业人员数（人）：5

销售额（万元）：27

资产总额（万元）：50

0402 定西市长乐纸业有限责任公司

注 册 地：定西市

主营业务：文化用品销售

从业人员数（人）：50

销售额（万元）：460

资产总额（万元）：1832.5

0403 西和县龙池麻纸文化产业有限公司

注 册 地：陇南市西和县

主营业务：手工麻纸的制作、销售

主要产品：手工麻纸

从业人员数（人）：30

销售额（万元）：86

资产总额（万元）：625.4

0404 礼县盐官印刷厂

注 册 地：陇南市礼县

主营业务：学生作业本、稿纸加工、批发、零售

主要产品：学生作业本、稿纸

从业人员数（人）：8

销售额（万元）：10

资产总额（万元）：10

简　　介：礼县盐关印刷厂位于礼县第二中学后院成立于 2004 年，厂房面积达 500 平方米，在职员工 8 人，具有近 10 年的印刷服务经验

有印刷机两台，切纸机一台，磨刀机一台等。

0405 广河县向阳印刷厂

注 册 地：临夏州广河县

主营业务：印刷品

从业人员数（人）：10

销售额（万元）：48

资产总额（万元）：35

0406 永靖县玉音琴行

注 册 地：临夏州永靖县

主营业务：乐器销售

主要产品：乐器

从业人员数（人）：3

销售额（万元）：8

资产总额（万元）：20

简 介：永靖县玉音琴行成立于2013年，主要代理经销珠江钢琴、公爵钢琴、罗曼钢琴、蓝盾吉他、依班娜斯电吉他、TAMA 架子鼓，敦煌民乐，赛菲管乐等国际国内一线品牌。同时从事音乐培训和乐器维修业务。

0407 永靖县王氏铸造有限责任公司

注 册 地：临夏州永靖县

主营业务：铸造生产、销售

主要产品：佛教、道教的法器（钟、香炉）

从业人员数（人）：26

销售额（万元）：300

资产总额（万元）：100

0408 和政县神韵传媒有限公司

注 册 地：临夏回族自治区州和政县天合商贸城 8 号

主营业务：办公服务、婚庆礼仪、旅游接待、平面设计、视频广告发布、网站建设，各类广告的设计、制作、代理、发布；广告材料的销售

主要产品：广告发布

从业人员数（人）：5

销售额（万元）：16

资产总额（万元）：80

简 介：和政县神韵传媒有限公司是一家集平面、影视等各类广告的策划、设计、制作、发布、代理为一体的综合性传媒机构，融合文化传媒、广告宣传、影视传媒、网络信息化传媒等，并结合和政实际，发挥公司优势，开展相关业务。公司拥有办公面积60平方米，现为和政电视台、和政广播电台、和政新闻网的广告独家代理商。

0409 和政县一中印刷厂

注 册 地：临夏州和政县

主营业务：教学办公及印刷品

从业人员数（人）：8

销售额（万元）：218

资产总额（万元）：350

0410 魔方工作室

注 册 地：甘肃省和政县

主营业务：打字、复印、广告

从业人员数（人）：3

销售额（万元）：4

资产总额（万元）：12

0411 玛曲德洛佤文化传播有限公司

注 册 地：甘南藏族自治州玛曲县

主营业务：组织文艺交流策划咨询；摄影；文化艺术表演策划；承办展览展示；培训；会议服务；旅游产品制作开发；电脑图文设计制作；企业形象策划；市场营销策划；销售影视器材及办公用品

从业人员数（人）：6

销售额（万元）：8

资产总额（万元）：1000

0412 甘南众兴文化旅游开发有限责任公司

注 册 地：甘南州玛曲县

主营业务：旅游服务、文化用品加工、百货、家电、饮料、化妆品、民族用品加工销售

从业人员数（人）：3

销售额（万元）：3

资产总额（万元）：150

甘肃省文化资源名录

第三十六卷 文化产业、传媒 I

文化产品生产的辅助生产

0001 甘肃华晟创业建设开发有限公司

注 册 地：兰州市城关区酒泉路 2 号

主营业务：餐饮、旅游项目投资及投资咨询服务；会议会展服务；日用百货、农副产品、五金交电、建筑材料的批发、零售

0002 甘肃大易源实业有限公司

注 册 地：兰州市城关区南昌路 1920 号

主营业务：农牧业项目投资；园林景观工程设计及施工（凭资质证）；钢材、建筑材料、机械设备、办公用品、服装服饰、化工产品（不含危险品）、电子产品（不含卫星地面接收设施）、环保设备的批发、零售；农副产品（不含粮食收购）的收购批发；工程机械设备租赁；会务会展服务、商务信息（不含证券）咨询服务

0003 兰州龙翔文化传播有限公司

注 册 地：兰州市城关区力行新村 5 号

主营业务：文化艺术交流策划企业营销策划商务信息咨询国文设计制作国内各类广告代理发布文化用品工艺品日用百货的批发、零售

从业人员数（人）：2

销售额（万元）：33

资产总额（万元）：67

0004 兰州天翊企业咨询服务有限公司

注 册 地：兰州市城关区拱新墩街道段家滩 437 号

主营业务：企业登记代理；税务知识咨询；会议会展服务、庆典礼仪服务、文化艺术交流活动策划服务；企业形象策划、企业管理咨询

从业人员数（人）：2

资产总额（万元）：50

0005 兰州三木文化发展有限公司

注 册 地：兰州市城关区武都路 394 号

主营业务：计算机及相关辅件、办公设备、文化用品、工艺美术品的批发、零售；文化中介服务；文化项目策划、组织、服务；城市灯光设计工程；媒体策划；广告设计、策划、制作、发布；企业形象策划；会议会展服务；艺术品制作及销售

0006 甘肃中翔会展服务有限责任公司

注 册 地：兰州市城关区伏龙坪 10 号

主营业务：展览展示、会务、礼仪、大型会议会展服务及策划；企业技术咨询、市场咨询调研与投资咨询；文化艺术交流；设计、制作、代理、发布各类国内广告；电脑图文设计制作。

从业人员数（人）：2

0007 甘肃教育产业服务中心

注 册 地：兰州市城关区南滨河东路 571 号

主营业务：高科技成果转化、校园文化建设

从业人员数（人）：3

销售额（万元）：1

资产总额（万元）：20

简　　介：甘肃教育产业服务中心是由甘肃省教育厅主管的企业，该公司成立于 2003 年，属全民所有制企业，主要从事高科技成果转化、校园文化建设业务、中小学后勤保障服务和图书期刊发行等业务。

0008 唐颂文化传播有限公司

注 册 地：兰州市城关区段家滩创意文化产业园

主营业务：摄影；摄影器材的出售以及租赁；装潢装饰；设计服务

主要产品：相框、相册、展架、照片

从业人员数（人）：7

资产总额（万元）：50

0009 兰州创意文化产业园有限公司

注 册 地：兰州市城关区段家滩 704 号

主营业务：行业涉及动漫影视摄影制作、创意设计、广告设计、景观空间设计、文化演艺、展览展示、创意产品开发运营、出版发行、咨询策划、信息服务、艺术培训、艺术品展示交流等方面

主要产品：兰州创意文化产业园

从业人员数（人）：80

销售额（万元）：382.74

资产总额（万元）：7457.22

简　　介：兰州创意文化产业园是由甘肃现代集团投资 3800 多万，整合专业力量，在借鉴国内创意文化产业发展经验的基础上，融合甘肃本土文化资源和文化产业发展态势，经过缜密的市场调研和战略抉择，而精心打造和培育的甘肃第一个创意文化产业园区。园区占地 20.49 亩，建筑面积 13000 平米，截至目前投入资产市值近 2 亿元。园区现有入驻企业 83 家，为各类创意文化和科技人才提供就业岗位近 1000 多个，行业涉及动漫影视摄影制作、创意设计、广告设计、景观空间设计、文化演艺、展览展示、创意产品开发运营、出版发行、咨询策划、信息服务、艺术培训、艺术品展示交流等方面。

0010 甘肃英伦财富人生文化传播有限公司

注 册 地：兰州市

主营业务：国内各类广告的代理、制作、发布；企业形象策划、文化艺术交流活动策划、会议会展服务

从业人员数（人）：6

销售额（万元）：10

资产总额（万元）：200

0011 甘肃鼎易文化传播有限公司

注 册 地：兰州市

主营业务：文化艺术交流策划（不含演出）、文化教育信息咨询；会务、礼仪、婚庆、展览展示、公关活动组织策划、企业管理咨询服务；商务信息咨询服务（不含证券）；旅游项目文化推介、咨询服务；设计、制作、代理、发布国内各类广告（国家限制的广告除外）；图文设计制作、企业营销形象策划；室内外建筑装饰装修工程、环保工程的设计及施工（凭资质证）；摄影器材及技术的咨询服务

主要产品：婚庆、旅游项目文化推介、咨询、各类国内各类广告

0012 兰州中天创视文化传播有限公司

注 册 地：兰州市

主营业务：婚礼服务；会展服务

主要产品：婚礼庆典。

从业人员数（人）：5

销售额（万元）：2

资产总额（万元）：30

0013 兰州众翼企业管理咨询有限公司

注 册 地：兰州市

主营业务：企业管理咨询、企业营销策划、企业形象策划与设计、会展会务服务、文化艺术交流组织与服务、户外活动组织策划；商务信息咨询、酒店管理咨询、美容管理咨询、人力资源咨询；户外用品、化妆品的批发、零售

从业人员数（人）：5

销售额（万元）：9

资产总额（万元）：300

简 介：众翼军事化培训公司是由退役军人发起成立并组建的一家具有军事化特色的培训公司，公司将军事理念以及军营文化与现代企业经营管理进行了有机结合，形成了集理论引导、思想教育、实战训练为一体的独特的培训模式。

0014 甘肃嘉艺文化传播有限公司

注 册 地：兰州市

主营业务：文化艺术交流服务；组织文化艺术活动；文化活动策划；企业形象策划；公关礼仪服务；展览展示服务；图文设计制作；会务服务；文具用品、体育用品、首饰工艺品及收藏品的批发、零售

从业人员数（人）：6

销售额（万元）：10

资产总额（万元）：100

0015 甘肃艺盛文化传播有限公司

注 册 地：兰州市

主营业务：组织文化艺术交流活动；会务会展服务，美术设计，企业形象策划，舞台舞美设计，制作；舞台设备租赁；灯光音响设计，安装，调试；五金机电，机电产品（不含特种机电设置），办公用品，乐器，服装的批发、零售

从业人员数（人）：5

销售额（万元）：40

资产总额（万元）：140

简 介：艺盛文化传播公司创立于2008年，由先有的大型舞台舞美设备租赁转型为经营媒介推广，专业演出设备租赁，专业文化演出推广及企业创意策划的文化传播公司，为政府，企业，媒体等不同行业，不同规模量身定制的整套商业活动方案。

0016 甘肃欣宇文化传播有限公司

注 册 地：兰州市

主营业务：明星代理、大型赛事、会议服务、商务演出、庆典礼仪、文艺演出

主要产品：2013年8月30日华夏文明传承创新区"绚丽陇原多彩庆阳"

从业人员数（人）：18

销售额（万元）：1115

资产总额（万元）：572

0017 兰州兰苑印刷厂

注 册 地：兰州市

从业人员数（人）：5

销售额（万元）：10

资产总额（万元）：10

0018 兰州嘉博彩印有限责任公司

注 册 地：兰州市

主营业务：博彩印刷

从业人员数（人）：15

销售额（万元）：83

资产总额（万元）：81

0019 兰州亿嘉印务有限公司

注 册 地：兰州市
主营业务：其他类印刷
从业人员数（人）：5
销售额（万元）：10
资产总额（万元）：10

0020 兰州联众印刷有限公司

注 册 地：兰州市
主营业务：其他类印刷
从业人员数（人）：4
销售额（万元）：30
资产总额（万元）：30

0021 兰州鑫隆印务有限责任公司

注 册 地：兰州市
主营业务：其他类印刷、包装装潢
主要产品：其他类印刷品、包装装潢制品
从业人员数（人）：3
销售额（万元）：31
资产总额（万元）：24

0022 兰州福义印刷厂

注 册 地：兰州市
主营业务：其他类印刷
从业人员数（人）：5
销售额（万元）：24.5
资产总额（万元）：71

0023 兰州城关龙源印刷厂

注 册 地：兰州市
主营业务：其他类印刷
从业人员数（人）：5
销售额（万元）：30
资产总额（万元）：45

0024 兰州市人大机关劳动服务公司

注 册 地：兰州市
主营业务：其他类印刷
从业人员数（人）：22
销售额（万元）：98
资产总额（万元）：120

0025 兰州文星数码印刷有限公司

注 册 地：兰州市
主营业务：其他类印刷
从业人员数（人）：3
销售额（万元）：12
资产总额（万元）：72

0026 兰州恒昌包装有限公司

注 册 地：兰州市
主营业务：纸箱包装
主要产品：包装装潢制品
从业人员数（人）：20
销售额（万元）：120
资产总额（万元）：400

0027 兰州市天欣纸箱印刷有限公司

注 册 地：兰州市
主营业务：其他类印刷
从业人员数（人）：7
资产总额（万元）：1651

0028 兰州鸿之锦印刷有限公司

注 册 地：兰州市
主营业务：其他类印刷
从业人员数（人）：6
销售额（万元）：20
资产总额（万元）：20

0029 兰州亨通塑料厂

注 册 地：兰州市

主营业务：其他类印刷

从业人员数（人）：8

销售额（万元）：50

资产总额（万元）：166

0030 甘肃盛鼎广告装饰工程有限公司印刷厂

注 册 地：兰州市

主营业务：其他类印刷

从业人员数（人）：6

销售额（万元）：155.7

资产总额（万元）：399

0031 兰州久盛印刷有限公司

注 册 地：兰州市

主营业务：其他类印刷

从业人员数（人）：5

销售额（万元）：21

资产总额（万元）：49

0032 兰州双马印务有限公司

注 册 地：兰州市

主营业务：其他类印刷

从业人员数（人）：5

销售额（万元）：48，

资产总额（万元）：206

0033 甘肃佳欣广告印务有限公司

注 册 地：兰州市

主营业务：其他类印刷

从业人员数（人）：5

销售额（万元）：8

资产总额（万元）：13

0034 新字印刷厂

注 册 地：兰州市

主营业务：其他类印刷

从业人员数（人）：5

销售额（万元）：15

资产总额（万元）：20

0035 兰州坤霖印刷有限公司

注 册 地：兰州市

主营业务：其他类印刷

从业人员数（人）：3

销售额（万元）：26

资产总额（万元）：50.6

0036 兰州文润电脑轻印刷有限责任公司

注 册 地：兰州市

主营业务：其他类印刷

从业人员数（人）：6

销售额（万元）：18

资产总额（万元）：20

0037 兰州市城关区龙广印刷厂

注 册 地：兰州市

主营业务：其他类印刷

从业人员数（人）：4

销售额（万元）：3

资产总额（万元）：10

0038 兰州佳林印刷有限公司

注 册 地：兰州市

主营业务：其他类印刷

从业人员数（人）：6

销售额（万元）：47

资产总额（万元）：49

0039 甘肃勤学印刷有限公司

注 册 地：兰州市

主营业务：其他类印刷

从业人员数（人）：10

销售额（万元）：50

资产总额（万元）：150

0040 兰州红山印刷厂

注 册 地：兰州市

主营业务：其他类印刷

从业人员数（人）：8

销售额（万元）：96.8

资产总额（万元）：25.6

0041 兰州市城关区凹凸印刷制版厂

注 册 地：兰州市

主营业务：其他类印刷

从业人员数（人）：6

销售额（万元）：6

资产总额（万元）：15

0042 兰州兴盛源印刷有限公司

注 册 地：兰州市

主营业务：其他类印刷

从业人员数（人）：4

销售额（万元）：39

资产总额（万元）：30

0043 兰州群晨包装厂

注 册 地：兰州市

主营业务：其他类印刷

从业人员数（人）：10

销售额（万元）：60

资产总额（万元）：60

0044 兰州晋陇彩印制版有限责任公司

注 册 地：兰州市

主营业务：其他类印刷

从业人员数（人）：5

销售额（万元）：18

资产总额（万元）：31

0045 窑街煤电集团甘肃金能工贸有限责任公司印刷厂

注 册 地：兰州市

主营业务：其他类印刷

从业人员数（人）：9

销售额（万元）：81

资产总额（万元）：166

0046 兰州市里河利达印刷厂

注 册 地：兰州市

主营业务：其他类印刷

从业人员数（人）：10

销售额（万元）：62

资产总额（万元）：19

0047 兰州兰飞工贸有限公司兰航印刷厂

注 册 地：兰州市

主营业务：其他类印刷

从业人员数（人）：10

销售额（万元）：40

资产总额（万元）：18

0048 兰州冠华纸塑制品有限公司

注 册 地：兰州市

主营业务：其他类印刷、包装装潢

从业人员数（人）：10

销售额（万元）：113

资产总额（万元）：73

0049 兰州雅星印务中心

注 册 地：兰州市

主营业务：其他类印刷

从业人员数（人）：5

销售额（万元）：21

资产总额（万元）：72.5

0050 兰州市城关区振兴印刷厂

注 册 地：兰州市

主营业务：其他类印刷

从业人员数（人）：6

销售额（万元）：7

资产总额（万元）：16

0051 兰州兴安物资纸业有限公司

注 册 地：兰州市

主营业务：其他类印刷、包装装潢

从业人员数（人）：15

销售额（万元）：330

资产总额（万元）：102

0052 兰州天诚印务有限公司

注 册 地：兰州市

主营业务：其他类印刷

从业人员数（人）：3

销售额（万元）：10

资产总额（万元）：55

0053 兰州金明广告策划有限则担任公司

注 册 地：兰州市

主营业务：其他类印刷

从业人员数（人）：3

销售额（万元）：28.5

资产总额（万元）：46

0054 兰州新铁机配件有限责任公司印务分公司

注 册 地：兰州市

主营业务：其他类印刷

从业人员数（人）：6

销售额（万元）：37

资产总额（万元）：37

0055 甘肃中建市政工程勘察设计研究院

注 册 地：兰州市

主营业务：其他类印刷

从业人员数（人）：133

销售额（万元）：3795

资产总额（万元）：7439

0056 兰州春宇印务有限责任公司

注 册 地：兰州市

主营业务：其他类印刷

从业人员数（人）：10

销售额（万元）：78

资产总额（万元）：101

0057 兰州煜丰印刷有限责任公司

注 册 地：兰州市

主营业务：其他类印刷

从业人员数（人）：7

销售额（万元）：31

资产总额（万元）：350

0058 兰州宏丰印刷有限公司

注 册 地：兰州市

主营业务：其他类印刷

从业人员数（人）：4

0059 兰州美嘉美彩色印刷有限公司

注 册 地：兰州市

主营业务：其他类印刷、包装装潢

从业人员数（人）：44

销售额（万元）：700，

资产总额（万元）：410

0060 兰州市城关区毅昌印刷厂

注 册 地：兰州市

主营业务：其他类印刷

从业人员数（人）：5

销售额（万元）：10

资产总额（万元）：35

0061 兰州精美不干胶标签印刷厂

注 册 地：兰州市

主营业务：其他类印刷

从业人员数（人）：3

销售额（万元）：13

资产总额（万元）：25

0062 兰州众和包装彩印有限公司

注 册 地：兰州市

主营业务：其他类印刷

从业人员数（人）：8

销售额（万元）：76

资产总额（万元）：85

0063 甘肃翅翔印务也有限公司

注 册 地：兰州市

主营业务：其他类印刷

从业人员数（人）：10

销售额（万元）：80

资产总额（万元）：90

0064 兰州广泽包装印刷有限公司

注 册 地：兰州市

主营业务：其他类印刷、包装装潢

从业人员数（人）：20

销售额（万元）：331

资产总额（万元）：705

0065 兰州卫生印刷厂

注 册 地：兰州市

主营业务：其他类印刷

从业人员数（人）：3

销售额（万元）：6.5

资产总额（万元）：10

0066 兰州立永商贸有限公司

注 册 地：兰州市

主营业务：其他类印刷

从业人员数（人）：4

销售额（万元）：84.33

资产总额（万元）：57.8

0067 兰州宜天印刷有限公司

注 册 地：甘肃兰州

主营业务：其他类印刷

从业人员数（人）：3

销售额（万元）：18

资产总额（万元）：30

0068 兰州敏明塑料制品有限责任公司

注 册 地：兰州市

主营业务：其他类印刷

从业人员数（人）：120

销售额（万元）：1800

资产总额（万元）：1364

0069 兰州红升印务有限公司

注 册 地：兰州市

主营业务：其他类印刷

从业人员数（人）：4

销售额（万元）：51

资产总额（万元）：69

0070 兰州凯德印刷有限公司

注 册 地：兰州市

主营业务：其他类印刷

从业人员数（人）：5

销售额（万元）：50

资产总额（万元）：100

0071 兰州凯锐包装彩印有限责任公司

注 册 地：兰州市

文化产品生产的辅助生产

主营业务：其他类印刷

从业人员数（人）：10

销售额（万元）：33.5517

资产总额（万元）：81.5122

0072 兰州市职业教育服务中心

注 册 地：兰州市

主营业务：其他类印刷

从业人员数（人）：13

销售额（万元）：138

资产总额（万元）：164

0073 兰州永忠印刷物资有限责任公司

注 册 地：兰州市

主营业务：其他类印刷

从业人员数（人）：12

销售额（万元）：35

资产总额（万元）：52

0074 甘肃广播电视报社金河彩色制版中心

注 册 地：兰州市

主营业务：其他类印刷

从业人员数（人）：10

销售额（万元）：711

资产总额（万元）：1971

0075 兰州市七里河区铁区印刷厂

注 册 地：兰州市

主营业务：其他类印刷

从业人员数（人）：8

销售额（万元）：28

资产总额（万元）：20

0076 兰州敏捷印务有限公司

注 册 地：兰州市

主营业务：其他类印刷

从业人员数（人）：2

销售额（万元）：20

资产总额（万元）：48

0077 兰州玉麒印刷有限责任公司

注 册 地：兰州市

主营业务：其他类印刷

从业人员数（人）：4

销售额（万元）：32

资产总额（万元）：69

0078 兰州双原彩印有限公司

注 册 地：兰州市

主营业务：其他类印刷

从业人员数（人）：15

销售额（万元）：931

资产总额（万元）：40

0079 甘肃长江印刷有限责任公司

注 册 地：兰州市

主营业务：其他类印刷

从业人员数（人）：6

销售额（万元）：17

资产总额（万元）：62

0080 兰州鸿彩印务有限公司

注 册 地：兰州市

主营业务：其他类印刷

从业人员数（人）：10

销售额（万元）：40

资产总额（万元）：200

0081 皋兰文汇彩色印刷厂

注 册 地：兰州市

主营业务：其他类印刷

从业人员数（人）：50

销售额（万元）：18

资产总额（万元）：17

0082 兰州古业朝华样本快印有限公司

注 册 地：兰州市
主营业务：其他类印刷
从业人员数（人）：48
销售额（万元）：931
资产总额（万元）：754

0083 兰州市榆中永丰塑料制品有限责任公司

注 册 地：兰州市
主营业务：其他类印刷
从业人员数（人）：120
销售额（万元）：1600
资产总额（万元）：1600

0084 兰州天成祥瑞印刷有限公司

注 册 地：兰州市
主营业务：其他类印刷
主要产品：其他类印刷品
从业人员数（人）：4
销售额（万元）：8
资产总额（万元）：52

0085 兰州鑫龙塑料包装彩印厂

注 册 地：兰州市
主营业务：其他类印刷
从业人员数（人）：10
销售额（万元）：95
资产总额（万元）：60

0086 兰州飞达塑料胶有限公司

注 册 地：兰州市
主营业务：其他类印刷
从业人员数（人）：5
销售额（万元）：35

资产总额（万元）：60

0087 西固新宇纸箱厂

注 册 地：兰州市
主营业务：其他类印刷、包装装潢
从业人员数（人）：5
销售额（万元）：18
资产总额（万元）：18

0088 兰州嘉禾印务有限责任公司

注 册 地：兰州市
主营业务：其他类印刷
从业人员数（人）：4
销售额（万元）：24
资产总额（万元）：62

0089 兰州东圣印务有限公司

注 册 地：兰州市
主营业务：其他类印刷
从业人员数（人）：10
销售额（万元）：30
资产总额（万元）：98

0090 兰州派力彩印包装有限公司

注 册 地：兰州市
主营业务：其他类印刷、包装装潢
从业人员数（人）：6
销售额（万元）：63
资产总额（万元）：52

0091 兰州三科友商贸有限公司

注 册 地：兰州市
主营业务：其他类印刷
从业人员数（人）：13
销售额（万元）：73.7
资产总额（万元）：98

0092 兰州博伦广告印刷厂

注 册 地：兰州市

主营业务：其他类印刷

从业人员数（人）：5

销售额（万元）：15

资产总额（万元）：15

0093 兰州金玉祥印刷有限责任公司

注 册 地：兰州市

主营业务：其他类印刷

从业人员数（人）：10

销售额（万元）：44.17

资产总额（万元）：61.8

0094 兰州华隆印刷有限责任公司

注 册 地：兰州市

主营业务：其他类印刷

从业人员数（人）：4

销售额（万元）：50

资产总额（万元）：28

0095 兰州市宏大印刷厂

注 册 地：兰州市

主营业务：其他类印刷

从业人员数（人）：5

销售额（万元）：12

资产总额（万元）：15

0096 兰州巨龙包装材料有限责任公司

注 册 地：兰州市

主营业务：其他类印刷

从业人员数（人）：30

销售额（万元）：169

资产总额（万元）：236

0097 甘肃前景数码图文设计有限公司

注 册 地：兰州市

主营业务：其他类印刷

从业人员数（人）：4

销售额（万元）：14

资产总额（万元）：50

0098 兰州殊轮印刷有限公司

注 册 地：兰州市

主营业务：其他类印刷

从业人员数（人）：7

销售额（万元）：30

资产总额（万元）：51

0099 兰州天意达包装有限公司

注 册 地：兰州市

主营业务：其他类印刷

从业人员数（人）：15

销售额（万元）：330

资产总额（万元）：99

0100 城关区春长印务商社

注 册 地：兰州市

主营业务：其他类印刷

从业人员数（人）：6

销售额（万元）：28.5

资产总额（万元）：60

0101 兰州伟宇图文设计制作有限公司

注 册 地：兰州市

主营业务：其他类印刷

从业人员数（人）：2

销售额（万元）：9

资产总额（万元）：49

0102 兰州百瑞印刷有限公司

注 册 地：兰州市

主营业务：其他类印刷

从业人员数（人）：6

销售额（万元）：27

资产总额（万元）：45

0103 兰州鸿利印务有限公司

注 册 地：兰州市

主营业务：其他类印刷

从业人员数（人）：4

销售额（万元）：15

资产总额（万元）：50

0104 兰州汇文发展有限公司

注 册 地：兰州市

主营业务：其他类印刷

从业人员数（人）：8

销售额（万元）：52

资产总额（万元）：47

0105 兰州立山印刷厂

注 册 地：兰州市

主营业务：其他类印刷

从业人员数（人）：2

销售额（万元）：30

资产总额（万元）：40

0106 兰州鑫诚印务有限公司

注 册 地：兰州市

主营业务：其他类印刷

从业人员数（人）：15

销售额（万元）：7.8

资产总额（万元）：8

0107 兰州广森彩印厂

注 册 地：兰州市

主营业务：其他类印刷

从业人员数（人）：2

销售额（万元）：5.6

资产总额（万元）：5.4

0108 兰州德林森印刷包装有限公司

注 册 地：兰州市

主营业务：其他类印刷

从业人员数（人）：6

销售额（万元）：10

资产总额（万元）：35

0109 榆中青龙印刷厂

注 册 地：兰州市

主营业务：其他类印刷

从业人员数（人）：3

销售额（万元）：8

资产总额（万元）：35

0110 兰州市城关区福音宝典印务中心

注 册 地：兰州市

主营业务：其他类印刷、包装装潢

从业人员数（人）：5

销售额（万元）：50

资产总额（万元）：50

0111 兰州华业鸿图印刷有限公司

注 册 地：兰州市

主营业务：其他类印刷

从业人员数（人）：9

销售额（万元）：40

资产总额（万元）：60

0112 兰州华睿印刷厂

注 册 地：兰州市

主营业务：其他类印刷

从业人员数（人）：6

销售额（万元）：12

资产总额（万元）：25

0113 兰州市城关区叶声印刷厂

注 册 地：兰州市

主营业务：其他类印刷

从业人员数（人）：4

销售额（万元）：15

资产总额（万元）：30

0114　兰州奥达印刷有限责任公司

注 册 地：兰州市

主营业务：其他类印刷

从业人员数（人）：3

销售额（万元）：19

资产总额（万元）：88

0115　兰州江辉塑料制品厂

注 册 地：兰州市

主营业务：其他类印刷

从业人员数（人）：10

销售额（万元）：162

资产总额（万元）：94

0116　兰州市城关区飞天印刷厂

注 册 地：兰州市

主营业务：其他印刷

从业人员数（人）：5

销售额（万元）：2

资产总额（万元）：2

0117　兰州宏瑞达印务有限公司

注 册 地：兰州市

主营业务：其他类印刷

主要产品：其他类印刷品

从业人员数（人）：14

销售额（万元）：350

资产总额（万元）：420

0118　兰州中恒教育企业中心

注 册 地：兰州市

主营业务：其他类印刷

从业人员数（人）：16

销售额（万元）：380

资产总额（万元）：230

0119　榆中新生印刷厂

注 册 地：兰州市

主营业务：其他类印刷

从业人员数（人）：5

销售额（万元）：18

资产总额（万元）：20

0120　榆中温兰彩印厂

注 册 地：兰州市

主营业务：其他类印刷

从业人员数（人）：12

销售额（万元）：80

资产总额（万元）：130

0121　兰州奋进印刷有限公司

注 册 地：兰州市

主营业务：其他类印刷

从业人员数（人）：2

销售额（万元）：18

资产总额（万元）：30

0122　兰州永生印刷厂

注 册 地：兰州市

主营业务：其他类印刷

从业人员数（人）：5

销售额（万元）：40

资产总额（万元）：50

0123　兰州华新印务有限责任公司

注 册 地：兰州市

主营业务：其他类印刷

从业人员数（人）：5

销售额（万元）：50

资产总额（万元）：70

0124 甘肃盛鼎广告装饰工程有限公司印刷厂

注 册 地：兰州市

主营业务：其他类印刷

从业人员数（人）：6

销售额（万元）：155.7

资产总额（万元）：399

0125 兰州丰润印刷有限公司

注 册 地：兰州市

主营业务：其他类印刷

从业人员数（人）：9

销售额（万元）：18

资产总额（万元）：60

0126 兰州龙之浩天印刷有限公司

注 册 地：兰州市

主营业务：其他类印刷、包装装潢

从业人员数（人）：20

销售额（万元）：84

资产总额（万元）：100

0127 兰州工人印刷厂

注 册 地：兰州市

主营业务：其他类印刷

从业人员数（人）：20

销售额（万元）：40

资产总额（万元）：30

0128 兰州华峰印刷有限公司

注 册 地：兰州市

主营业务：其他类印刷

从业人员数（人）：40

销售额（万元）：1100

资产总额（万元）：960

0129 兰州古印纸业数码印务有限公司

注 册 地：兰州市

主营业务：其他类印刷

从业人员数（人）：6

销售额（万元）：160

资产总额（万元）：100

0130 汇丰誉印社

注 册 地：兰州市

主营业务：其他类印刷

从业人员数（人）：6

销售额（万元）：20

资产总额（万元）：20

0131 甘肃瑞康印务有限责任公司

注 册 地：兰州市

主营业务：其他类印刷

从业人员数（人）：8

销售额（万元）：47.5

资产总额（万元）：90.3

0132 兰州市七里河区彭家坪二校印刷厂

注 册 地：兰州市

主营业务：其他类印刷

从业人员数（人）：7

销售额（万元）：47

资产总额（万元）：50

0133 兰州盛龙印刷厂

注 册 地：兰州市

主营业务：其他类印刷

从业人员数（人）：7

销售额（万元）：40

资产总额（万元）：50

0134 兰州博玺印刷有限公司

注 册 地：兰州市

主营业务：其他类印刷

从业人员数（人）：5

销售额（万元）：24

资产总额（万元）：60

0135 焦家湾南路博文印刷厂

注 册 地：兰州市

主营业务：其他类印刷

从业人员数（人）：4

销售额（万元）：13

资产总额（万元）：30

0136 兰州城关区华星印刷厂

注 册 地：兰州市

主营业务：其他类印刷

从业人员数（人）：5

销售额（万元）：20

资产总额（万元）：22

0137 兰州晋陇彩印制版有限责任公司

注 册 地：兰州市

主营业务：其他类印刷

从业人员数（人）：5

销售额（万元）：18

资产总额（万元）：31

0138 兰州万力彩印有限责任公司

注 册 地：兰州市

主营业务：其他类印刷

从业人员数（人）：10

销售额（万元）：192

资产总额（万元）：130

0139 甘肃省交通商贸总公司新跨越文印社

注 册 地：兰州市

主营业务：其他类印刷

从业人员数（人）：15

销售额（万元）：260

资产总额（万元）：70

0140 兰州鑫诚彩印厂

注 册 地：兰州市

主营业务：其他类印刷

从业人员数（人）：4

销售额（万元）：40

资产总额（万元）：46

0141 兰州古业朝华样本快印有限公司

注 册 地：兰州市

主营业务：其他类印刷

从业人员数（人）：48

销售额（万元）：931

资产总额（万元）：754

0142 兰州市城关区飞天印刷厂

注 册 地：兰州市

主营业务：其他类印刷

从业人员数（人）：5

销售额（万元）：2

资产总额（万元）：2

0143 兰州电力达能印刷厂

注 册 地：兰州市

主营业务：其他类印刷

从业人员数（人）：17

销售额（万元）：120

资产总额（万元）：90

0144 城关区雁儿湾育达印刷厂

注 册 地：兰州市

主营业务：其他类印刷

从业人员数（人）：5

销售额（万元）：20

资产总额（万元）：30

0145 兰州虹雨塑料彩印有限公司

注 册 地：兰州市

主营业务：其他类印刷

从业人员数（人）：18

销售额（万元）：10

资产总额（万元）：96

0146 兰州三科友商贸有限公司

注 册 地：兰州市

主营业务：其他类印刷

从业人员数（人）：13

销售额（万元）：73.7

资产总额（万元）：98

0147 榆中银山印刷厂

注 册 地：兰州市

主营业务：其他类印刷

从业人员数（人）：6

销售额（万元）：10

资产总额（万元）：50

0148 兰州金峰包装制品公司

注 册 地：兰州市

主营业务：其他类印刷、包装装潢

主要产品：其他类印刷品、包装装潢制品

从业人员数（人）：50

销售额（万元）：80

资产总额（万元）：120

0149 兰州彩冠印务有限公司

注 册 地：兰州市

主营业务：其他类印刷

从业人员数（人）：5

销售额（万元）：34

资产总额（万元）：54

0150 兰州友联立得商贸有限责任公司

注 册 地：兰州市

主营业务：其他类印刷

从业人员数（人）：3

销售额（万元）：100

资产总额（万元）：52

0151 兰州精业纸箱包装有限公司

注 册 地：兰州市

主营业务：纸箱包装

从业人员数（人）：30

销售额（万元）：2000

资产总额（万元）：853

0152 兰州市七里河区校办企业公司

注 册 地：兰州市

主营业务：其他类印刷

从业人员数（人）：6

销售额（万元）：37

资产总额（万元）：27

0153 城关区大沙坪佳福印刷厂

注 册 地：兰州市

主营业务：其他类印刷

从业人员数（人）：1

0154 甘肃兰恒塑胶有限公司

注 册 地：兰州市

主营业务：其他类印刷、包装装潢

从业人员数（人）：6

销售额（万元）：89

资产总额（万元）：571

0155 甘肃省信息中心印刷厂

注 册 地：兰州市

主营业务：其他类印刷

从业人员数（人）：6

销售额（万元）：6

资产总额（万元）：23.9

0156 兰州振华装璜印刷厂

注　册　地：兰州市

主营业务：其他类印刷

从业人员数（人）：4

销售额（万元）：9

资产总额（万元）：45

0157 兰州市榆中宏源塑料制品厂

注　册　地：兰州市

主营业务：其他类印刷

从业人员数（人）：50

销售额（万元）：1127

资产总额（万元）：594

0158 兰州广泽包装印刷有限公司

注　册　地：兰州市

主营业务：其他类印刷、包装装潢

从业人员数（人）：20

销售额（万元）：331

资产总额（万元）：705

0159 兰州飞天包装厂

注　册　地：兰州市

主营业务：其他类印刷

从业人员数（人）：15

销售额（万元）：200

资产总额（万元）：100

0160 榆中县福利包装厂

注　册　地：兰州市

主营业务：其他类印刷

从业人员数（人）：35

销售额（万元）：300

资产总额（万元）：540

0161 兰州诚信印务有限责任公司

注　册　地：兰州市

主营业务：其他类印刷

从业人员数（人）：3

销售额（万元）：5

资产总额（万元）：26

0162 兰州金诚印刷有限公司

注　册　地：兰州市

主营业务：其他类印刷

从业人员数（人）：6

0163 兰州天慧印务商贸有限公司

注　册　地：兰州市

主营业务：其他类印刷

从业人员数（人）：8

销售额（万元）：80

资产总额（万元）：120

0164 兰州长海塑料彩印有限公司

注　册　地：兰州市

主营业务：其他类印刷

从业人员数（人）：4

销售额（万元）：4.9

资产总额（万元）：73.6

0165 兰州赛拓印刷有限责任公司

注　册　地：兰州市

主营业务：其他类印刷

从业人员数（人）：8

销售额（万元）：42

资产总额（万元）：24

0166 兰州海天印刷厂

注　册　地：兰州市

主营业务：其他类印刷

从业人员数（人）：3

销售额（万元）：8.8

资产总额（万元）：16

0167　甘肃宏大投资开发集团有限公司印刷厂

注　册　地：兰州市

主营业务：其他类印刷

从业人员数（人）：3

销售额（万元）：20

资产总额（万元）：33

0168　兰州昊瑛物资有限责任公司

注　册　地：兰州市

主营业务：其他类印刷

从业人员数（人）：10

销售额（万元）：20

资产总额（万元）：180

0169　兰州晨扬印刷厂

注　册　地：兰州市

主营业务：其他类印刷

从业人员数（人）：4

销售额（万元）：15

资产总额（万元）：32

0170　兰州钰苑印务

注　册　地：兰州市

主营业务：其他类印刷

从业人员数（人）：2

销售额（万元）：10

资产总额（万元）：10

0171　兰州军区司令部保密印刷厂

注　册　地：兰州市

主营业务：其他类印刷

从业人员数（人）：52

销售额（万元）：300

资产总额（万元）：80

0172　兰州锦荣印刷有限公司

注　册　地：兰州市

主营业务：其他类印刷

从业人员数（人）：5

销售额（万元）：36

资产总额（万元）：28

0173　兰州兰鑫印刷厂

注　册　地：兰州市

主营业务：其他类印刷

从业人员数（人）：5

销售额（万元）：10

资产总额（万元）：10

0174　政协办公厅文印中心

注　册　地：兰州市

主营业务：其他类印刷

从业人员数（人）：9

销售额（万元）：23

0175　兰州文章工贸有限公司

注　册　地：兰州市

主营业务：其他类印刷、包装装潢

从业人员数（人）：400

销售额（万元）：3413

资产总额（万元）：5913

0176　兰州市城关区玉华印刷厂

注　册　地：兰州市

主营业务：其他类印刷

从业人员数（人）：3

销售额（万元）：28

资产总额（万元）：30

0177 兰州万鑫彩印有限公司

注 册 地：兰州市

主营业务：其他类印刷

从业人员数（人）：20

销售额（万元）：86

资产总额（万元）：70

0178 兰州旭亚商贸有限公司

注 册 地：兰州市

主营业务：其他类印刷

从业人员数（人）：4

销售额（万元）：49

资产总额（万元）：17

0179 兰州宇杰印刷有限公司

注 册 地：兰州市

主营业务：其他类印刷

从业人员数（人）：3

销售额（万元）：10

资产总额（万元）：30

0180 兰州市城关区友邦印刷厂

注 册 地：兰州市

主营业务：其他类印刷

从业人员数（人）：6

销售额（万元）：34

资产总额（万元）：37

0181 兰州永生印刷厂

注 册 地：兰州市

主营业务：其他类印刷

销售额（万元）：40

资产总额（万元）：50

0182 兰州华楷印务有限责任公司

注 册 地：兰州市

主营业务：其他类印刷

从业人员数（人）：4

销售额（万元）：2.8

资产总额（万元）：11.5

0183 兰州张翔广告印刷设计有限公司

注 册 地：兰州市

主营业务：其他类印刷

从业人员数（人）：4

销售额（万元）：30

资产总额（万元）：24

0184 兰州利生印刷有限公司

注 册 地：兰州市

主营业务：其他类印刷

从业人员数（人）：2

销售额（万元）：23

资产总额（万元）：16

0185 兰州宏顺包装材料有限公司

注 册 地：兰州市

主营业务：其他类印刷

从业人员数（人）：5

销售额（万元）：8

资产总额（万元）：51.2

0186 兰州正昌纸箱包装有限公司

注 册 地：兰州市

主营业务：包装装潢

从业人员数（人）：22

销售额（万元）：180，

资产总额（万元）：220

0187 兰州茗森印务有限公司

注 册 地：兰州市

主营业务：其他类印刷

从业人员数（人）：10

销售额（万元）：25

资产总额（万元）：80

0188 兰州宇杰印刷有限公司

注 册 地：兰州市

主营业务：其他类印刷

从业人员数（人）：3

销售额（万元）：10

资产总额（万元）：30

0189 兰州荣盛彩印厂

注 册 地：兰州市

主营业务：其他类印刷

从业人员数（人）：3

销售额（万元）：6

资产总额（万元）：8

0190 兰州圣杰印刷有限责任公司

注 册 地：兰州市

主营业务：其他类印刷

从业人员数（人）：5

销售额（万元）：35

资产总额（万元）：35

0191 甘肃劳动就业服务印刷厂

注 册 地：兰州市

主营业务：其他类印刷

从业人员数（人）：12

销售额（万元）：18

资产总额（万元）：30

0192 兰州恒兴商贸有限责任公司

注 册 地：兰州市

主营业务：其他类印刷

从业人员数（人）：2

销售额（万元）：9

资产总额（万元）：38

0193 炫丽印刷包装厂

注 册 地：兰州市

主营业务：包装装潢

从业人员数（人）：7

销售额（万元）：113

资产总额（万元）：70

0194 兰州枫林印刷有限公司

注 册 地：兰州市

主营业务：其他类印刷

从业人员数（人）：3

销售额（万元）：20

资产总额（万元）：46

0195 兰州市万达电脑综合服务有限公司

注 册 地：兰州市

主营业务：其他类印刷

从业人员数（人）：3

销售额（万元）：13

资产总额（万元）：13

0196 兰州赛鑫彩色印刷有限公司

注 册 地：兰州市

主营业务：其他类印刷

从业人员数（人）：7

销售额（万元）：95

资产总额（万元）：45

0197 甘肃万慧印务公司

注 册 地：兰州市

主营业务：其他类印刷

从业人员数（人）：10

销售额（万元）：13.176659

资产总额（万元）：91

0198 兰州盛隆纸塑彩印有限公司

注 册 地：兰州市

主营业务：其他类印刷

从业人员数（人）：12

销售额（万元）：75

资产总额（万元）：80

0199 兰州中成电力物业有限公司

注 册 地：兰州市

主营业务：其他类印刷

从业人员数（人）：20

销售额（万元）：110

资产总额（万元）：30

0200 甘肃金税印刷厂

注 册 地：兰州市

主营业务：其他类印刷

从业人员数（人）：30

销售额（万元）：380

资产总额（万元）：3150

0201 兰州西固结力塑料厂

注 册 地：兰州市

主营业务：其他类印刷

从业人员数（人）：6

销售额（万元）：31

资产总额（万元）：39

0202 兰州精彩包装有限公司

注 册 地：兰州市

主营业务：包装装潢

从业人员数（人）：35

销售额（万元）：2000

资产总额（万元）：586

0203 榆中张华塑料编织厂

注 册 地：兰州市

主营业务：其他类印刷

从业人员数（人）：20

销售额（万元）：800

资产总额（万元）：500

0204 甘肃兴万泰印刷有限公司

注 册 地：兰州市

主营业务：其他类印刷

从业人员数（人）：15

销售额（万元）：200

资产总额（万元）：190

0205 甘肃新华印刷厂特种印刷经营部

注 册 地：兰州市

主营业务：其他类印刷

从业人员数（人）：5

销售额（万元）：11.5

资产总额（万元）：26

0206 新信印刷厂

注 册 地：兰州市

主营业务：其他类印刷

从业人员数（人）：12

销售额（万元）：37

资产总额（万元）：80

0207 兰州银化印刷厂

注 册 地：兰州市

主营业务：其他类印刷

从业人员数（人）：5

销售额（万元）：25

资产总额（万元）：65

0208 榆中县兴隆印刷厂

注 册 地：兰州市

主营业务：其他类印刷

从业人员数（人）：3

销售额（万元）：8

资产总额（万元）：45

0209 兰州利君印务有限公司

注 册 地：兰州市

主营业务：其他类印刷

从业人员数（人）：4

销售额（万元）：30

资产总额（万元）：56

0210 兰州黄河印刷厂

注 册 地：兰州市

主营业务：其他类印刷

从业人员数（人）：15

销售额（万元）：32

资产总额（万元）：26

0211 兰州市城关区宏运印刷厂

注 册 地：兰州市

主营业务：其他类印刷

从业人员数（人）：2

销售额（万元）：6

资产总额（万元）：8

0212 兰州时美数码图文快印有限公司

注 册 地：兰州市

主营业务：其他类印刷

从业人员数（人）：4

销售额（万元）：40

资产总额（万元）：40

0213 兰州森杰包装有限公司

注 册 地：兰州市

主营业务：其他类印刷

从业人员数（人）：30

销售额（万元）：700

资产总额（万元）：380

0214 兰州科陇印刷有限公司

注 册 地：兰州市

主营业务：其他类印刷

从业人员数（人）：10

销售额（万元）：48

资产总额（万元）：110

0215 兰州鑫泰印刷有限公司

注 册 地：兰州市

主营业务：其他类印刷

从业人员数（人）：30

销售额（万元）：700

资产总额（万元）：520

0216 兰州兴盛印刷厂

注 册 地：兰州市

主营业务：其他类印刷

从业人员数（人）：5

销售额（万元）：10

资产总额（万元）：45

0217 兰州金瑞印刷厂

注 册 地：兰州市

主营业务：其他类印刷

从业人员数（人）：16

销售额（万元）：392.8

资产总额（万元）：88

0218 兰州一鼎华美印业有限公司

注 册 地：兰州市

主营业务：其他类印刷

从业人员数（人）：5

销售额（万元）：80

资产总额（万元）：93

0219 兰州宏达印务有限责任公司

注 册 地：兰州市

主营业务：其他类印刷

从业人员数（人）：8

销售额（万元）：42

资产总额（万元）：277

0220 兰州东兰塑料彩印包装材料有限责任公司

注 册 地：兰州市

主营业务：其他类印刷、包装装潢

从业人员数（人）：80

销售额（万元）：3600

资产总额（万元）：3100

0221 兰州万捷印务有限公司

注 册 地：兰州市

主营业务：其他类印刷

从业人员数（人）：6

销售额（万元）：36

资产总额（万元）：54

0222 安宁新安印刷厂

注 册 地：兰州市

主营业务：其他类印刷

从业人员数（人）：20

销售额（万元）：25

资产总额（万元）：35

0223 兰州市安宁五一印刷厂

注 册 地：兰州市

主营业务：其他类印刷

从业人员数（人）：15

销售额（万元）：170

资产总额（万元）：251

0224 兰州春宇印务有限责任公司

注 册 地：兰州市

主营业务：其他类印刷

从业人员数（人）：10

销售额（万元）：78

资产总额（万元）：101

0225 兰州市七里河华山印刷厂

注 册 地：兰州市

主营业务：其他类印刷

从业人员数（人）：2

销售额（万元）：3

资产总额（万元）：8

0226 兰州鸿源印刷有限公司

注 册 地：兰州市

主营业务：其他类印刷

从业人员数（人）：3

销售额（万元）：10

资产总额（万元）：50

0227 兰州诚信印刷厂

注 册 地：兰州市

主营业务：其他类印刷

从业人员数（人）：4

销售额（万元）：17.8

资产总额（万元）：81

0228 兰州金盛包装印刷厂

注 册 地：兰州市

主营业务：其他类印刷、包装装潢

从业人员数（人）：10

销售额（万元）：35

资产总额（万元）：60

0229 兰州铁轮印务有限责任公司

注 册 地：兰州市

主营业务：其他类印刷

从业人员数（人）：10

销售额（万元）：130

资产总额（万元）：300

0230 兰州市城关区龙广印刷厂

注　册　地：兰州市
主营业务：其他类印刷
从业人员数（人）：4
销售额（万元）：3
资产总额（万元）：10

0231 兰州丽德彩印有限公司

注　册　地：兰州市
主营业务：其他类印刷
从业人员数（人）：6
销售额（万元）：40
资产总额（万元）：38

0232 兰州色普彩色印刷包装有限责任公司

注　册　地：兰州市
主营业务：其他类印刷、包装装潢
从业人员数（人）：15
销售额（万元）：260
资产总额（万元）：172

0233 兰州通达微机排版服务部

注　册　地：兰州市
主营业务：其他类印刷
从业人员数（人）：5

0234 榆中县城关镇城关印刷厂

注　册　地：兰州市
主营业务：其他类印刷
从业人员数（人）：13
销售额（万元）：100，
资产总额（万元）：100

0235 兰州润宇印刷厂

注　册　地：兰州市
主营业务：其他类印刷
从业人员数（人）：2
销售额（万元）：10
资产总额（万元）：52

0236 兰州金轮印务有限公司

注　册　地：兰州市
主营业务：其他类印刷
从业人员数（人）：4
销售额（万元）：35
资产总额（万元）：35

0237 榆中县宏源印刷厂

注　册　地：兰州市
主营业务：其他类印刷
从业人员数（人）：6
销售额（万元）：30
资产总额（万元）：40

0238 兰州聚源纸箱包装有限责任公司

注　册　地：兰州市
主营业务：包装装潢
从业人员数（人）：10
销售额（万元）：125
资产总额（万元）：50

0239 兰州华德印务有限责任公司

注　册　地：兰州市
主营业务：其他类印刷
从业人员数（人）：2
销售额（万元）：25
资产总额（万元）：50

0240 兰州嘉艺印刷厂

注　册　地：兰州市

文化产品生产的辅助生产

主营业务：其他类印刷

从业人员数（人）：3

销售额（万元）：16

资产总额（万元）：20

0241 兰州麦朵广告设计有限公司

注　册　地：兰州市

主营业务：其他类印刷

从业人员数（人）：11

销售额（万元）：397.8

资产总额（万元）：241.45

0242 兰州中凯工贸有限责任公司包装材料厂

注　册　地：兰州市

主营业务：包装装潢

从业人员数（人）：230

销售额（万元）：300

资产总额（万元）：500

0243 兰州明辉印刷有限公司

注　册　地：兰州市

主营业务：其他类印刷

从业人员数（人）：5

销售额（万元）：30

资产总额（万元）：40

0244 兰州西固八盘印刷厂

注　册　地：兰州市

主营业务：其他类印刷

从业人员数（人）：2

销售额（万元）：5

资产总额（万元）：5

0245 兰州和盛印刷有限公司

注　册　地：兰州市

主营业务：其他类印刷

从业人员数（人）：8

销售额（万元）：10.5

资产总额（万元）：108

0246 兰州市城关区恒祥鑫印刷厂

注　册　地：兰州市

主营业务：其他类印刷

从业人员数（人）：5

销售额（万元）：15

资产总额（万元）：40

0247 兰州天地创意印务有限公司

注　册　地：兰州市

主营业务：其他类印刷

从业人员数（人）：6

销售额（万元）：28

资产总额（万元）：185

0248 兰州永强印刷有限责任公司

注　册　地：兰州市

主营业务：其他类印刷

从业人员数（人）：13

销售额（万元）：135.7

资产总额（万元）：110

0249 兰州恒泰印务有限公司

注　册　地：兰州市

主营业务：其他类印刷

从业人员数（人）：20

销售额（万元）：326

资产总额（万元）：212

0250 兰州华园印刷厂

注　册　地：兰州市

主营业务：其他类印刷

从业人员数（人）：4

销售额（万元）：20

资产总额（万元）：40

0251 兰州泰昌数码印刷有限公司

注　册　地：兰州市

主营业务：其他类印刷

从业人员数（人）：15

销售额（万元）：80

资产总额（万元）：76.7

0252 兰州市第四十六中学印刷厂

注　册　地：兰州市

主营业务：其他类印刷

从业人员数（人）：4

销售额（万元）：11

资产总额（万元）：7

0253 兰州启宏彩印包装有限责任公司

注　册　地：兰州市

主营业务：其他类印刷

从业人员数（人）：3

销售额（万元）：30

资产总额（万元）：70

0254 兰州睿超源印刷有限公司

注　册　地：兰州市

主营业务：其他类印刷

从业人员数（人）：5

销售额（万元）：23

资产总额（万元）：105

0255 兰州麦迪印刷有限责任公司

注　册　地：兰州市

主营业务：其他类印刷

从业人员数（人）：5

销售额（万元）：18

资产总额（万元）：50

0256 兰州仁和印刷厂

注　册　地：兰州市

主营业务：其他类印刷

从业人员数（人）：6

销售额（万元）：28

资产总额（万元）：52

0257 兰州财富印务有限责任公司

注　册　地：兰州市

主营业务：其他类印刷

从业人员数（人）：5

销售额（万元）：13

资产总额（万元）：47

0258 兰州傲森彩色印刷有限公司第一公司

注　册　地：兰州市

主营业务：其他类印刷

从业人员数（人）：12

销售额（万元）：240

资产总额（万元）：160

0259 兰州东之印刷厂

注　册　地：兰州市

主营业务：其他类印刷

从业人员数（人）：4

销售额（万元）：14

资产总额（万元）：41

0260 兰州宏阳电脑排版印刷有限责任公司

注　册　地：兰州市

主营业务：其他类印刷

从业人员数（人）：5

销售额（万元）：30

资产总额（万元）：45

0261 兰州新乐印刷厂

注 册 地：兰州市

主营业务：其他类印刷

主要产品：其他类印刷品

从业人员数（人）：12

销售额（万元）：33

资产总额（万元）：21

0262 甘肃中盛恒泰网络科技有限责任公司

注 册 地：兰州市石家沟 2 号

主营业务：设计、制作、代理各类广告；计算机技术开发及系统集成；企业管理咨询及市场营销策划；计算机、软硬件及辅助设备、五金交电、电子产品、电线电缆、机电设备、工量刃具、仪器仪表、建筑材料、装潢材料、卫生洁具、陶瓷制品、橡塑制品、化工原料及产品、办公设备、文体用品、日用百货、包装材料、金属材料、阀门、园林苗木（不含种子种苗）、管道配件、轴承、酒店设备、工艺品的批发、零售；各类商品和技术的进出口

0263 甘肃彩虹摄影器材有限责任公司

注 册 地：兰州市秦安路 106 号

主营业务：照像器材、百货、机电产品（不含小轿车）、金属材料（不含贵金属）的批发、零售，摄影

0264 兰州百分文化产业有限公司

注 册 地：兰州市城关区

主营业务：文化项目投资管理咨询；文化艺术交流活动策划（不含演出及经纪人服务）；企业形象策划、大型活动策划；平面设计、室内外装饰设计；广告设计、制作、发布；工艺美术品开发设计

从业人员数（人）：2

销售额（万元）：10

资产总额（万元）：1000

0265 兰州聚星文化教育咨询有限公司

注 册 地：兰州市城关区

主营业务：教育咨询，会展服务，婚庆服务

从业人员数（人）：1

资产总额（万元）：1

0266 甘肃天问文化发展传播有限公司

注 册 地：兰州市城关区甘南路 66 号

主营业务：文化发展与研究；文化艺术交流活动的组织策划、企业文化推广策划；国内各类广告的设计、发布；书刊编辑、出版项目的咨询；教育信息咨询；商务信息咨询；会务会展服务

从业人员数（人）：4

资产总额（万元）：98

0267 兰州艺元素文化传播有限公司

注 册 地：兰州市城关区

主营业务：彩视制作；各类广告策划、设计、代理、制作、发布；影视策划与咨询；企业形象策划、展览展示服务；公关礼仪服务；文化艺术交流活动

主要产品：《神奇东乡》、《兰通厂企业形象片》、《三江源神草广告片》等

从业人员数（人）：3

销售额（万元）：50

资产总额（万元）：50

简　　介：兰州艺元素文化传播有限公司是集策划、创意、设计、制作于一身的专业影视制作机构，业务范围包括数字电影摄制、微电影摄制、城市形象片摄制、企业宣传片摄制、企业专题片摄制、广告片摄制、三维动画摄制、影视作品调色、数字音频制作、影视作品录音、专业配音、影视后期制作、大小型晚会策划摄制以及高端婚礼 MV

摄制。

0268 兰州金宸文化传播有限公司

注 册 地：兰州市城关区金昌路 25 号

主营业务：文化艺术交流策划；会务会展服务；企业形象策划；礼仪服务；图文设计制作；设计、制作、代理、发布各类广告；办公用品及耗材、工艺品、日用百货、电子产品（不含卫星地面接收设施）的销售；计算机信息技术领域的技术开发、服务、咨询

主要产品：文化创意设计服务；企业形象设计；礼仪服务；图文设计制作

从业人员数（人）：2

销售额（万元）：50

资产总额（万元）：50

0269 兰州龙文化传播有限公司

注 册 地：兰州市城关区排洪沟 5 号

主营业务：文化艺术交流活动策划；会议会展服务、礼仪庆典服务；国内各类广告的设计、制作、发布；演出道具的制作出租

从业人员数（人）：5

销售额（万元）：3

资产总额（万元）：10

简　　介：兰州龙文化传播有限公司是 2006 年在兰州注册成立，提供演出与制作、大型庆典促销服务，涉影视、房地产、IT 等众多行业。

0270 甘肃鼎鑫文化传播有限公司

注 册 地：兰州市城关区科技街 1 号庆阳大厦 C 区

主营业务：工艺品、文化产品、办公用品、日用百货、农副土特产品、预包装食品的批发、零售、文化交流、会议会展服务；创意设计、文化艺术的创作；网络推广、电子商务；动漫、电影、电视剧的制作

主要产品：庆阳香包、皮影、剪纸、地毯、刻葫芦、洮砚、夜光杯、铜奔马、唐卡、纸织画、雕漆、敦煌飞天等

从业人员数（人）：45

销售额（万元）：2865

资产总额（万元）：6812

简　　介：甘肃鼎鑫文化传播有限公司成立于 2008 年 6 月 28 日，下设 4 个子公司和 4 个办事处。公司秉承"保护传承华夏文明，创新发展文化产业"的宗旨，主要从事甘肃省非物质文化遗产、民俗文化、民族文化、民间艺术等项目的保护传承和创新发展工作。

0271 甘肃星丝路文化传媒有限公司

注 册 地：兰州市城关区张苏滩 573 号

主营业务：组织文化艺术交流活动（不含营业性演出及经纪活动）；设计、制作、代理、发布国内各类广告（国家限制的广告除外）；企业管理咨询服务、经济信息咨询（不含证券）；展示设计、会议及展览服务

0272 未来四方集团拍卖有限公司

注 册 地：兰州市城关区张掖路 143 号

主营业务：国家法律、法规允许的动产、不动产、无形资产、产权交易及财产权力的拍卖等；第一、二、三类文物的拍卖（均凭批准证书有效期经营）；人员培训（法律法规限定的除外）；咨询服务

销售额（万元）：1894

资产总额（万元）：15084

0273 甘肃枫实远志文化传媒有限责任公司

注 册 地：兰州市城关区雁北路 1264 号

主营业务：文化创作及艺术品展览；文化商务活动组织策划、影视活动策划宣传、会议

会展组织策划；广告设计、制作、发布、代理、礼仪服务；文化传媒投资咨询、企业管理咨询服务；旅游文化开发、文化艺术开发服务；企业形象设计

0274 甘肃利宸文化传媒有限公司

注 册 地：兰州市城关区张掖路 81 号中环广场 D 塔

主营业务：文化艺术交流策划服务、企业管理咨询服务、市场营销策划、礼仪服务、摄影服务、商务信息咨询服务（不含证券）、会务会展服务；设计、制作、发布、代理国内各类广告（国家行政许可限定的广告除外）；网站的建设与维护

0275 甘肃伯乐商务咨询服务有限责任公司

注 册 地：兰州市城关区皋兰路街道郑家台116 号

主营业务：企业管理咨询及服务、企业形象策划、市场营销策划、会议会展服务、礼仪服务、商务信息咨询服务（不含证券）；汽车代驾服务；设计、制作、代理、发布国内各类广告（国家限制的广告除外）；打字、复印、传真服务；办公用品、计算机及辅助材料、文化用品、工艺品的销售

0276 甘肃浩迪信息科技技术有限公司

注 册 地：兰州市城关区白银路街道安定门外 10 号

主营业务：商务信息咨询（不含证券）、会议会展咨询、市场调研、礼仪庆典服务、摄影服务、室内外装饰工程

0277 甘肃昌圣文化产业有限公司

注 册 地：兰州市城关区绣河沿 49 号

主营业务：文化产业的开发；餐饮管理；酒

店管理；工艺美术品的设计、策划；会议会展服务；文化艺术策划

资产总额（万元）：5188

0278 甘肃钰盛项目投资有限公司

注 册 地：兰州市城关区团结新村街道定西路 33 号

主营业务：城市建设、商业、教育项目投资；会议及会展服务、企业营销策划、企业形象策划、企业管理咨询、商务信息咨询（不含证券）；文化艺术交流活动组织策划

0279 甘肃华夏旅游文化股份有限公司

注 册 地：兰州市城关区东岗西路街道农民巷 2 号

主营业务：影视策划，企业形象策划，组织文化交流活动（不含演出），组织人员培训，旅游会展业务

资产总额（万元）：998

0280 大艺源文化传媒股份有限公司

注 册 地：兰州市城关区雁宁路 395 号

主营业务：文化艺术交流、舞美艺术、会展服务、商务信息咨询；动漫产品设计开发；广告设计、广告发布代理；计算机软硬件、广告耗材、专用设备、音响设备、艺术品（不含文物）、电子产品（不含卫星地面接收设备）、产业投资开发

0281 甘肃裕东文化传播有限责任公司

注 册 地：兰州市城关区五泉路 76 号

主营业务：设计、制作、代理、发布国内各类广告（不含国家限制广告）；组织文化艺术交流活动（不含演出）、影视策划；商务信息服务（不含证券）、经济贸易咨询服务、企业管理咨询、会议及会展服务

0282 甘肃省交通文化传媒有限公司

注 册 地：兰州市城关区永昌路 2 号

主营业务：甘肃省内各等级公路沿线各类户外媒体广告的设计、制作、代理、发布；公益性媒体广告的策划实施；公路文化传媒新技术、新材料、新产品的研发及推广服务；交通文化传媒项目的投资及咨询服务；文化传媒方面的会展服务；企业管理服务；信息咨询服务（不含中介）；劳务服务；文化用品、办公用品的销售

销售额（万元）：291

资产总额（万元）：640

0283 铁道部第一勘测设计院文整经营部

注 册 地：兰州市城关区民主东路 351-9B 号

主营业务：各类图纸、文件的印刷、复制；办公设备、纸张、文化用品、五金交电

0284 甘肃永新国际商贸城股份有限公司

注 册 地：兰州市城关区东岗东路 1583 号永新国际商贸城

主营业务：市场管理开发；房屋租赁；设计、制作、发布、代理国内各类广告；商务信息咨询、会务会展服务、企业形象策划、文化用品、工艺品、体育用品、办公用品、计算机软件及辅助设备、数码产品、通讯设备（不含卫星地面接收设备）

0285 甘肃独印文化传媒有限公司

注 册 地：兰州市城关区庆阳路 105 号

主营业务：文化艺术交流策划、舞台艺术策划、企业形象策划、市场营销策划、企业管理咨询、商务信息咨询（不含证券）、图文设计制作、会展服务、礼仪服务、摄影服务、设计、制作、代理、发布各类广告（不含国

家行政许可限制的广告）；工艺品、电子产品（不含卫星地面接收设施）、文化用品

0286 兰州智创盛世文化传播有限公司

注 册 地：兰州市城关区庆阳路 291 号

主营业务：庆典礼仪；会议会展服务；婚礼组织策划；企业文化宣传；广告制作、设计；会议系统安装；LED 灯光亮化设计安装

从业人员数（人）：15

销售额（万元）：30

资产总额（万元）：200

简 介：兰州智创盛世文化传播有限公司是一家专业从事会展庆典咨询、策划、服务、组织、执行的专门机构。服务内容包括开业庆典、周年庆典、开工、开盘、落成仪式、各类纪念庆典仪式；会议、展览、各类促销活动；大型文艺晚会、各类礼仪庆典的组织实施。

0287 甘肃锦锐教育咨询有限公司

注 册 地：兰州市城关区庆阳路 488 号

主营业务：教育咨询、企业管理咨询、人力资源管理咨询；会务会展服务；组织文化艺术交流活动

从业人员数（人）：5

销售额（万元）：17

资产总额（万元）：216

0288 甘肃西北文化艺术品产权交易中心有限公司

注 册 地：兰州市城关区庆阳路 350 号

主营业务：文化艺术品、工艺品、珠宝首饰、金属材料的销售；企业管理咨询；经济信息咨询服务（不含证券）；组织文化艺术交流活动（不含演出）；承办展览展示活动；会议组织服务；设计、制作、代理、发布国内各类广告（国家限制的广告除外）

主要产品：文化艺术品、工艺品、珠宝首饰、金属材料

0289 甘肃同利达商贸有限公司

注 册 地：甘肃省兰州市城关区静宁路 275 号

主营业务：文化用品、办公用品、数码产品、通讯设备、工艺礼品、电子产品、通用机械、专用设备、商务信息咨询、企业营销策划、企业形象设计、会议会展服务；市场管理开发；自有房屋租赁

0290 甘肃宏泰龙拍卖有限公司

注 册 地：兰州市城关区静宁路 100 号

主营业务：国家法律、法规允许拍卖的各种动产、不动产、无形资产、产权交易及财产权利的拍卖

0291 甘肃西部华银实业有限公司

注 册 地：兰州市安宁区万新南路 58 号

主营业务：能源工程、农业工程、环保工程、网络技术、会展服务、市场营销策划；企业管理；商务咨询

0292 甘肃新华飞天文化集市商贸有限公司

注 册 地：甘肃省兰州市城关区曹家巷 1 号

主营业务：民俗民间工艺品、旅游文化产品的设计研发，产品收购，精细加工，市场营销；民俗民间工艺品、旅游文化产品的推介，会展，人才咨询培训。宣传及推广国内国外贸易，进行文化学术交流及产品展览，大型礼仪庆典活动策划、企业形象设计；农产品销售

0293 甘肃陇盛绿色科技发展股份有限公司

注 册 地：兰州市城关区雁南路 279 号

主营业务：生物工程技术开发、应用；计算机软件开发、应用；计算机硬件设备及办公用品销售服务；高科技成果转化、推广及咨询服务；信息技术服务；现代农业项目孵化、基地建设、服务（商务活动咨询与服务）；农产品项目可行性研究；农产品会展服务、出口代理咨询；非公有制企业、农民专业合作社、农民生产创业辅导培训（不含学历教育）；农资、农机、良种推广、农业生产生活资料商务服务

资产总额（万元）：3942

0294 甘肃汇金商贸有限公司

注 册 地：兰州市城关区甘南路 771 号

主营业务：文化用品、纺织品、劳保用品、金属材料、家用电器、电脑及耗材、办公用品、家俱、农副产品（不含粮食）、电线电缆的批发、零售；会展会务服务；广告制作发布

销售额（万元）：13

资产总额（万元）：97

0295 甘肃三力会展服务有限公司

注 册 地：兰州市城关区甘南路 62 号中广金色家园

主营业务：会务会展服务、礼仪庆典服务；文化艺术交流活动的策划组织；国内各类广告设计

从业人员数（人）：4

销售额（万元）：29.01

资产总额（万元）：459.39

0296 甘肃省产权交易所有限责任公司

注 册 地：兰州市城关区张掖路 87 号

主营业务：受托受理产权、资产及非上市企业股权的转让、破产财产拍卖；贷款抵押物、担保物品的出售、拍卖；企业并购、改制的策划和包装上市；企业破产清算服务；企业产（股）权转让、交易鉴证服务；非上市企

业的股权登记、托管及更名过户服务；代办分红派息；办理股权质押登记服务；信息咨询服务

销售额（万元）：869

资产总额（万元）：3053

0297 甘肃飞视艺术拓展有限责任公司

注 册 地：兰州市城关区兰州市城关区段家滩路 536 号

主营业务：以广播影视专业各类艺术培训、技术培训为主业，同时开展培训教材及相关音像制品制作发行、旅游、会展、演艺、商贸、物流、租赁等多种经营

0298 甘肃供销食文化开发有限公司

注 册 地：兰州市城关区临夏路街道中山路 30 号

主营业务：食文化开发、培训、咨询、网站建设、会展、广告、电子商务、特许连锁经营、品牌加盟

0299 兰州旭日峰成企业管理咨询有限公司

注 册 地：兰州市城关区临夏路街道萃英门 24 号

主营业务：企业管理咨询、企业营销策划、礼仪庆典服务、文化艺术交流活动组织策划、会务会展服务

从业人员数（人）：3

销售额（万元）：3.7

资产总额（万元）：52

0300 甘肃麦多文化传播有限公司

注 册 地：兰州市城关区临夏路 35 号

主营业务：国内外各类广告设计、制作、发布及代理；摄影服务；会务服务；礼仪服务；文化艺术交流策划（不含演出）；舞台艺术

造型策划；企业形象策划；市场营销策划；商务信息咨询，企业管理咨询，文化投资咨询；电子产品（不含地面卫星接收设施）、工艺礼品、办公用品、文化用品、广告材料的批发、零售；互联网信息技术的开发

主要产品：画册

从业人员数（人）：12

销售额（万元）：398

资产总额（万元）：300

0301 甘肃天园长城拍卖有限公司

注 册 地：兰州市城关区滩尖子 66 号

主营业务：国家法律、行政法规允许范围内的物品、财产和权利的拍卖

0302 甘肃智冠信息科技有限公司

注 册 地：兰州市城关区民主西路 97 号

主营业务：计算机软硬件研究、开发及配套产品的销售；通讯设备、电子设备的技术服务；电子产品、通信器材、办公用品的销售；电子商务信息服务、会议及会展策划服务

0303 甘肃珠峰彩扩摄影器材总公司民主西路经营部

注 册 地：兰州市城关区民主西路 86-1 号

主营业务：摄影业、彩扩、照相设备器材、灯箱片制作

销售额（万元）：632

资产总额（万元）：246474

0304 读者甘肃数码科技有限公司

注 册 地：兰州市城关区南滨河东路 520 号

主营业务：软件、硬件开发、销售及维护；电子产品的生产和销售；教育仪器及设备的批发、零售；网络技术服务（不含互联网）；电子阅读器的生产、销售与内容推广；电子出版物（限于电子书）总发行业务；电子出

版物（限于电子书）复制业务，包括：出版物内容的数字转换、编辑加工、数字芯片植入；电子版权贸易；企业管理咨询；通讯设备的生产、销售；商业贸易；文化教育产品；工艺品销售；商品进出口贸易（国家限制的进出口除外）；互联网出版经营业务，包括：中国内地已正式出版的图书、期刊内容的网络（含手机网络）传播；增值电信经营业务，包括：第二类增值电信业务中的信息服务业务（仅限互联网信息服务），互联网信息服务不含新闻、教育、医疗保健、药品和医疗器械、电子公告，含出版、文化、广播电影电视节目内容；电子商务；广告代理、发布业务。（依法须经批准的项目，经相关部门批准后方可开展经营活动）

销售额（万元）：545

资产总额（万元）：1107

0305 甘肃藏古文化产业有限公司

注 册 地：兰州市城关区贤后街 69 号

主营业务：文化艺术交流策划、文化产业开发；会议会展服务；图文设计制作；茶具、家具、艺术品的批发、零售

0306 壹佳投资控股有限公司

注 册 地：兰州市

主营业务：投资及投资咨询；投资管理及投资管理咨询；珠宝玉器、金银制品、古玩书画、工艺品的销售；寄存服务；会议会展服务

销售额（万元）：100

资产总额（万元）：6189

0307 甘肃东方菁华国际教育文化交流有限公司

注 册 地：兰州市城关区静宁路 105 号

主营业务：国际文化交流服务；企业形象设计、营销策划、企业管理的咨询服务；会议会展服务；设计、制作、代理、发布各类广告；翻译服务；摄影服务；各类商品和技术的进出口；电子产品（不含卫星地面接收设施）、办公用品的批发、零售

0308 甘肃正德拍卖有限公司

注 册 地：兰州市城关区南昌路 1674 号

主营业务：国家法律、行政法规规定允许范围内的拍卖

0309 甘肃广电网络传媒有限责任公司

注 册 地：兰州市城关区东岗西路 226 号

主营业务：设计、制作、发布、代理国内各类广告；文化产业推广、文化交流及咨询、会展会务组织及大型活动接待；专业技术培训及婚庆服务

资产总额（万元）：500

0310 甘肃会展文化传播有限责任公司

注 册 地：兰州市城关区北滨河路东 1 号

主营业务：会展中心建筑群室内外广告营销、资源开发、咨询、代理发布服务；国内各类广告的策划设计制作、工艺品设计制作及礼品服务；多媒体及影视设计制作；三维及动漫设计制作；婚庆庆典、模特及礼仪服务；摄影摄像、会议、展览展示服务；文化艺术交流及公关活动，企业形象策划；明星经纪及演出，舞台艺术造型策划；舞台器材及设备租赁（不含融资租赁）

销售额（万元）：316

资产总额（万元）：214

0311 甘肃众汇文化传媒有限责任公司

注 册 地：兰州市城关区九州中路 64 号

主营业务：文化艺术交流策划、展览；文化宣传活动的策划、设计；企业形象设计；公

关活动、市场营销策划；企业年会策划、组织；商务会议、会展的组织与服务；电脑图文、普通音视频设计、制作；设计制作发布代理国内各类广告；庆典、礼仪、产品发布会的策划、组织、咨询服务；企业管理咨询服务；摄影、摄像、制片服务；文化用品、工艺品的销售

0312 甘肃天启文化产业有限公司

注 册 地：兰州市九州中路 1258 号

主营业务：文化产业项目的投资及投资咨询；房地产开发、商品房销售（凭资质证）；机电设备安装工程施工（凭资质证）；投资管理及投资管理咨询；酒店管理服务；新技术开发、技术转让；商务信息服务、企业形象策划、企业公关活动策划、企业营销策划；经济信息咨询（不含证券）；展览展示活动及会议的策划及承办

主要产品：商品房销售、机电设备安装工程施工、投资管理及投资管理咨询

0313 兰州资产拍卖行

注 册 地：兰州市平凉路 174 号

主营业务：需拍卖的国有资产；缉私没收的财产；行政执法机关罚没、收缴的财产；司法机关罚没、收缴的财产损；行政执法机关、司法机关在执法活动中需变卖的资产；国家规定专卖、专营的物资；依法确认无主的财产；银行贷款抵押物；国家允许经营的文化艺术品；其他依法强制拍卖的财产

资产总额（万元）：921.25

0314 甘肃海融普沃企业管理服务有限公司

注 册 地：兰州市城关区平凉路 507 号

主营业务：商务信息咨询服务（不含证券）；企业管理咨询及企业形象策划、市场营销策划、文化艺术交流策划（不含演出）、礼仪服务、会议会展服务；图文设计制作、广告设计制作。（以上经营范围涉及行政许可的，凭许可证经营）

0315 甘肃国际文化开发有限公司

注 册 地：兰州市城关区庆阳路 258 号

主营业务：文化艺术、学术交流活动的组织，广告制作、设计、发布国内各类广告、会展服务

销售额（万元）：40

资产总额（万元）：91

0316 昌业颐丰投资有限公司

注 册 地：兰州市城关区临夏路 189 号

主营业务：投资及投资咨询、专用设备的批发、零售；设计、制作、发布、代理国内各类广告（国家限制的除外）；商务信息咨询、会务会展服务、经济信息咨询（不含证券）；矿山工程机械租赁

0317 甘肃辰峰照像器材有限责任公司

注 册 地：兰州市天水路 200 号

主营业务：照像器材、百货的零售，摄影

0318 甘肃翔贸拉卡拉信息技术有限公司

注 册 地：兰州市城关区金昌北路 37 号

主营业务：金融信息处理技术服务；计算机网络专业领域内的技术开发、技术咨询、技术服务、技术转让；计算机系统集成、软硬件的开发、销售、数据处理服务；电子商务技术服务；企业营销策划、企业形象策划、会展服务、企业管理咨询；投资咨询、财务咨询、资产管理；设计、制作、代理、利用自有媒体发布广告（国家限制的广告除外）；文化艺术交流活动组织策划（不含演出）

0319 甘肃拍卖中心

注 册 地：兰州市城关区贤后街 51 号

主营业务：需拍卖国有资产、辑私没收、罚没、收缴的财产，国家规定的专卖专营的物资；依法确认无主的财产；银行贷款抵押物；国家允许经营的文化艺术品

销售额（万元）：127

资产总额（万元）：800

0320 甘肃玮珍文化艺术发展有限公司

注 册 地：兰州市城关区陇西路 45 号

主营业务：陶瓷、陶器、玉器、艺术品、工艺品的批发、零售；文化艺术交流策划、舞台艺术造型策划、企业形象策划、会务会展服务；设计、制作各类广告（国家行政许可限定的广告除外）；文化产业投资咨询服务

0321 甘肃省旅游商品开发公司

注 册 地：兰州市天水路 361 号

主营业务：开发旅游工艺品、纪念品、礼品、文物及文物复制品、字画，旅游汽车、摩托车配件、宾馆、饭店设施设备、有色金属、基建三材、为旅游业引进资金及先进技术

销售额（万元）：134.41

资产总额（万元）：104.59

0322 甘肃苏商文化发展有限公司

注 册 地：兰州市城关区雁滩路 3188 号

主营业务：教学科教仪器设备、体育器材设备、幼教设备、检测设备、实验室设备、多媒体设备、通用设备、家具的销售；企业形象策划、赛事活动策划、公关活动策划、图书策划服务；发布、设计、制作、代理国内各类广告（国家限制的除外）；会议与会展服务；塑胶跑道设计及施工、室内外装饰设计及施工、园林绿化工程施工（均凭资质证）

0323 甘肃新丝路文化发展股份有限公司

注 册 地：甘肃省兰州市城关区庆阳路 91 号

主营业务：会议会展策划及服务；设计、制作、代理、发布国内各类广告

0324 甘肃公航旅文化传媒有限公司

注 册 地：兰州市城关区南滨河东路 745 号

主营业务：设计、制作、发布、代理各类广告、图文设计、企业形象策划、企业文化宣传、文化艺术交流策划、会展策划服务、影视策划、动漫设计、装饰工程、赛事活动策划、企业管理咨询服务、市场营销策划、市场调研、商务咨询、信息网络建设等

销售额（万元）：108

资产总额（万元）：10148

0325 甘肃康辉会展有限责任公司

注 册 地：兰州市城关区鼓楼巷街道小稍门外 280 号

主营业务：公商务会议、会务的接待与服务；礼仪服务、会展服务及展览展示、舞台设计及制作；企业形象策划、广告设计制作发布及代理；庆典策划、多媒体设计、电脑平面设计、电脑图文设计；商务咨询、企业管理咨询等

销售额（万元）：61

资产总额（万元）：254

0326 甘肃虹蕴文化传媒有限公司

注 册 地：兰州市城关区雁滩乡滩尖子 709 号

主营业务：设计、制作、代理、发布国内各类广告（国家行政许可的除外）；展览展示服务、企业形象策划、推广；会议会展服务、文化交流信息咨询、创业咨询、商务信息咨询、经济信息咨询（不含金融、证券）

0327 甘肃龙氏智业有限责任公司第一电脑印刷分公司

注　册　地：兰州市城关区大雁滩 235 号

主营业务：打字、复印、摄影冲扩、电子计算机及配件的批发、零售

0328 甘肃银泽洲贵金属经营有限公司

注　册　地：兰州市城关区张掖路街道张掖路 69 号

主营业务：黄金白银、金银制品、铂金、工艺品的批发、零售；企业管理咨询、企业形象策划、市场营销策划、商务信息咨询服务；会展服务

0329 甘肃人才周刊广告传媒有限公司

注　册　地：兰州市城关区东岗西路 695 号

主营业务：广告设计、制作、代理与发布；摄影摄像制作；庆典活动策划与会展服务；企业形象策划设计与管理咨询

0330 甘肃盛世龙腾文化传播有限公司

注　册　地：兰州市安宁区沙井驿街道南坡坪

主营业务：设计、制作、代理、发布国内各类广告（不含国家限制广告）；影视广告设计、企业形象设计及策划、商务公关活动、模特礼仪、品牌推广、大型文体活动的媒体宣传及推广（不含演出）；影视动画设计、动漫产品开发；商务会议会展咨询服务、商标设计咨询服务；文化产业园项目的开发及推广

0331 甘肃益佰诚文化传播有限公司

注　册　地：兰州市城关区绣河沿 44 号

主营业务：各类广告设计、制作、发布、代理、会议会展的组织实施策划咨询、市场营销策划、办公文化用品、工艺品的批发、零售

0332 甘肃盛世贵金属经营有限公司

注　册　地：兰州市城关区皋兰路 191 号

主营业务：黄金白银、金银制品、铂金、工艺品的批发、零售；企业管理咨询，企业形象策划，市场营销策划，商务信息咨询，会展服务；投资及投资咨询。（以上经营范围国家法律法规规定限制的除外，需许可证的凭许可证在有效期内经营）

销售额（万元）：30

资产总额（万元）：1017

0333 甘肃兴陇资本管理有限公司

注　册　地：兰州市城关区静宁路 308 号

主营业务：股权投资、证券投资、投资管理、资产受托管理；投资咨询、商务咨询、经济信息咨询、企业管理咨询；会议会展服务、技术推广服务、企业形象策划设计。（依法须经批准的项目，经相关部门批准后方可开展经营活动）

0334 甘肃华鑫兄弟影视传媒有限公司

注　册　地：兰州市城关区五泉街道火车站西路 569 号

主营业务：电视综艺、电视专题的节目制作、发行（凭许可证在有效期内经营）；文化艺术活动及会议会展服务；设计、制作、代理、发布国内各类广告（国家行政许可限定的广告除外）；企业形象策划；商务信息咨询及经济信息咨询服务（不含证券）

0335 兰州翰林文化传播有限公司

注　册　地：兰州市城关区火车站街道红山西路 426 号

主营业务：礼仪庆典服务、会务会展服务、文化艺术交流活动的策划组织服务；商务信息咨询；电视节目策划咨询；企业形象策划、产品品牌包装策划；国内各类广告的策划、

代理及发布；汽车及演出用品的租赁

从业人员数（人）：4

销售额（万元）：72

资产总额（万元）：200

0336 甘肃省文化产权交易中心股份有限公司

注 册 地：兰州市城关区天水北路 3009 号

主营业务：发布各类文化产权交易信息，为各类文化产权交易主体提供场所、设备及交易规则；自营或者接受委托，从事文化产品、艺术品以及其他工艺品的各种交易；提供文化产品电子商务业务，包括艺术品、收藏品、高端文化产品的线上线下保真交易，特色创意产品交易、艺术品展览、展销、拍卖；自营或者接受委托，从事知识产权（包括版权、专利、商标等其他知识产权形式）的交易、采购、登记、认证、鉴定、交易合同备案等服务；接受委托为具有文化属性的股权、债权、物权、知识产权以及艺术品、收藏品等其他权益提供价值评估、转让和收购业务服务；为具有市场潜质的文化创意以及其他创新性文化项目、文化企业、文化产品提供市场策划、推广业务服务；提供文化产权、产业的相关政策、法律、市场信息等咨询服务；为各类可转移的文化产品、文化权益凭证等其他文化产权形式提供登记、托管服务；其他文化产权交易服务

0337 甘肃友通科讯资产运营管理有限公司

注 册 地：兰州市城关区庆阳路 235 号广星大厦 10C

主营业务：设计、制作、代理、发布国内各类广告（国家行政许可的除外）；计算机系统集成、计算机网络工程施工、建筑智能化工程施工（凭资质证）；会议会展服务、市场营销策划、企业管理咨询、经济信息咨询（不含证券、期货）；电子产品（不含卫星地面接收设施）、文化用品的批发、零售；智能化领域的技术咨询、技术开发、技术转让、技术服务

0338 兰州国际商品拍卖有限责任公司

注 册 地：兰州市城关区张掖路 87 号

主营业务：公物及艺术品、抵押物、无形资产、产权、债权、土地使用权、典当行绝当物品的拍卖（国家法律、法规禁止拍卖的除外）；土地使用权的招标

销售额（万元）：528

资产总额（万元）：1844

0339 甘肃双盈拍卖有限责任公司

注 册 地：兰州市城关区一只船北街 39 号

主营业务：国家法律、行政法规允许范围内的拍卖，计算机软件开发

0340 甘肃华茂商业管理有限公司

注 册 地：兰州市城关区上徐家湾 156 号

主营业务：市场调研、项目策划咨询、礼仪庆典服务、会务会展服务、企业营销策划、企业管理策划

0341 甘肃爱心影视艺术传播中心

注 册 地：兰州市城关区闵家桥 29 号

主营业务：电视综艺、电视专题、电视动画制作、复制、发行业务、设计、制作

0342 甘肃美利美网络信息技术有限公司

注 册 地：兰州市城关区皋兰路街道榆中街 41 号

主营业务：电子设备布放、安装、维护服务；计算机软硬件开发、设计、及销售；电子商

务技术服务；办公用品、电子产品（不含卫星地面接收设施）的设计、开发及销售；计算机系统集成（凭资质证）；设计、制作、代理、发布国家各类广告（国家限制的广告除外）；企业策划咨询、企业管理咨询、市场信息咨询与调查、会务会展服务；商务信息咨询（不含证券）；机械设备的租赁服务

0343 甘肃博大会展策划有限公司

注 册 地： 兰州市城关区中山路 120 号

主营业务： 会议会展服务；企业形象策划；市场调研、商务信息咨询服务；国内各类广告的设计、制作、代理、发布；室内装饰设计

0344 甘肃赛克洛得文化产业投资有限公司

注 册 地： 兰州市城关区临夏路 35 号

主营业务： 文化产业的投资（国家禁止和须取得专项许可的项目除外）；会议会展服务；设计制作代理发布各类广告；体育赛事的策划组织

0345 兰州大众彩印包装公司

注 册 地： 兰州市

主营业务： 供印前策划、广告设计、扫描分色、制作排版、彩色印刷、书籍装帧、包装加工及货物运输等全程服务

从业人员数（人）： 70

销售额（万元）： 1124

资产总额（万元）： 1277

简　　介： 兰州大众彩印包装有限公司创建于 1998 年，是目前甘肃省规模最大的民营印刷企业之一，是甘肃省新闻出版局批准的正式出版物印刷企业。主要为客户提供印前策划、广告设计、扫描分色、制作排版、彩色印刷、书籍装帧、包装加工及货物运输等

全程服务。

0346 兰州科博文化传播有限公司

注 册 地： 兰州市

主营业务： 精装标书；出图晒图；大型图纸缩放、扫描归档；CAD、效果图制作；激光彩打；数码复印；写真喷绘；展板展架；贺卡票据；联单海报；宣传彩页；数码印刷；条幅、锦旗、绣带、水晶字、双色字；书刊杂志画册；高中低档名片、菜单；门头广告安装设计

从业人员数（人）： 6

销售额（万元）： 1800

资产总额（万元）： 2200

0347 甘肃天健文化旅游发展有限公司

注 册 地： 兰州市城关区甘南路 66 号

主营业务： 旅游项目开发与投资；文化旅游营销活动的策划；展会展览的策划服务；旅游景点景区咨询服务；酒店管理；企业投资咨询及管理服务；商务咨询；广告、图文的设计制作；旅游商品、纪念品研发、销售及代理，文化体育用品、工艺品、针纺织品、建筑装修材料、化工产品、机械设备、五金交电、电子产品的批发、零售

0348 兰州森杰包装有限公司

注 册 地： 兰州市

主营业务： 软包装

从业人员数（人）： 15

销售额（万元）： 500

资产总额（万元）： 300

简　　介： 兰州森杰包装有限公司成立于 1995 年，主要从事塑料彩印、包装、产品运销甘、青、宁等省，现有专业设备 6 台，技术 2 人，企业占地 2000 平方米。年销售达 500 万左右，是西北最专业的软包装生产企

业之一。

0349 甘肃开元钱币文化有限公司

注 册 地：兰州市

主营业务：金银币、古钱币的收藏、展览及相关业务

从业人员数（人）：11

销售额（万元）：1888

资产总额（万元）：2482

简　　介：甘肃开元钱币文化有限公司是由甘肃省钱币学会投资创办、经兰州市工商行政管理局批准注册，从事各类钱币经营与钱币文化传播的文化类企业，注册资本金2000万元人民币，位于兰州市中心区域。零售总店经营面积200余平方米，现有经验丰富的钱币从业人员11人。甘肃开元钱币文化有限公司主要从事钱币经营、考察、培训；举办钱币展览；编辑钱币书刊；开发纪念章；提供钱币咨询、鉴定、评估、金银饰品、美术品等服务。

0350 兰州新玉广告设计中心

注 册 地：兰州市河口乡汘水村

主营业务：广告设计制作

从业人员数（人）：4

销售额（万元）：10

资产总额（万元）：15

0351 甘肃省交通印刷厂

注 册 地：兰州市城关区

主营业务：印刷等产品

从业人员数（人）：25

销售额（万元）：500

资产总额（万元）：900

简　　介：甘肃省交通印刷厂位于兰州市城关区左家湾，有独立的厂房，厂区环境优雅整洁，占地面积3000平方米，具有独立法人资格，注册资金360万元，年产值达800多万元。现有职工25人，其中大中专以上学历及各类专业技术人员10人。甘肃省交通印刷厂在2002年被共青团甘肃省委、甘肃省经济贸易委员会、甘肃省劳动厅联合评为"青年文明号"企业；2006年被共青团甘肃省委、甘肃省经济贸易委员会、甘肃省劳动和社会保障厅授予"青年文明号生产线"殊荣。曾多次获得交通厅"先进单位""先进基层党组织"等称号，2001年被中国票据印刷管理协会吸纳为会员单位。该厂是甘肃省新闻出版局核准的出版物及其他印刷品的企业，2007年顺利通过了ISO9001质量管理体系认证。2012年取得了全国工业产品生产许可证——防伪票据。

0352 甘肃省会展服务中心

注 册 地：兰州市城关区

主营业务：展览策划、展馆设计、展位搭建、展具租赁、信息咨询、货运仓储、广告印刷以及展会配套中介服务业务

从业人员数（人）：18

资产总额（万元）：100

简　　介：甘肃省会展服务中心隶属于甘肃省投资贸易促进局，是经省工商局登记注册的全民所有制企业。注册资金100万元，现有员工18人，其中中高级专业设计师、技术人员5人。主要从事展览策划、展馆设计、展位搭建、展具租赁、信息咨询、货运仓储、广告印刷以及展会配套中介服务业务。自2003年成立以来，会展中心承担了每年兰洽会的主展馆设计规划、展位搭建工作以及部分广告印刷业务及其他配套服务；同时承担了甘肃省参加津洽会（天津）、投洽会（厦门）、东盟博览会（南宁）等国内各类展会的设计布展、配套服务工作，得到了省上相关部门及兰洽会组委会的认可和肯定，已逐

步成为我省一支具有成熟设计理念、完善技术服务的专业化展览队伍。

0353 甘肃劳动就业服务印刷厂

注 册 地：兰州市
主营业务：其他印刷品印刷
从业人员数（人）：12
销售额（万元）：100
资产总额（万元）：180

0354 兰州金质教育咨询服务有限公司

注 册 地：兰州市城关区
主营业务：质检技术咨询服务、推广；文化艺术交流活动；科技产品信息服务（不含中介）；会务会展
主要产品：咨询服务
从业人员数（人）：2
销售额（万元）：3
资产总额（万元）：2

0355 甘肃新华印刷厂

注 册 地：兰州市城关区定西南路
主营业务：印刷各种报刊、书籍、画册等
主要产品：各类报刊书籍
从业人员数（人）：949
销售额（万元）：6400
资产总额（万元）：11926
简　　介：甘肃新华印刷厂位于甘肃省兰州市城关区定西南路 21-129 号，现有在职职工 825 人，大专以上学历 190 人，中级职称 28 人，高级 22 人，中级工 37 人。下设 5 个工厂，1 个辅助生产单位，9 个处室，1 个股份有限公司，拥有生产厂房面积 2 万多平方米，拥有各类生产设备 305 套，固定资产值 45 亿元，生产年达 15000 万元，业务范围遍布全国。

0356 甘肃柯发感光器材有限责任公司

注 册 地：兰州市城关区定西南路 17-91 号
主营业务：摄影器材、感光材料的批发、零售；摄影技术的培训服务

0357 甘肃俊杰创意文化产业研究院

注 册 地：兰州市城关区广场南路 105 号
主营业务：创意文化
从业人员数（人）：5
销售额（万元）：300
资产总额（万元）：10
简　　介：甘肃俊杰创意文化产业研究院是经业务指导单位甘肃省文化厅同意，甘肃省民政厅批准成立的民办非企业单位。本研究院以"传承先进文化，创意引领未来"为宗旨，以全面整合文化产业优势资源，充分发挥文化产业作用，搭建文化产业人才沟通交流平台，致力于甘肃文化的产业化、专业化、深度化的多元化方向，为实现甘肃从文化大省向文化强省跨越作出一流贡献为己任。研究院下设五大职能板块，全面开展创意文化产业项目策划，文化产品创意设计与运营，组织各种文化创意推介活动，企业网络建设与实施，企业形象建设，品牌树立与推广，企业文化宣传，学术研究培训，编辑出版资料等业务。

0358 甘肃天河会议会展服务有限公司

注 册 地：兰州市工商行政管理局城关分局
主营业务：会议会展策划服务，礼仪婚庆服务；艺术摄影；国内各类广告的设计制作、发布、代理；文化艺术交流活动策划；商务信息咨询、企业管理策划、旅游咨询；企业形象策划、市场营销策划；国内航空票务代理
主要产品：会议会展
从业人员数（人）：3

销售额（万元）：98

资产总额（万元）：200

0359 兰州天峰文化传播有限公司

注　册　地：兰州市七里河区

主营业务：灯光音响租赁

主要产品：灯光音响

从业人员数（人）：3

销售额（万元）：24

资产总额（万元）：78

0360 兰州红旭商贸有限公司

注　册　地：兰州市七里河区义乌商贸城 8 楼

主营业务：办公用品、日用百货、劳保用品、体育用品及设施、家用电器、工艺美术品、办公家具、计算机配件及耗材、通讯器材（不含卫星地面接收设施）、电线电缆、电气设备、仪器仪表、机电产品（不含小轿车）、建筑材料、金属材料、五金交电、水暖器材、化工产品（不含危险化学品）的批发、零售；广告的设计、制作、发布、代理

主要产品：办公用品、日用百货

从业人员数（人）：8

资产总额（万元）：200

0361 甘肃凯盛教育科技有限公司

注　册　地：兰州市七里河区西津东路 178 号

主营业务：教育信息咨询；文化旅游咨询；企业管理咨询；教育项目、教育软件的研发；会务会展组织策划

主要产品：教育信息咨询

从业人员数（人）：12

资产总额（万元）：200

0362 甘肃海德曼文化发展有限公司

注　册　地：兰州市七里河区硷沟沿 335 号

主营业务：文化艺术交流策划；企业管理咨询；商务信息咨询；会展服务；庆典活动服务；图文设计制作，各类广告的设计、制作、代理、发布；文化用品、工艺品、民族饰品的销售；装饰装修；园林设计

主要产品：阿拉伯文书法艺术工艺品、饰品《古兰经》书法手抄本

从业人员数（人）：6

销售额（万元）：100

资产总额（万元）：500

简　　介：甘肃海德曼文化发展有限公司是经工商部门批准的具有独立法人资格的专业性文化公司，主要从事文化咨询、庆典策划、设计制作、装修装饰及文化产品的创意和研发。以"真诚服务，共创未来"的经营理念，优秀专业的团队，真诚为客户提供优质服务。信仰是信心和力量的源泉，是企业成就的核心动力和价值准则，而战略和执行力是企业发展的坚定保障。公司在商业实践中坚持自己的核心理念。未来，公司将秉承专业的服务理念、网聚优势的资源、打造精锐的团队，以诚信和专业创造价值，赢得美好未来。

0363 兰州百硕文化传播有限公司

注　册　地：兰州市七里河区西站街道西站东路 28 号

主营业务：商务信息咨询；财务知识咨询；投资管理咨询；企业管理咨询；企业营销咨询；教育信息咨询；文化旅游策划及咨询，大型礼仪服务；五金交电、化工产品（不含危险化学品）、日用百货、服装鞋帽、劳保用品、电脑软硬件及配件、包装材料、办公用品、建筑材料、装饰材料、通讯设备（不含卫星地面接收设施）的批发零售

从业人员数（人）：15

销售额（万元）：15

资产总额（万元）：50

0364 兰州皓文会展服务有限公司

注 册 地：州市七里河区敦煌路街道西津西路 292 号

主营业务：市场营销策划、企业形象策划、文化艺术交流策划；商务信息咨询、企业管理咨询；会议、礼仪、婚庆、翻译、摄影、展览展示服务；图文与喷绘设计制作；会议设备租赁、舞台灯光音响租赁、承接舞台工程；广告的设计、制作、发布、代理

从业人员数（人）：2

资产总额（万元）：10

0365 兰州多琳乐器有限公司

注 册 地：兰州市七里河区西津西路 57 号

主营业务：乐器、音响、电子产品（不含卫星地面接收设施）、工艺礼品、乐器工艺品、建筑材料、文体用品、办公用品的批发、零售；乐器、音响的租赁、维修、技术服务，广告的设计、制作、代理、发布，礼仪庆典及婚庆礼仪的组织策划，舞台艺术造型策划，展览展示服务

主要产品：广告

从业人员数（人）：4

资产总额（万元）：200

简　　介：兰州多琳乐器有限公司成立于 2010 年 1 月 22 日，经营地址位于兰州市七里河区西津西路 57 号图书大厦四楼兰州市七里河区西津西路 57 号图书大厦四楼，注册资金 200 万元，经营业务乐器、音响、电子产品(不含卫星地面接收设施)、工艺礼品、乐器工艺品、建筑材料、文体用品、办公用品的批发、零售；乐器、音响的租赁、维修、技术服务，广告的设计、制作、代理、发布，礼仪庆典及婚庆礼仪的组织策划，舞台艺术造型策划，展览展示服务。

0366 甘肃鼎讯信息网络技术有限公司

注 册 地：兰州市七里河区建西东路 211 号

主营业务：通信线路和设备的安装维护；计算机软硬件产品的开发销售；计算机系统的设计、集成、安装、调试和管理；视频会议系统的设计安装；综合布线、架线工程的设计、施工、维护；市政亮化工程的设计、施工；防火报警系统的设计、安装（以上各项国家禁止及需取得专项许可的除外）；广告的设计、制作、代理及发布；通信器材、电子产品（以上两项不含卫星地面接收设施）、机电产品（不含小轿车）、电力器材、仪器仪表、办公耗材、音响设备、数码产品、矿山节能设备的批发、零售

从业人员数（人）：7

资产总额（万元）：300

0367 兰州丰隆印务有限公司

注 册 地：兰州市七里河区

主营业务：其他印刷品

从业人员数（人）：16

销售额（万元）：76

资产总额（万元）：248.1

0368 兰州市七里河区华圆印刷厂

注 册 地：兰州市七里河区

主营业务：其他印刷品

从业人员数（人）：1

销售额（万元）：6

资产总额（万元）：13.3

0369 甘肃兰州彩印印务有限公司

注 册 地：兰州市七里河区

主营业务：其他印刷品

从业人员数（人）：12

销售额（万元）：124

资产总额（万元）：624.3

0370 兰州世辉文化传媒有限责任公司

注 册 地：兰州市七里河区西津西路 762 号

主营业务：礼仪庆典策划；婚礼策划；广告的设计、制作、代理、发布；教育咨询服务。

主要产品：礼仪庆典策划；婚礼策划；广告的设计、制作、代理、发布；教育咨询服务

从业人员数（人）：5

销售额（万元）：5

资产总额（万元）：50

0371 兰州永忠印刷物资有限责任公司

注 册 地：兰州市七里河区

主营业务：文化用品

从业人员数（人）：1

销售额（万元）：25

资产总额（万元）：38.3

0372 兰州博源精艺包装有限公司

注 册 地：兰州市七里河区

主营业务：工艺礼品盒包装

从业人员数（人）：3

销售额（万元）：28

资产总额（万元）：48.9

0373 甘肃省文物商店包装厂

注 册 地：兰州市七里河区

主营业务：包装与制作

业人员数（人）：10

销售额（万元）：109.6

资产总额（万元）：287.6

0374 兰州盛龙印刷厂

注 册 地：兰州市七里河区

主营业务：印刷加工

业人员数（人）：1

销售额（万元）：5.2

资产总额（万元）：57.1

0375 兰州鸿之锦印刷有限公司

注 册 地：兰州市七里河区

主营业务：其他印刷

从业人员数（人）：3

销售额（万元）：36

资产总额（万元）：20

0376 兰州秦王塑料制品有限责任公司

注 册 地：兰州市七里河区

主营业务：塑料包装印刷

从业人员数（人）：5

销售额（万元）：116

资产总额（万元）：70

0377 兰州精业纸箱包装有限公司

注 册 地：兰州市七里河区

主营业务：纸箱生产

从业人员数（人）：15

销售额（万元）：363.4

资产总额（万元）：176.3

0378 兰州益华包装印务有限公司

注 册 地：兰州市七里河区

主营业务：包装箱盒

从业人员数（人）：50

销售额（万元）：2892.8

资产总额（万元）：1202.1

0379 兰州嘉禾印务有限公司

注 册 地：兰州市七里河区

主营业务：印刷

从业人员数（人）：4

销售额（万元）：47

资产总额（万元）：64.5

0380 甘肃兰恒塑胶有限公司

注 册 地：兰州市七里河区

主营业务：塑料印刷

从业人员数（人）：3

销售额（万元）：20.2

资产总额（万元）：670.6

0381 兰州金龙印刷有限责任公司

注 册 地：兰州市七里河区

主营业务：印刷

从业人员数（人）：4

销售额（万元）：46

资产总额（万元）：53

0382 兰州新乐印刷有限公司

注 册 地：兰州市七里河区

主营业务：其他印刷品

销售额（万元）：96

资产总额（万元）：45.3

0383 兰州百瑞印刷有限公司

注 册 地：兰州市七里河区

主营业务：其他印刷品生产

从业人员数（人）：2

销售额（万元）：77

资产总额（万元）：70.3

0384 兰州市七里河区彭家坪二校印刷厂

注 册 地：兰州市七里河区

主营业务：印刷

从业人员数（人）：5

销售额（万元）：71.8

资产总额（万元）：18.4

0385 兰州利君印务有限公司

注 册 地：兰州市七里河区

主营业务：印刷

从业人员数（人）：3

销售额（万元）：20.2

资产总额（万元）：670.6

0386 兰州金色印务有限责任公司

注 册 地：兰州市七里河区

主营业务：广告制作

从业人员数（人）：4

销售额（万元）：114

资产总额（万元）：22.8

0387 工林路天虹彩印厂

注 册 地：兰州市八里镇八里窑社区居委会

主营业务：彩色印刷

从业人员数（人）：4

销售额（万元）：52

资产总额（万元）：64

0388 兰州荣盛彩印厂

注 册 地：兰州市后五泉叶家湾 39 号

主营业务：书本印刷

从业人员数（人）：3

销售额（万元）：8

资产总额（万元）：14

0389 兰州市七里河华园印刷厂

注 册 地：兰州市八里镇八里窑村民委员会

主营业务：印刷

从业人员数（人）：4

销售额（万元）：63

资产总额（万元）：92

0390 兰州美嘉美彩色印刷有限公司

注 册 地：兰州市西津西路 255 号

主营业务：印刷

从业人员数（人）：43

销售额（万元）：685

资产总额（万元）：4091

0391　兰州黄河精美包装有限公司

注　册　地：兰州市七里河区

主营业务：包装装潢印刷

从业人员数（人）：90

销售额（万元）：7132

资产总额（万元）：2913.8

0392　兰州工人印刷厂

注　册　地：兰州市七里河区

主营业务：其他印刷品

从业人员数（人）：5

销售额（万元）：102

资产总额（万元）：30

0393　兰州市七里河区铁运印刷厂

注　册　地：兰州市七里河区

主营业务：印刷装订

从业人员数（人）：4

销售额（万元）：29.6

资产总额（万元）：3

0394　甘肃华珍文化艺术有限公司

注　册　地：兰州市七里河区男冰河路中路45号

主营业务：各类广告设计制作发布代理，企业形象策划，企业文化的设计庆典策划

从业人员数（人）：2

资产总额（万元）：200

0395　甘肃万事佳印刷有限责任公司

注　册　地：兰州市七里河区

主营业务：印刷

从业人员数（人）：15

销售额（万元）：1.953

资产总额（万元）：0.7

0396　兰州奥达印刷有限责任公司

注　册　地：兰州市七里河区

主营业务：文化用品印刷

从业人员数（人）：4

销售额（万元）：73.6

资产总额（万元）：55.8

0397　兰州丰润印刷有限公司

注　册　地：兰州市土门墩街道兰通厂社区居委会

主营业务：印刷

从业人员数（人）：3

销售额（万元）：49

资产总额（万元）：78

0398　兰州丰隆印刷有限公司

注　册　地：兰州市七里河区八里镇八里窑社区居委会

主营业务：印刷

从业人员数（人）：12

销售额（万元）：79

资产总额（万元）：104

0399　兰州鸿之锦印刷有限公司

注　册　地：兰州市西园街道下西园社区居委会

主营业务：印刷

从业人员数（人）：3

销售额（万元）：67

资产总额（万元）：83

0400　兰州万鑫彩印有限公司

注　册　地：兰州市七里河区彭家坪镇龚家湾新社区居委会

主营业务：印刷

从业人员数（人）：15

销售额（万元）：94

资产总额（万元）：153

0401 兰州赛鑫彩色印刷有限公司

注 册 地：兰州市西园街道下西园社区居委会

主营业务：印刷

从业人员数（人）：6

销售额（万元）：84

资产总额（万元）：110

0402 兰州昊瑛物资有限公司

注 册 地：兰州市七里河区八里镇后五泉村民委员会

主营业务：印刷

从业人员数（人）：22

销售额（万元）：135

资产总额（万元）：120

0403 兰州大地宏创包装有限公司

注 册 地：兰州市八里镇花寨子村民委员会

主营业务：包装盒印刷

从业人员数（人）：10

销售额（万元）：110

资产总额（万元）：84

0404 兰州奥达印刷有限责任公司

注 册 地：兰州市西园街道下西园社区居委会

主营业务：其他印刷

从业人员数（人）：4

销售额（万元）：52

资产总额（万元）：76

0405 兰州百瑞印刷有限公司

注 册 地：兰州市彭家坪镇土门墩村民委员会

主营业务：宣传品印刷

从业人员数（人）：6

销售额（万元）：63

资产总额（万元）：58

0406 兰州金龙印刷有限责任公司

注 册 地：兰州市七里河区西园街道下西园社区居委会

主营业务：书报刊印刷

从业人员数（人）：32

销售额（万元）：574

资产总额（万元）：1322

0407 彭家坪第二小学印刷厂

注 册 地：兰州市彭家坪镇土门墩村民委员会

主营业务：印刷

从业人员数（人）：4

销售额（万元）：37

资产总额（万元）：81

0408 兰州恒达彩印包装有限责任公司

注 册 地：兰州市七里河区敦煌路街道长征厂社区居委会

主营业务：印刷

从业人员数（人）：18

销售额（万元）：106

资产总额（万元）：235

0409 兰州万力彩印有限责任公司

注 册 地：兰州市七里河区彭家坪镇彭家坪社区居委会

主营业务：印刷

从业人员数（人）：12

销售额（万元）：63

资产总额（万元）：113

0410 甘肃荣祥印刷有限公司

注 册 地：兰州市七里河区西园街道下西园社区居委会

主营业务：印刷

从业人员数（人）：9

销售额（万元）：43

资产总额（万元）：136

0411 兰州秦王塑料制品有限责任公司

注　册　地：兰州市七里河区西果园镇王家坪村民委员会

主营业务：印刷

从业人员数（人）：5

销售额（万元）：22

资产总额（万元）：37

0412 甘肃兰州彩印印务有限公司

注　册　地：兰州市七里河敦煌路 932 号

主营业务：出版物及其他印刷业务

从业人员数（人）：14

销售额（万元）：79

资产总额（万元）：654

0413 兰州利君印务有限公司

注　册　地：兰州市西园街道下西园社区居委会

主营业务：印刷

主要产品：印刷品

从业人员数（人）：3

销售额（万元）：49

资产总额（万元）：87

0414 甘肃东方智慧教育咨询服务有限公司

注　册　地：兰州市西固区

主营业务：教育信息咨询、企业管理咨询、商务信息咨询、企业形象策划、会务服务、文化艺术交流活动策划、庆典策划、市场营销策划、展览展示、国内广告的设计制作

从业人员数（人）：11

销售额（万元）：100

资产总额（万元）：100

简　　介：甘肃东方智慧教育咨询服务有限公司成立于 2014 年 11 月 24 日，位于甘肃省兰州市西固区福利路东路 60 号银泰逸翠园独立六层楼 4 楼。公司注册资金 100 万人民币，营业面积 412 平方米，现有从业人员 11 人，主要经营教育信息咨询、企业管理咨询、商务信息咨询、企业形象策划、会务服务、文化艺术交流活动策划、庆典策划、市场营销策划、展览展示、国内广告的设计制作等。

0415 甘肃久泰科教设备有限公司

注　册　地：兰州市西固区

主营业务：实验室设备、多媒体设备、教学仪器设备、电教软件、音乐器材、体育健身器材、美术器材、照明器材、环卫器材、保洁用品、家具、办公用品、玩具、厨具的批发、零售；园林绿化工程、体育场地设计；LED 显示屏、监控设备的销售、安装（不含特种设备的安装）

从业人员数（人）：12

销售额（万元）：508

资产总额（万元）：508

0416 西固区宏利广告装饰中心

注　册　地：兰州市西固区

主营业务：打字复印

从业人员数（人）：1

销售额（万元）：3，

资产总额（万元）：5

0417 兰州市西固区供销总公司金星誉印社

注　册　地：兰州市西固区

主营业务：打字复印

从业人员数（人）：3

销售额（万元）：6

资产总额（万元）：9

0418 兰州市西固区天慧广告

注 册 地：兰州市西固区

主营业务：打字复印

从业人员数（人）：2

销售额（万元）：4

资产总额（万元）：5

0419 西固区铭鑫广告图文部

注 册 地：兰州市西固区

主营业务：打字复印

销售额（万元）：3

资产总额（万元）：5

0420 兰州国新乐器制作厂

注 册 地：兰州市西固区

主营业务：乐器制作

从业人员数（人）：8

销售额（万元）：15

资产总额（万元）：15

简　　介：兰州国新乐器制作厂成立于2014年2月10日，公司位于甘肃省兰州市西固区东川镇西行线旁小二楼，主要进行二胡、吉它、大鼓、小鼓等乐器，现有从业人员8人。

0421 兰州精益会务服务有限公司

注 册 地：兰州市西固区玉门街703号

主营业务：会议、会展服务；庆典用品、鲜花礼品、办公用品、旅游用品、电子产品的销售；广告设计制作

主要产品：会议、会展服务

从业人员数（人）：2

销售额（万元）：2

资产总额（万元）：100

0422 兰州金城会议服务有限公司

注册地：兰州市西固区福利西路524号

主营业务：会议会展服务

主要产品：会议会展服务；庆典服务；广告设计、制作

从业人员数（人）：2

销售额（万元）：2

资产总额（万元）：20

0423 兰州耀达阳光文化传播有限公司

注 册 地：兰州市西固区寺儿沟康雅居377号

主营业务：广告设计、代理、制作；企业管理咨询；品牌策划；日用品、服装鞋帽、家用电器、电子产品(不含卫星地面接收设施)、办公用品的批发、零售

主要产品：广告；企业管理咨询

从业人员数（人）：3

销售额（万元）：2

资产总额（万元）：10

0424 兰州东方旭企业策划咨询有限公司

注 册 地：兰州市西固区晨光小区16-262号

主营业务：企业策划管理，企业注册登记代理，纳税申报代理，财务、税务咨询，经济管理咨询，商务咨询、服务，计算机系统服务(不含系统集成)，广告发布(不含媒介)。

主要产品：企业策划管理，企业注册登记代理，纳税申报代理

从业人员数（人）：2

销售额（万元）：2

资产总额（万元）：10

0425 兰州市西固区福利印刷厂

注 册 地：兰州市西固区西固中街59号

主营业务：印刷产品

主要产品：印刷画册、彩页、彩盒、纸箱、各种书刊，杂志画册等

从业人员数（人）：10

销售额（万元）：35

资产总额（万元）：80

0426 甘肃鼎立昌天融实业有限公司

注 册 地：兰州市西固区西固福利路 169 号

主营业务：计算机网络专业领域内的技术开发；会务会展服务、企业管理咨询、企业形象策划、企业营销策划、文化艺术交流活动策划（不含演出）；市政公用工程、园林古建筑工程、土石方工程、建筑装修装饰工程施工（凭资质证）；自营和代理国内各类商品和技术的进出口（国家限制的商品和技术除外）

0427 甘肃宇邦文化传媒有限公司

注 册 地：兰州市西固区庄浪西路 174 号

主营业务：文化艺术活动策划；企业管理咨询；网络教育咨询；旅游信息咨询；文化传媒技术及计算机技术推广；会议会展服务；文化用品、工艺品的批发、零售

0428 兰州亚雄雄迈志图文印务部

注 册 地：兰州市西固区古浪路

主营业务：图文复印

主要产品：打字、复印、喷绘、过塑

从业人员数（人）：5

销售额（万元）：25

资产总额（万元）：30

0429 西固区陈坪印刷厂

注 册 地：兰州市西固区西固东路 5-1 号

主营业务：印刷产品

主要产品：印刷各种书刊，杂志画册等

从业人员数（人）：12

销售额（万元）：40

资产总额（万元）：100

0430 兰州源中源印务有限公司

注 册 地：兰州市西固区西固中路

主营业务：画册印刷、信封档案袋印刷、台历挂历印刷等

从业人员数（人）：7

销售额（万元）：30

资产总额（万元）：40

0431 麦朵方正印婕数码快印

注 册 地：兰州市西固区合水路 334 号

主营业务：快印复印

主要产品：数码印刷、数码快印、设计制作、印刷包装

从业人员数（人）：5

销售额（万元）：25

资产总额（万元）：20

0432 兰州市西固区炫丽印刷包装厂

注 册 地：兰州市柳泉乡东坪村

主营业务：印刷包装

主要产品：印刷、装订、包装

从业人员数（人）：10

销售额（万元）：30，

资产总额（万元）：30

0433 兰州人民印刷厂

注 册 地：兰州市西固区西固中路 1388 号

主营业务：印刷品

主要产品：出版物、包装装潢及其他印刷品印刷

从业人员数（人）：70

销售额（万元）：2000

资产总额（万元）：1000

0434 兰州佳兴包装有限责任公司

注 册 地：兰州市柳泉乡东坪村

主营业务：印刷包装

主要产品：印刷、装订、包装

从业人员数（人）：8

销售额（万元）：30

资产总额（万元）：25

0435 兰州金城会议服务有限公司

注　册　地：兰州市西固区

主营业务：会议会展服务

从业人员数（人）：3

销售额（万元）：3.9

资产总额（万元）：20

0436 兰州石化学院印刷厂彩色喷绘中心

注　册　地：兰州市西固区山丹街1号

主营业务：印刷、彩喷

主要产品：印刷耗材、彩喷纸、打码机、喷码机、彩喷纸、防伪水印纸、表格印刷、其他印后加工设备

从业人员数（人）：20

销售额（万元）：50

资产总额（万元）：80

0437 兰州市西固区五洲印刷厂

注　册　地：兰州市西固区兰化43号楼

主营业务：印刷服务业

主要产品：打字、复印、文化办公用品、电脑刻字等

从业人员数（人）：8

销售额（万元）：30

资产总额（万元）：60

0438 宏达印刷厂

注　册　地：兰州市西固区四季青社区

主营业务：印刷品

主要产品：画册印刷、信封档案袋印刷、台历挂历印刷、无纺布袋印刷

从业人员数（人）：6

销售额（万元）：25

资产总额（万元）：30

0439 兰州笔必克会展有限公司

注　册　地：兰州市安宁区

主营业务：会务会展

从业人员数（人）：128

销售额（万元）：2680

资产总额（万元）：330

0440 兰州鑫鹏企业管理咨询有限公司

注　册　地：兰州市安宁区

主营业务：会议会展服务

从业人员数（人）：2

销售额（万元）：7

资产总额（万元）：13

0441 甘肃德吉央措会展服务有限公司

注　册　地：兰州市安宁区

主营业务：会务会展

从业人员数（人）：3

销售额（万元）：50

资产总额（万元）：18

0442 鑫鑫打印社

注　册　地：兰州市安宁区

主营业务：印刷复印

从业人员数（人）：4

销售额（万元）：6

资产总额（万元）：10

0443 星语星愿打字复印

注　册　地：兰州市安宁区

主营业务：复印印刷

从业人员数（人）：8

销售额（万元）：6

文化产品生产的辅助生产

资产总额（万元）：10

0444 兰州盛隆纸塑包装彩印有限公司

注 册 地：兰州市安宁区
主营业务：餐巾纸袋印刷
从业人员数（人）：10
销售额（万元）：42.5
资产总额（万元）：63

0445 安宁长江办公设备销售部

注 册 地：兰州市安宁区
主营业务：办公设备
从业人员数（人）：10
销售额（万元）：32
资产总额（万元）：120

0446 启智印务超市

注 册 地：兰州市安宁区
主营业务：复印印刷
从业人员数（人）：5
销售额（万元）：8
资产总额（万元）：10

0447 兰雅打印社

注 册 地：兰州市安宁区
主营业务：印刷复印
从业人员数（人）：6
销售额（万元）：8
资产总额（万元）：12

0448 兰州红升印务有限公司

注 册 地：兰州市安宁区
主营业务：本册印刷
从业人员数（人）：3
销售额（万元）：80
资产总额（万元）：36

0449 兰州飞彩印务有限责任公司

注 册 地：兰州市安宁区
主营业务：版面设计、印刷
主要产品：印刷
从业人员数（人）：5
销售额（万元）：20.3
资产总额（万元）：12

0450 甘肃高校振兴印务有限公司

注 册 地：兰州市安宁区
主营业务：书报刊印刷
主要产品：印刷
从业人员数（人）：33
销售额（万元）：408.8
资产总额（万元）：704.8

0451 兰州东方乐包装印务有限公司

注 册 地：兰州市安宁区
主营业务：包装装潢及印刷
从业人员数（人）：26
销售额（万元）：350.6
资产总额（万元）：410

0452 兰州聚源纸箱包装有限责任公司

注 册 地：兰州市安宁区
主营业务：纸箱纸盒制作
从业人员数（人）：10
销售额（万元）：154.6
资产总额（万元）：17.7

0453 兰州丽德彩印有限公司

注 册 地：兰州市安宁区
主营业务：包装装潢及印刷
从业人员数（人）：11
销售额（万元）：90
资产总额（万元）：450

0454 兰州东兰塑料彩印包装材料有限责任公司

注 册 地：兰州市安宁区

主营业务：包装装潢及印刷

从业人员数（人）：40

销售额（万元）：1954.1

资产总额（万元）：1403.2

0455 安宁宏峰印务中心

注 册 地：兰州市安宁区

主营业务：打字复印

从业人员数（人）：8

销售额（万元）：10

资产总额（万元）：10

0456 兰州安宁兴华彩印有限责任公司

注 册 地：兰州市安宁区

主营业务：包装装潢及其他印刷

从业人员数（人）：35

销售额（万元）：1475

资产总额（万元）：1200

0457 兰州市安宁红升印刷厂

注 册 地：兰州市安宁区

主营业务：印刷复印

从业人员数（人）：5

销售额（万元）：9

资产总额（万元）：11

0458 天韵三影碟行

注 册 地：兰州市红古区

主营业务：各类音像制品出租出售

从业人员数（人）：3

销售额（万元）：8

资产总额（万元）：10

0459 兰州坤煜工贸有限公司

注 册 地：兰州市红古区

主营业务：文化用品销售

从业人员数（人）：20

销售额（万元）：50

资产总额（万元）：80

0460 海石湾新生影视世界

注 册 地：兰州市红古区

主营业务：各类音像制品出租出售

从业人员数（人）：2

销售额（万元）：5

资产总额（万元）：8

0461 好来屋音像电子

注 册 地：兰州市红古区

主营业务：各类音像制品出租出售

从业人员数（人）：2

销售额（万元）：8

资产总额（万元）：9

0462 兰州市第十八中学印刷厂

注 册 地：兰州市红古区

主营业务：印刷服务

从业人员数（人）：15

销售额（万元）：80

资产总额（万元）：120

0463 亿杰印务有限公司

注 册 地：兰州市红古区

主营业务：打字复印

从业人员数（人）：3

销售额（万元）：9

资产总额（万元）：10

0464 海石湾鑫艺印务社

注 册 地：兰州市红古区

文化产品生产的辅助生产

主营业务：打字复印

从业人员数（人）：5

销售额（万元）：8

资产总额（万元）：9

0465 百通轻印社

注 册 地：兰州市红古区

主营业务：打字复印

从业人员数（人）：5

销售额（万元）：7

资产总额（万元）：8

0466 三友商店

注 册 地：兰州市红古区

主营业务：各类音像制品出租出售

从业人员数（人）：2

销售额（万元）：8

资产总额（万元）：9

0467 天一电脑工作室

注 册 地：兰州市红古区

主营业务：打字复印

从业人员数（人）：5

销售额（万元）：8

资产总额（万元）：10

0468 红古区海石湾开元图文经营部

注 册 地：兰州市红古区

主营业务：打字复印

从业人员数（人）：5

销售额（万元）：8

资产总额（万元）：9

0469 海莲音像店

注 册 地：兰州市红古区

主营业务：各类音像制品出租出售

从业人员数（人）：2

销售额（万元）：5

资产总额（万元）：6

0470 鑫达通讯

注 册 地：兰州市红古区

主营业务：打字复印

从业人员数（人）：3

销售额（万元）：8

资产总额（万元）：9

0471 晨星音像店

注 册 地：兰州市红古区

主营业务：各类音像制品出租出售

从业人员数（人）：2

销售额（万元）：5

资产总额（万元）：6

0472 兴盛轻印部

注 册 地：兰州市红古区

主营业务：打字复印

从业人员数（人）：2

销售额（万元）：8

资产总额（万元）：10

0473 红古腾飞轻印社

注 册 地：兰州市红古区

主营业务：打字复印

从业人员数（人）：3

销售额（万元）：8

资产总额（万元）：9

0474 旭达音像

注 册 地：兰州市红古区

主营业务：各类音像制品出租出售

从业人员数（人）：2

销售额（万元）：5

资产总额（万元）：8

0475 兰州鑫海湾酒店管理有限公司

注 册 地：兰州市红古区

主营业务：会展服务

从业人员数（人）：32

销售额（万元）：210

资产总额（万元）：333

0476 一杰图文印务部

注 册 地：兰州市红古区

主营业务：打字复印

从业人员数（人）：3

销售额（万元）：5

资产总额（万元）：6

0477 兰州美丽新娘婚礼策划中心

注 册 地：兰州市红古区

主营业务：会展服务

从业人员数（人）：33

销售额（万元）：220

资产总额（万元）：310

0478 兰州爱默尔庆典礼仪中心

注 册 地：兰州市红古区

主营业务：会展服务

从业人员数（人）：22

销售额（万元）：120

资产总额（万元）：130

0479 兰州耀阳商贸有限公司

注 册 地：兰州市红古区

主营业务：文化用品销售

从业人员数（人）：10

销售额（万元）：10

资产总额（万元）：30

0480 红古窑街玲玲文印社

注 册 地：兰州市红古区

主营业务：打字复印

从业人员数（人）：3

销售额（万元）：5

资产总额（万元）：6

0481 兰州蝶恋花婚礼庆典店

注 册 地：兰州市红古区

主营业务：会展服务

从业人员数（人）：22

销售额（万元）：222

资产总额（万元）：312

0482 海石湾瑞派广告装饰部

注 册 地：兰州市红古区

主营业务：打字复印

从业人员数（人）：8

销售额（万元）：7

资产总额（万元）：8

0483 长胜文印社

注 册 地：兰州市红古区

主营业务：打字复印

从业人员数（人）：8

销售额（万元）：8

资产总额（万元）：9

0484 光耀电脑科技部

注 册 地：兰州市红古区

主营业务：打字复印

从业人员数（人）：2

销售额（万元）：8

资产总额（万元）：9

0485 甘肃天健雅阁酒店管理有限公司

注 册 地：兰州市红古区

主营业务：会展服务

从业人员数（人）：40

销售额（万元）：196

资产总额（万元）：300

0486 兰州嘉里商务管理有限公司

注 册 地：兰州市红古区

主营业务：会展服务

从业人员数（人）：32

销售额（万元）：220

资产总额（万元）：311

0487 金鼎打字复印社

注 册 地：兰州市红古区

主营业务：打字复印

从业人员数（人）：2

销售额（万元）：5

资产总额（万元）：6

0488 红古腾飞轻印社平安路店

注 册 地：兰州市红古区

主营业务：打字复印

从业人员数（人）：3

销售额（万元）：5

资产总额（万元）：6

0489 红古窑街顺航打字复印

注 册 地：兰州市红古区

主营业务：打字复印

从业人员数（人）：3

销售额（万元）：5

资产总额（万元）：6

0490 兰州红盛源商贸有限公司

注 册 地：兰州市红古区

主营业务：文化用品销售

从业人员数（人）：12

销售额（万元）：20

资产总额（万元）：40

0491 窑街科鸿数码工作室

注 册 地：红古区

主营业务：打字复印

从业人员数（人）：2

销售额（万元）：5

资产总额（万元）：7

0492 环萍广告打字复印社

注 册 地：兰州市红古区

主营业务：打字复印

从业人员数（人）：3

销售额（万元）：8

资产总额（万元）：9

0493 兰州达兴盛商贸有限公司

注 册 地：兰州市红古区

主营业务：文化用品销售

从业人员数（人）：12

销售额（万元）：50

资产总额（万元）：80

0494 榆中新世纪打印店

注 册 地：兰州市榆中县

主营业务：排版、制版、印刷、装订、复印、打印等

主要产品：印刷品文件、资料、图表、票证、证件、名片

从业人员数（人）：1

销售额（万元）：3

资产总额（万元）：2

0495 榆中鑫源数码图文部

注 册 地：兰州市榆中县

主营业务：打字、复印、照相；文化用品零售

主要产品：集彩色数码印刷、黑白数码印刷、复印、招投标文件印刷、工程图复印、CAD出图晒图、各类精美装订、扫描归档、酒店

菜谱、个性化台历挂历、请柬、贺卡、通讯录、商务印刷等

从业人员数（人）：2

销售额（万元）：3

资产总额（万元）：2

0496 榆中火烈鸟复印部

注 册 地：兰州市榆中县

主营业务：打字复印

从业人员数（人）：2

销售额（万元）：7

资产总额（万元）：5

0497 榆中广林印务部

注 册 地：兰州市榆中县

主营业务：打字复印

从业人员数（人）：2

销售额（万元）：5

资产总额（万元）：3

0498 榆中宏畅信息咨询中心

注 册 地：兰州市榆中县和平镇袁家营新农村小区 8-045 号

主营业务：商业机会调查研究；可行性研究报告编写服务；管理咨询；广告策划；效果图制作服务

从业人员数（人）：6

销售额（万元）：10

资产总额（万元）：12

简 介：榆中县宏畅信息咨询中心成立于2014 年 2 月，是一家以提供投资咨询和管理服务为主的单位。中心主要服务范围既包括提供市场商业机会调研、投资项目可行性研究、管理咨询等高端咨询服务，也包括广告文化创意、文案设计等中端创意服务，还包括管理技术培训、会计代理、纳税代理等日常管理业务代办等服务。

0499 甘肃新亚印务有限公司

注 册 地：兰州市榆中县来紫堡乡方家泉村

主营业务：出版物、产品外包装及其他印刷制品印刷。

主要产品：出版物、产品外包装

从业人员数（人）：80

销售额（万元）：130

资产总额（万元）：1500

0500 永登县经纬影像图文数码信息服务中心

注 册 地：兰州市永登县

主营业务：印刷复制服务等

从业人员数（人）：12

销售额（万元）：50

资产总额（万元）：73

0501 永登方圆印刷厂

注 册 地：兰州市永登县

主营业务：版权服务等

从业人员数（人）：16

销售额（万元）：58，

资产总额（万元）：82

0502 永登青龙印刷厂

注 册 地：兰州市永登县

主营业务：版权服务等

从业人员数（人）：20

销售额（万元）：65，

资产总额（万元）：116

0503 永登县新星印刷厂

注 册 地：兰州市永登县

主营业务：版权服务等

从业人员数（人）：21

销售额（万元）：70

资产总额（万元）：104

0504 永登县神舟印刷厂

注　册　地：兰州市永登县

主营业务：版权服务等

从业人员数（人）：19

销售额（万元）：65

资产总额（万元）：103

0505 兰州大漠风会议会展服务中心

注　册　地：兰州市永登县

主营业务：会展服务等

从业人员数（人）：16

销售额（万元）：50

资产总额（万元）：110

0506 永登浩源图文文印社

注　册　地：兰州市永登县

主营业务：印刷复制

从业人员数（人）：12

销售额（万元）：43

资产总额（万元）：58

0507 永登县文教印刷厂

注　册　地：兰州市永登县

主营业务：版权服务等

从业人员数（人）：21

销售额（万元）：68

资产总额（万元）：110

0508 甘肃祁连山工贸发展有限公司印刷厂

注　册　地：兰州市永登县

主营业务：版权服务等

从业人员数（人）：28

销售额（万元）：100

资产总额（万元）：150

0509 兰州永宏太平鼓旅游产业发展有限公司

注　册　地：兰州市皋兰县工商局

主营业务：生产、销售、演出、工艺品研发

主要产品：太平鼓

从业人员数（人）：355

销售额（万元）：730

资产总额（万元）：1000

简　　　介：兰州永宏太平鼓艺术团（原兰州市太平鼓队）隶属国家级非物质文化遗产传承人魏永宏先生创办的兰州永宏太平鼓文化旅游产业发展有限公司，1990 年代表兰州参加第十一届亚运会艺术表演时初创。鼓队队员 100 余人均系甘肃省兰州市皋兰县人士，是甘肃省唯一一家由省文化厅颁发"营业性演出许可证"的专业鼓乐艺术团体，同时也是中国文化部下属"中国民族文化促进交流会"的会员（从事中国对外文化交流活动），中国民族打击乐学会会员。

0510 酒泉市汇丰彩色印刷广告有限公司

注　册　地：酒泉市

主营业务：出版物及其他印刷品印刷

主要产品：书刊、画册、DM

从业人员数（人）：20

销售额（万元）：100

资产总额（万元）：200

简　　　介：本公司拥有世界顶级印刷设备——德国全新四色海德堡的专业印刷企业，现有设计部、印刷部、装订部、综合办公室、材料供应部等五个部门。公司成立于 2001 年，是一家集精装画册、广告宣传册、精装书刊、说明书、海报、楼书、礼盒印刷、覆膜、裱糊及各类包装加工于一身的综合型专业印刷企业。

0511 酒泉众通文化传媒有限责任公司

注 册 地：酒泉市肃州区

主营业务：文化艺术培训、交流、策划；婚庆、庆典、会展服务；广告的设计、制作、代理、发布；专业舞台灯光音响、电子产品的销售、安装、调试；商务咨询及策划；室内外装饰装修工程

从业人员数（人）：2

资产总额（万元）：510

0512 酒泉瑞丰彩色印刷有限责任公司

注 册 地：酒泉市肃州区

主营业务：印刷品印刷（凭有效期内印刷经营许可证经营）；名片制作；计算机及耗材、文化用品、计算机软件、打印机、复印机销售；打字、复印；电脑维修；设计制作灯箱、条幅、印刷品广告；商标标识的印刷；室内设计；广告的设计、制作、发布

从业人员数（人）：2

资产总额（万元）：50

0513 酒泉市晟通印刷有限责任公司

注 册 地：酒泉市肃州区

主营业务：印刷品的印刷；广告的设计；灯箱、路牌、霓虹灯的制作；文化用品、办公设备、印刷耗材的批发、零售

主要产品：印刷品

从业人员数（人）：2

资产总额（万元）：50

0514 酒泉汇丰包装印刷文化发展有限公司

注 册 地：酒泉市肃州区

主营业务：产品外包装及其他印刷品印刷（凭有效期内印刷经营许可证经营）；广告的设计、制作、发布、代理；与主营业务有关的产品设计、技术培训、咨询服务、设备租赁；展览展示服务、会务服务；农副产品加工、铝制品加工、塑料制品加工；文化用品、纸张、五金交电、电器、电缆、印刷材料、印刷零配件、日用杂品、日用百货的批发零售

主要产品：产品外包装及其他印刷品

从业人员数（人）：2

资产总额（万元）：500

0515 酒泉金桥文化传播有限责任公司

注 册 地：酒泉市肃州区

主营业务：文化产业服务与咨询；中外文化交流；企业形象庆典策划；会议展示、展览；旅游文化开发与推广；打字复印；电子商务（不得从事增值电信、金融业务）；LED电子屏、音响设备租赁服务；其他印刷品印刷；财务、企业管理咨询服务；信息技术咨询服务；计算机系统、工程设计、安装服务；文化办公用品、节能环保产品的销售；室内外装饰装潢工程的施工

从业人员数（人）：2

资产总额（万元）：30

0516 康乃升文化传媒有限责任公司

注 册 地：酒泉市肃北县

主营业务：文化宣传、公益宣传、民俗研究、艺术策划、艺术设计、艺术培训、喷绘印务、写真摄影、影音制作、彩绘装饰、家装代理、婚庆礼仪服务、民俗产品展览及销售等

销售额（万元）：15

资产总额（万元）：30

0517 酒泉佳诺会议展览服务有限责任公司

注 册 地：酒泉市肃州区

主营业务：会议会展服务、接待服务、项目策划服务、展览展示、会议票务服务、旅游咨询服务、导游服务、个人商务服务、工艺

礼品销售

从业人员数（人）：5

销售额（万元）：100

资产总额（万元）：10

0518 酒泉东方国际会议会展有限责任公司

注 册 地：酒泉市肃州区仓门街 6 号

主营业务：会议、会展服务、票务代理

从业人员数（人）：5

销售额（万元）：10

资产总额（万元）：10

0519 酒泉思创会议会展有限责任公司

注 册 地：酒泉市肃州区肃园街 14 号（民政宾馆 212 室）

主营业务：会议、会展服务

从业人员数（人）：5

销售额（万元）：100

资产总额（万元）：3

0520 酒泉市银丰印刷物资有限责任公司

注 册 地：酒泉市肃州区南环西路 10 号

主营业务：其他印刷品印刷；设计制作印刷品广告；文化用品、纸、五金交电（不含进口摄录相机）、化工产品（除国家限制外）、农副产品（不含玉米、小麦）、印刷材料、日用百货、日用杂品的批发、零售

从业人员数（人）：5

销售额（万元）：100

资产总额（万元）：50

0521 酒泉瑞丰彩色印刷有限责任公司

注 册 地：酒泉市肃州区酒金西路 13 号 C 区

主营业务：其他印刷品印刷；印刷制作名片；计算机及耗材、文化用品、计算机软件、打印机、复印机销售；打字、复印；电脑维修；设计制作灯箱、条幅、印刷品广告；商标标识的印刷；批；室内设计；广告的设计、制作、发布

从业人员数（人）：5

销售额（万元）：100

资产总额（万元）：50

0522 酒泉日报社印刷厂

注 册 地：酒泉市肃州区神舟路 27 号

主营业务：报刊、杂志、书刊、其他印刷品的制版、排版、印刷装订

从业人员数（人）：5

销售额（万元）：210

资产总额（万元）：210

0523 酒泉市汇丰彩色印刷广告有限公司

注 册 地：酒泉市肃州区太阳岛小区西北角 34 号

主营业务：出版物（仅限内部资料性出版物）及其他印刷品印刷（印刷经营许可证有效期限以年度核验为准）；广告的设计、制作、发布、代理；文化用品、纸张、五金交电、电器、电缆、化工产品（不含化学危险品）、农副产品、印刷材料、日用杂品、日用百货的销售

从业人员数（人）：5

销售额（万元）：150

资产总额（万元）：150

0524 酒泉市印刷厂有限责任公司

注 册 地：酒泉市肃州区祁连路 44 号

主营业务：印刷、制版、装订，商标印刷及其他印刷品印刷、产品销售

从业人员数（人）：5

销售额（万元）：140

资产总额（万元）：140

0525 酒泉市统计印务中心

注 册 地：酒泉市肃州区神舟路 15 号

主营业务：内部书刊、统计资料、统计报表的印刷

从业人员数（人）：5

销售额（万元）：100

资产总额（万元）：30

0526 玉门速能达印务中心

注 册 地：酒泉市玉门市新市区

主营业务：其他印刷品印刷

从业人员数（人）：2

销售额（万元）：22

资产总额（万元）：16

0527 玉门市新彩装印部

注 册 地：酒泉市玉门市新市区

主营业务：其他印刷品印刷

从业人员数（人）：3

销售额（万元）：30

资产总额（万元）：26

0528 腾旺文印中心

注 册 地：酒泉市玉门市新市区

主营业务：其他印刷品印刷

从业人员数（人）：6

销售额（万元）：50

资产总额（万元）：36

0529 中大工程图绘服务部

注 册 地：酒泉市玉门市新市区

主营业务：工程设计

从业人员数（人）：6

销售额（万元）：68

资产总额（万元）：30

0530 玉门市新华夏印务中心

注 册 地：酒泉市玉门市新市区

主营业务：其他印刷品印刷

从业人员数（人）：4

销售额（万元）：45

资产总额（万元）：20

0531 玉门新科电脑服务部

注 册 地：酒泉市玉门市新市区

主营业务：打字复印，装潢设计

从业人员数（人）：2

销售额（万元）：30

资产总额（万元）：16

0532 玉门二中育才印刷厂

注 册 地：酒泉市玉门市新市区

主营业务：其他印刷品印刷

从业人员数（人）：6

销售额（万元）：80

资产总额（万元）：100

0533 海欣印刷厂

注 册 地：酒泉市玉门市新市区

主营业务：其他印刷品印刷

从业人员数（人）：6

销售额（万元）：50

资产总额（万元）：38

0534 玉门博浩印刷装订中心

注 册 地：酒泉市玉门市新市区

主营业务：其他印刷品印刷

从业人员数（人）：2

销售额（万元）：30

资产总额（万元）：18

0535 玉门华夏印刷公司

注 册 地：酒泉市玉门市老市区

主营业务：其他印刷品印刷

从业人员数（人）：4

销售额（万元）：55

资产总额（万元）：30

0536　玉兴印刷厂

注　册　地：酒泉市玉门市新市区

主营业务：其他印刷品印刷

从业人员数（人）：6

销售额（万元）：50

资产总额（万元）：26

0537　肃北县乾雅旅游有限责任公司

注　册　地：酒泉市肃北县

主营业务：旅游资源项目咨询、旅游用品销售、文化产业传媒、文化创意服务、娱乐休闲、体育赛事、民族特色餐饮、商务会展、汽车租赁

从业人员数（人）：16

销售额（万元）：10

资产总额（万元）：300

简　　　介：肃北县乾雅旅游有限责任公司成立于 2013 年 7 月，主要经营旅游资源项目咨询、旅游用品销售、文化产业传媒、文化创意服务、娱乐休闲、体育赛事、民族特色餐饮、商务会展、汽车租赁等项目。公司成立以来，大力发挥民族文化旅游融合发展优势，先后在酒泉、敦煌等地组织开展旅游推介活动，推广宣传我县的民族旅游优势和民族传统文化。具体承办民族特色餐饮、娱乐休闲项目和民族体育体验比赛等内容。

0538　甘肃慧音文化传播中心

注　册　地：甘肃省兰州市嘉峪关西路 392 号

主营业务：乐理知识培训信息咨询、企业管理咨询、文化艺术交流策划、企业形象策划、市场营销策划、会务、会展服务、服装设计、国内各类广告设计、制作、代理、发布；乐器、文化体育用品、服装、皮具、工艺品的批发、零售

从业人员数（人）：3

销售额（万元）：10

资产总额（万元）：30

0539　嘉峪关信远会议会展服务有限责任公司

注　册　地：嘉峪关市酒钢宾馆西 A 楼（胜利北路 2 号）

从业人员数（人）：2

销售额（万元）：31

资产总额（万元）：39

0540　嘉峪关传美文化传播有限公司

注　册　地：嘉峪关市文化南路 1266-1 号

主营业务：会展服务；礼仪庆典服务；企业营销策划；广告设计、制作、代理、发布；装饰材料、五金交电、日用百货、办公用品、体育用品、电子产品、计算机软件及辅助设备、工艺品（不含国家限制经营项目）、花卉的批发、零售；灯具、音响设备、服装批发、零售及租赁服务。

从业人员数（人）：20

销售额（万元）：87

资产总额（万元）：39

0541　嘉峪关市西艺文化传媒有限责任公司

注　册　地：嘉峪关市文化南路 1388-2 号

主营业务：文化艺术交流及传播；文化、商务活动策划与执行；创意设计与制作；市场营销；企业形象策划；礼仪庆典服务；演出活动舞台设计制作；会议及展览服务；多媒体及标识牌匾的制作；广告的设计、制作、

代理、发布

从业人员数（人）：10

资产总额（万元）：110

0542 嘉峪关市新艺印刷有限责任公司

注 册 地：嘉峪关市胜利中路 26 号（原运管处车库）

主营业务：其他印刷品印刷（印刷经营许可证有效期至 2014-12-31）；办公用品零售

销售额（万元）：98.53

资产总额（万元）：66.11

0543 嘉峪关睿力商贸有限公司

注 册 地：嘉峪关市商业步行街 3-1-28 号

主营业务：文具用品、体育用品、五金交电、家用电器、农副产品、日用百货、水产品、建材、机电设备、化工产品、矿产品的批发、零售；广告设计、制作代理、发布；会议会展服务；庆典服务

从业人员数（人）：4

销售额（万元）：85.94

资产总额（万元）：34.77

0544 嘉峪关鹏程印刷有限公司

注 册 地：嘉峪关市兰新东路 23-2 号

主营业务：其他印刷品印刷（印刷经营许可证有效期限至 2014-12-31）；复印、打字；包装袋、文化用品、办公用品的批发、零售；广告设计、制作、发布

从业人员数（人）：8

销售额（万元）：24.84

资产总额（万元）：190.34

0545 嘉峪关君和会议服务有限公司

注 册 地：嘉峪关市雄关西路 2 号

主营业务：会议咨询、会议策划；玉器、鲜花、工艺品、服装、日用百货、办公用品、

化妆品的零售；代订机票

从业人员数（人）：3

销售额（万元）：29.33

资产总额（万元）：51.55

0546 嘉峪关豪派印刷有限公司

注 册 地：嘉峪关市镜铁区体育大道紫竹园小区商铺 199-10 号

主营业务：其他印刷品印刷；电脑图文制作；纸制品加工；印刷机械及其耗材的批发、零售

从业人员数（人）：10

资产总额（万元）：157.91

0547 嘉峪关大剧院文化传媒有限公司

注 册 地：嘉峪关市文化中路 1598 号

主营业务：公共场所（影剧院）服务（以许可证为准）；体育场馆管理服务；广告设计、制作、代理、发布；会议及展览服务；企业形象设计；文艺演出（以备案证明为准）；服装、体育用品零售及租赁服务；预包装食品兼散装食品、乳制品零售；房屋租赁

销售额（万元）：58.96

资产总额（万元）：1000

0548 嘉峪关市辉煌美术文化有限责任公司

注 册 地：嘉峪关市南市区北横一路南侧

主营业务：会议会展服务；工艺品、宣纸、文具用品及绘画材料批发、零售；企业文化策划；书法、美术交流；字画装裱

资产总额（万元）：60

0549 甘肃首嘉文化创意有限公司

注 册 地：嘉峪关市五一南路 2008 号

主营业务：旅游纪念品、工艺美术品的开发、销售；文化项目的咨询、文化艺术品展览策划

从业人员数（人）：1

资产总额（万元）：600

0550 嘉峪关华艺印刷有限公司

注 册 地：嘉峪关市文化南路 742-21 号

主营业务：其他印刷品印刷；办公用品批发、零售

从业人员数（人）：5

销售额（万元）：46.7

资产总额（万元）：42.5

0551 嘉峪关市神韵文化传播有限责任公司

注 册 地：嘉峪关市体育产业开发中心外33 号

主营业务：数字音频的制作；广告设计、制作、发布；礼仪活动策划；电子产品、办公自动化设备、电工材料、日用百货、家用电器、电力电工设备、音响灯光设备、乐器的批发、零售；演出设备租赁

从业人员数（人）：5

资产总额（万元）：10

0552 嘉峪关市飞天游乐设备有限公司

注 册 地：嘉峪关市嘉北工业园区

主营业务：游艺器材及娱乐用品的生产、销售

从业人员数（人）：3

销售额（万元）：49

资产总额（万元）：10

0553 嘉峪关市辉煌美术文化有限责任公司

注 册 地：嘉峪关市南市区北横一路南侧

主营业务：会议会展服务；工艺品、宣纸、文具用品及绘画材料批发、零售；企业文化策划；书法、美术交流；字画装裱

从业人员数（人）：15

0554 嘉峪关景程阳光会务有限责任公司

注 册 地：嘉峪关市绿景苑楼下 2 号

主营业务：会议及展览服务；礼仪服务；公关策划；代理机票客票；花卉；电子产品（不含国家限制经营项目）的批发、零售

从业人员数（人）：6

资产总额（万元）：92977

0555 嘉峪关旅游景区管理开发有限公司

注 册 地：嘉峪关市峪泉镇

主营业务：文化旅游景区项目策划、投资、开发、经营；文化旅游景区基础设施、配套设施、服务项目的规划、投资、建设、经营、管理；演艺娱乐、影视节目制作发行（以许可证为准）；旅游纪念品、旅游商品开发、销售

从业人员数（人）：335

销售额（万元）：4767.15

资产总额（万元）：60108.29

0556 嘉峪关奇熠文化传播有限公司

注 册 地：嘉峪关市金橘园 C5 栋 3-12 号

主营业务：文艺会议及展览服务；企业管理咨询；企业形象策划；广告设计、制作、代理、发布；图文设计、制作服务；数据处理服务；计算机维修及软件服务；电子产品（此项不含国家限制经营项目）、文具用品、体育用品、日杂百货、五金建材、劳保用品、化妆品、计算机、软件及辅助设备批发兼零售

从业人员数（人）：6

资产总额（万元）：49.44

0557 嘉峪关市方圆印业有限责任公司

注 册 地：嘉峪关市建设西路 10 号

主营业务：出版物及其他印刷品印刷（以许可证为准）；文化用品、办公用品、日用百货的批发、零售；房屋租赁；（以下仅限分公司经营）公共场所服务

从业人员数（人）：25

销售额（万元）：486.09

资产总额（万元）：1038.15

0558 甘肃嘉旅文化投资股份有限公司

注 册 地：嘉峪关市玉泉南路498D-5号

主营业务：旅游景区投资开发；文化产业及艺术品投资；酒店、服务业投资管理

从业人员数（人）：5

资产总额（万元）：43614.65

0559 金昌市天裕奇印务有限责任公司

注 册 地：金昌市

主营业务：印刷复制

从业人员数（人）：12

销售额（万元）：83

资产总额（万元）：60

0560 傲然印务公司

注 册 地：金昌市

主营业务：印刷复制

从业人员数（人）：2

销售额（万元）：2

资产总额（万元）：50

0561 镍都实业印刷厂

注 册 地：金昌市

主营业务：印刷复制

从业人员数（人）：12

销售额（万元）：4.6

资产总额（万元）：12

0562 金昌市翰林文化艺术有限公司

注 册 地：金昌市

主营业务：印刷复制

从业人员数（人）：1

销售额（万元）：13

资产总额（万元）：30

0563 金昌市文联印刷厂

注 册 地：金昌市

主营业务：印刷复制

从业人员数（人）：4

销售额（万元）：44.8

资产总额（万元）：121.3

0564 金川集团金昌立昇实业有限公司

注 册 地：金昌市

主营业务：印刷复制

从业人员数（人）：260

销售额（万元）：5000

资产总额（万元）：5350

简　　介：立昇实业公司位于甘肃省金昌市新华东路23号，是集印刷、广告、标牌、模型制作、橡胶化工、综合营销为一体的综合性企业。企业注册资金983.87万元，由金川集团公司和镍都实业公司出资及员工个人出资组建。公司主要经营业务包括彩色和黑白平面印刷，高精度数码影像输出，激光数码彩色扩印，多种材质标牌、宣传栏制作，广告、海报、装饰装潢设计制作，企事业单位VI设计、制作、施工，生产各种规格高压胶管、滤芯、波纹管、橡胶输送带、高纯度化学试剂等。

0565 金昌印佳商务有限公司

注 册 地：金昌市

主营业务：印刷复制

从业人员数（人）：6

销售额（万元）：15

资产总额（万元）：0.5

0566 甘肃五彩商务印刷有限责任公司

注 册 地：金昌市

主营业务：印刷复制

从业人员数（人）：12

销售额（万元）：15.72

资产总额（万元）：86

0567 永昌御山文化旅行社有限责任公司

注 册 地：金昌市永昌县城关镇九区罗马街

主营业务：入境旅游业务，国内旅游业务，
代订交通客票，代订住宿；接受委托办理差
旅、考察、会议等公务活动；影像制品零售，
打字、复印服务；工艺礼品设计、制作、销
售，广告装裱、设计、制作；古玩鉴赏

从业人员数（人）：3

销售额（万元）：120

资产总额（万元）：44

0568 永昌县热点文化传播有限公司

注 册 地：金昌市永昌县城关镇永福苑社区
1楼

主营业务：企业形象设计，品牌策划，展会
策划，计算机图文设计，广告设计、制作、
代理、发布，文化艺术交流

从业人员数（人）：3

销售额（万元）：3.5

资产总额（万元）：50

0569 河西堡镇博士文化用品店

注 册 地：金昌市永昌县河西堡镇平口路

主营业务：体育、办公、文化用品零售，打
字、复印服务

从业人员数（人）：2

销售额（万元）：3

资产总额（万元）：3

0570 永昌县城关镇白斌打字复印部

注 册 地：金昌市永昌县城关镇东街

主营业务：打字、复印、广告装饰服务

从业人员数（人）：3

销售额（万元）：12

资产总额（万元）：10

0571 赵守华打字、复印部

注 册 地：金昌市永昌县红山窑乡交易区

主营业务：打字、复印服务

从业人员数（人）：2

销售额（万元）：1.3

资产总额（万元）：0.5

0572 永昌县河西堡镇学友文印部

注 册 地：金昌市永昌县河西堡镇河雅路

主营业务：打字、复印服务

从业人员数（人）：2

销售额（万元）：2

资产总额（万元）：2

0573 河西堡镇丑小鸭电脑文印部

注 册 地：金昌市永昌县河西堡镇河雅路

主营业务：打字、复印服务

从业人员数（人）：2

销售额（万元）：3

资产总额（万元）：10

0574 永昌县新城子镇汇鑫文印部

注 册 地：金昌市永昌县新城子镇西街

主营业务：打字复印

从业人员数（人）：2

销售额（万元）：2

资产总额（万元）：1

0575 李菊文照相馆

注　册　地：金昌市永昌县红山窑交易区

主营业务：照像、打字、复印服务

从业人员数（人）：2

销售额（万元）：1.5

资产总额（万元）：0.5

0576 朱王堡镇书艺装璜店

注　册　地：金昌市永昌县朱王堡镇

主营业务：打字复印、牌匾制作

从业人员数（人）：1

销售额（万元）：1

资产总额（万元）：4

0577 刘建玲字画装裱服务店

注　册　地：金昌市永昌县城关镇文昌路

主营业务：字画装裱服务

从业人员数（人）：1

销售额（万元）：1

资产总额（万元）：0.5

0578 甘肃骊靬文化旅游有限责任公司

注　册　地：金昌市永昌县

主营业务：经营旅游项目建设、旅游地产开发、旅游投资融资、旅游运输服务、旅游文化演艺、旅游信息咨询、旅游广告展览和旅游商品开发等业务

从业人员数（人）：11

资产总额（万元）：1000

简　　介：甘肃骊靬文化旅游有限责任公司由甘肃省公路航空旅游投资集团与永昌县人民政府共同组建成立，注册资本1000万，公司以整合永昌旅游资源、开发永昌旅游市场、拓宽投资融资渠道、提升旅游产业形象为宗旨，主要负责经营旅游项目建设、旅游地产开发、旅游投资融资、旅游运输服务、旅游文化演艺、旅游信息咨询、旅游广告展览和旅游商品开发等业务。公司按照"注册在当地、税收在当地、就业在当地、产业效应释放在当地、所获利润用于当地"的方针，整合全县旅游资源，规划、开发、建设御山、骊靬、北海子三大旅游景区。利用现有资源优势，计划将圣容寺、毛卜喇、车辙沟、花草滩建设成全国最大的汽车旅游区和低空飞行区。依托骊靬古城的开发建设，以骊靬大道为界：路东建设骊靬古城、骊靬公园、骊靬影视城、骊靬美食城等设施；路西建设有欧式建筑的罗马城。

0579 河西堡镇希望星文印部

注　册　地：金昌市永昌县河西堡镇河雅路

主营业务：打字、复印服务

从业人员数（人）：1

销售额（万元）：0.8

资产总额（万元）：1.5

0580 河西堡镇文友电脑服务部

注　册　地：金昌市永昌县河西堡镇河雅路

主营业务：打字、复印服务

从业人员数（人）：1

销售额（万元）：2.2

资产总额（万元）：3

0581 永昌骊靬喜乐生态农业旅游发展有限公司

注　册　地：金昌市永昌县

主营业务：蔬果和绿化植物的种植、培育；者来寨中华文化村体验

主要产品：蔬菜、绿化植物

资产总额（万元）：1800

0582 城关镇艺海打字复印店

注　册　地：金昌市永昌县城关镇环城南路东

主营业务：打字、复印服务、灯箱、牌匾、

霓虹灯制做

从业人员数（人）：2

销售额（万元）：5

资产总额（万元）：4

0583　永昌县佳美印刷有限公司

注　册　地：金昌市永昌县河西堡镇河雅路173号

主营业务：其他印刷品印刷，办公耗材销售

从业人员数（人）：4

销售额（万元）：40

资产总额（万元）：64

0584　河西堡镇四方电脑复印部

注　册　地：金昌市永昌县河西堡镇

主营业务：打字、复印、刻章服务，匾牌制作销售，电脑及耗材销售

从业人员数（人）：2

销售额（万元）：5

资产总额（万元）：10

0585　祁培名字画装裱服务部

注　册　地：金昌市永昌县城关镇东街

主营业务：字画装裱服务

从业人员数（人）：2

销售额（万元）：6

资产总额（万元）：17

0586　六坝乡英姿照像馆

注　册　地：金昌市永昌县六坝乡罗马市场

主营业务：照像、理发服务、打字复印、刻章

从业人员数（人）：2

销售额（万元）：7

资产总额（万元）：20

0587　永昌县河西堡镇天彩喷绘店

注　册　地：金昌市永昌县河西堡镇银河路

主营业务：广告牌制作、销售，打字、复印、装饰、装潢、喷绘服务

从业人员数（人）：2

销售额（万元）：3.5

资产总额（万元）：10

0588　河西堡镇川石斋书画装裱店

注　册　地：金昌市永昌县河西堡镇河雅路

主营业务：书画装裱服务

从业人员数（人）：2

销售额（万元）：2.4

资产总额（万元）：6

0589　甘肃华源文化产业集团有限公司

注　册　地：兰州市天水南路160号

主营业务：文化产业项目、博物馆项目、数字影院建设项目、文化创意产业园区建设项目投资；境外投资；进出口贸易；经营演出及经纪业务；广告策划、制作、代理及发布；电子科技产品；文化艺术咨询服务；会议展览服务；工艺美术品、艺术品的设计、销售

从业人员数（人）：90

销售额（万元）：2600

资产总额（万元）：15500

0590　兰州高教创业科技有限公司

注　册　地：兰州市城关区天水南路190号

主营业务：文化交流与传播咨询、文化艺术发展咨询；人力资源管理与服务；计算机软硬件开发；视频影像技术咨询与服务

从业人员数（人）：5

销售额（万元）：30

资产总额（万元）：50

0591　天水盛典文化有限责任公司

注　册　地：天水市秦州区

主营业务：灯光、音响租赁；电影制作；影

视剧拍摄；音乐制作

从业人员数（人）：12

销售额（万元）：30

资产总额（万元）：50

简　　介：天水盛典文化有限责任公司创立于 2011 年，以影视剧拍摄、活动策划，新品发布，商业演绎等广告业及其相关行业为服务内容。

0592　天水新华印刷厂

注　册　地：天水市秦州区赤峪路 109 号

主营业务：书刊印刷

从业人员数（人）：425

销售额（万元）：3545

资产总额（万元）：16475

简　　介：天水新华印刷厂位于甘肃省东南部素有"陇上小江南"之美誉的历史文化名城——天水市。工厂占地 160 余亩，厂区建筑面积 23361 平方米，现有在职职工 544 人。工厂现下设十五个职能部门、四个生产车间。其主要面向社会承印中小学课本、教辅资料、本版图书、报纸、报刊、画册等社会产品和各类纸类包装箱，同时承担着各类考试试卷印制任务。

0593　羲通公交广告公司

注　册　地：天水市南湖公交总站

主营业务：承印样本印刷、画册印刷、海报印刷、名片印刷、三折页印刷、不干胶印刷、联单印刷、单页印刷、彩页印刷、招贴印刷、笔记本印刷、信封印刷、信纸印刷、封套印刷、手提袋印刷、请柬印刷等一系列服务

从业人员数（人）：6

销售额（万元）：25

资产总额（万元）：50

0594　秦州区誉印厂

注　册　地：天水市解放路 80 号

主营业务：其他印刷品印刷

从业人员数（人）：5

销售额（万元）：24

资产总额（万元）：50

0595　天水市统计计算机中心

注　册　地：天水市建设路 263 号

主营业务：其他印刷品印刷

从业人员数（人）：5

销售额（万元）：25

资产总额（万元）：50

0596　天水日报博通彩印有限公司秦州分公司

注　册　地：天水市秦州区民主东路 86 号

主营业务：其他印刷品印刷

从业人员数（人）：11

销售额（万元）：42

资产总额（万元）：26.6 万元

0597　金星包装装潢印刷

注　册　地：天水市窝坨村

主营业务：其他印刷品印刷

从业人员数（人）：5

销售额（万元）：20

资产总额（万元）：50

0598　雅盛印务中心

注　册　地：天水市秦州区西团庄

主营业务：其他印刷品印刷

从业人员数（人）：4

销售额（万元）：18

资产总额（万元）：35

文化产品生产的辅助生产

0599 天水中联商务有限公司

注 册 地：天水市重新街 4 号

主营业务：其他印刷品印刷

从业人员数（人）：3

销售额（万元）：14

资产总额（万元）：30

0600 文正印刷有限公司

注 册 地：天水市合作巷 1 号

主营业务：其他印刷品印刷

从业人员数（人）：4

销售额（万元）：22

资产总额（万元）：50

0601 天水新华印务有限公司

注 册 地：天水市大众路 34 号

主营业务：其他印刷品印刷

从业人员数（人）：5

销售额（万元）：22

资产总额（万元）：50

0602 华云印刷厂

注 册 地：天水市

主营业务：其他印刷品印刷

从业人员数（人）：5

销售额（万元）：23

资产总额（万元）：50

0603 秦州区飞鸿图文快印中心

注 册 地：电缆厂 21 号楼下

主营业务：其他印刷品印刷

从业人员数（人）：3

销售额（万元）：14

资产总额（万元）：30

0604 天水派尔彩印有限公司

注 册 地：天水经济开发区东十里工业园区

主营业务：数码塑料彩印、软包装、塑料制粒、塑料拉膜生产和销售

从业人员数（人）：70

销售额（万元）：1205.8

资产总额（万元）：7480

简　　介：天水派尔彩印公司是一家集塑料数码彩印、吹膜、注塑、铝箔包装等各类生产销售于一身的大型高科技印刷企业，厂区占地面积 35000 平方米，绿化面积达 58.6%，总投资 6000 万元人民币。

0605 天水裕霖包装有限公司

注 册 地：天水市秦州区滨河西路 28 号

主营业务：纸箱包装

从业人员数（人）：56

销售额（万元）：1258

资产总额（万元）：962

0606 天翔文印服务有限责任公司

注 册 地：天水市民主路 86 号

主营业务：其他印刷品印刷

从业人员数（人）：5

销售额（万元）：25

资产总额（万元）：50

0607 天水春风印刷厂

注 册 地：天水市秦州区迎宾路 3 号

主营业务：印刷

从业人员数（人）：5

销售额（万元）：23

资产总额（万元）：70

0608 卓创科技有限公司

注 册 地：天水市岷山路 37 号

主营业务：其他印刷品印刷

从业人员数（人）：3

销售额（万元）：14

资产总额（万元）：30

0609 秦州区天昕印刷厂

注 册 地：天水市人民西路 24 号

主营业务：其他印刷品印刷

从业人员数（人）：5

销售额（万元）：22

资产总额（万元）：50

0610 天水前景印务有限公司

注 册 地：天水市青年北路 7 号

主营业务：彩色黑白图文快速印刷、广告设计制作安装。

从业人员数（人）：3

销售额（万元）：30

资产总额（万元）：100

0611 瑞科印刷有限公司

注 册 地：天水市建设路 201 号

主营业务：其他印刷品印刷

从业人员数（人）：4

销售额（万元）：21

资产总额（万元）：50

0612 天水长盛文林印刷有限公司

注 册 地：天水市莲亭路 1 号

主营业务：其他印刷品印刷

从业人员数（人）：5

销售额（万元）：25

资产总额（万元）：50

0613 秦瑞防伪印务

注 册 地：天水市枣园庄 48 号

主营业务：其他印刷品印刷

从业人员数（人）：3

销售额（万元）：14

资产总额（万元）：30

0614 天水文正印刷有限公司

注 册 地：天水市秦州区合作巷 1 号

主营业务：办公用品，复印，文化产品印刷

从业人员数（人）：4

销售额（万元）：30

资产总额（万元）：15

0615 天水教育印刷厂

注 册 地：天水市西团庄

主营业务：其他印刷品印刷

从业人员数（人）：5

销售额（万元）：23

资产总额（万元）：50

0616 天水派尔彩印有限公司

注 册 地：天水经济开发区东十里工业园区

主营业务：数码塑料彩印软包装，塑料制粒、塑料拉膜的生产、销售

主要产品：食品塑料包装袋、包装卷膜

从业人员数（人）：70

销售额（万元）：1208.53

资产总额（万元）：7400

0617 荣鑫印刷厂

注 册 地：天水市坚家河 9 号

主营业务：其他印刷品印刷

从业人员数（人）：3

销售额（万元）：16

资产总额（万元）：30

0618 科情印务中心

注 册 地：天水市环城中路 21 号

主营业务：其他印刷品印刷

从业人员数（人）：3

销售额（万元）：13

资产总额（万元）：30

0619 琴海印刷服务部

注　册　地：天水市莲亭路
主营业务：其他印刷品印刷
从业人员数（人）：3
销售额（万元）：12
资产总额（万元）：30

0620 莲亭印刷厂

注　册　地：莲亭路 52 号
主营业务：其他印刷品印刷
从业人员数（人）：5
销售额（万元）：24
资产总额（万元）：50

0621 天水瑞科印刷有限责任公司

注　册　地：天水市秦州区建设路 201 号
主营业务：印刷，广告、设计
业人员数（人）：5
销售额（万元）：220
资产总额（万元）：161

0622 秦州誉印厂

注　册　地：天水市解放路 80 号
主营业务：复印
从业人员数（人）：9
销售额（万元）：30
资产总额（万元）：15

0623 正邦有限责任公司

注　册　地：天水市建设路 112 号
主营业务：其他印刷品印刷
从业人员数（人）：4
销售额（万元）：23
资产总额（万元）：50

0624 秦州区艺华标牌厂

注　册　地：天水市坚家河 4 号
主营业务：其他印刷品印刷
从业人员数（人）：4
销售额（万元）：19
资产总额（万元）：40

0625 天水秦城荣鑫印刷厂

注　册　地：天水市秦州区坚家河 7 号
主营业务：印刷
从业人员数（人）：3
销售额（万元）：8
资产总额（万元）：10

0626 天水锦源印务有限责任公司

注　册　地：天水市
主营业务：其他印刷品印刷、广告设计制作
从业人员数（人）：10
销售额（万元）：60
资产总额（万元）：20
简　　介：天水锦源印务有限责任公司成立于 2013 年 8 月 20 日，现有员工 10 人，主要从事其他印刷品印刷、广告设计制作。公司拥有大四开印刷机两台，程控切纸机、覆膜机、胶包机、订书机等设备。

0627 天水天翔文印服务有限公司

注　册　地：天水市秦州区民主东路 64 号
主营业务：打字、复印、其他印刷品的印刷
从业人员数（人）：7
销售额（万元）：45
资产总额（万元）：50

0628 玛丽印刷厂

注　册　地：天水市电缆厂院内
主营业务：其他印刷品印刷
从业人员数（人）：5
销售额（万元）：21
资产总额（万元）：50

0629 秦州区昌盛印务中心

注 册 地：天水市金华大厦 1 楼

主营业务：其他印刷品印刷

从业人员数（人）：4

销售额（万元）：19

资产总额（万元）：40

0630 秦州区宏文印务中心

注 册 地：天水市建设路 201 号

主营业务：其他印刷品印刷

从业人员数（人）：5

销售额（万元）：24

资产总额（万元）：50

0631 秦州祥玉印务中心

注 册 地：天水市公园路 6 号

主营业务：其他印刷品印刷

从业人员数（人）：4

销售额（万元）：24

资产总额（万元）：50

0632 天水裕霖包装有限公司

注 册 地：天水市滨河西路 28 号

主营业务：纸箱包装

从业人员数（人）：56

销售额（万元）：1258

资产总额（万元）：962

0633 天达印刷厂

注 册 地：天水市长河路大沟门

主营业务：其他印刷品印刷

从业人员数（人）：2

销售额（万元）：13

资产总额（万元）：30

0634 天辰广告有限公司

注 册 地：天水市重新街 1 号

主营业务：其他印刷品印刷

从业人员数（人）：5

销售额（万元）：24

资产总额（万元）：50

0635 三原色设计创意中心

注 册 地：天水市建设路 74 号

主营业务：其他印刷品印刷

从业人员数（人）：5

销售额（万元）：24

资产总额（万元）：50

0636 天水天元景华文化传播有限公司

注 册 地：天水市秦州区伏羲步行街 15 号

主营业务：工艺品生产和销售

主要产品：雕漆礼品

从业人员数（人）：5

销售额（万元）：20

资产总额（万元）：50

简　　介：公司始建于 1998 年，是加工和生产天水雕漆的专业企业，在全国设有销售网点 24 处，产品远销港澳台及东南亚地区和国家。

0637 天水长盛文林印刷有限公司

注 册 地：天水市莲亭路 1 号

主营业务：学生作业本加工

主要产品：作业本

从业人员数（人）：4

销售额（万元）：8.5

资产总额（万元）：10

0638 博艺创意中心

注 册 地：天水市宇鑫综合楼 35 号

主营业务：其他印刷品印刷

从业人员数（人）：3

销售额（万元）：12

资产总额（万元）：30

0639 天水市麦积区甘泉慧鑫文印部

注 册 地：天水市麦积区

主营业务：照像，打字、复印服务

从业人员数（人）：2

资产总额（万元）：2

0640 天水金昊通网络传媒有限公司

注 册 地：天水市麦积区

主营业务：网站建设改版；办公用品；办公设备销售；计算机软件开发；电子产品；销售及技术咨询服务；广告设计；企业视频制作

主要产品：网站建设改版、计算机软件开发。

资产总额（万元）：10

简 介：天水金昊通网络传媒有限公司位于天水市麦积区羲皇大道陇林佳园，注册资本 10 万元，成立于 2012 年 3 月 07 日，经营范围办公耗材、网站建设改版、办公用品、办公设备、计算机软件开发。

0641 天水弘文办公设备有限责任公司

注 册 地：天水市麦积区

主营业务：办公设备及用品、教学设备及用品、计算机及附属设备、复印机、打字机及耗材、纸及纸制品（不含新闻纸等许可品）、民用机电产品、电子产品及数码产品的销售；电脑软件开发；计算机网络布线工程设计服务

主要产品：民用机电产品、电子产品及数码产品

资产总额（万元）：50

简 介：天水弘文办公设备有限责任公司位于麦积区陇昌东路 105 号，成立于 2008 年 06 月 25 日，注册资本为 50 万元，经营范围有民用机电产品、电子产品及数码产品，电脑软件开发，计算机网络布线工程设计。

0642 天水市大易文化传播有限公司

注 册 地：天水市麦积区

主营业务：会议策划及组织、文化交流讲座、企业文化策划及设计，广告设计、制作及发布，展览会策划展示、民间文化展示、体育比赛组织及策划；文化旅游服务及卦台山门票销售；酒店及餐饮管理咨询服务；室内装饰设计及制作；乐器制作及工艺品零售

主要产品：会议策划及组织、文化交流讲座、乐器制作及工艺品

资产总额（万元）：100

0643 济南德智企划传媒有限公司天水分公司

注 册 地：天水市麦积区

主营业务：广告设计、制作；企业形象设计；会展服务；经济贸易咨询；工艺美术品、电子产品、办公用品、五金交电、日用品、百货、劳保用品、针纺织品的批发、零售；计算机软硬件的技术开发；建筑装饰装修工程

0644 天水市轩翊商贸有限公司

注 册 地：天水市工商行政管理局麦积分局

主营业务：订房服务，会务服务；商务咨询、旅游咨询服务、门票代售、国内机票、火车票代售、信息服务；旅游用品及工艺品批发、零售。承接各类广告设计、制作，利用自有媒体及广告，互联网信息服务。酒店管理（除餐饮管理），餐饮信息服务；电子商务（不得从事增值电信、金融业务）

资产总额（万元）：100

简 介：天水轩翊商贸有限公司位于天水市麦积区陇林家园，成立于 2013 年 12 月 23 日，注册资本 100 万元，经营范围为订房服

务，会务服务；商务咨询、旅游咨询服务、门票代售、国内机票、火车票代售、信息服务；旅游用品及工艺品批发、零售。承接各类广告设计、制作，利用自有媒体及广告，互联网信息服务。酒店管理（除餐饮管理），餐饮信息服务；电子商务（不得从事增值电信、金融业务）；办公用品、电脑耗材、通讯器材销售；计算机网络维护、网页及软件开发制作。

0645 麦积区桥南沃泉印务部

注 册 地：天水市麦积区

主营业务：复印、打字服务、日杂的零售

从业人员数（人）：3

资产总额（万元）：5

0646 麦积区桥南学子书屋

注 册 地：天水市麦积区

主营业务：出版物、文具零售

从业人员数（人）：2

资产总额（万元）：10

0647 达恒印务部

注 册 地：天水市麦积区

主营业务：制作广告、打印

主要产品：实体广告、写真、喷绘、横幅等

从业人员数（人）：1

销售额（万元）：4

资产总额（万元）：2.5

0648 社棠极美广告

注 册 地：天水市麦积区

主营业务：制作广告、打印

主要产品：实体广告、写真、喷绘、横幅等

从业人员数（人）：2

销售额（万元）：2

资产总额（万元）：11

0649 梅轩印务

注 册 地：天水市麦积区

主营业务：制作广告、打印

主要产品：实体广告、写真、喷绘、横幅等

从业人员数（人）：2

销售额（万元）：1.5

资产总额（万元）：3.5

0650 麦积区精雅图印务部

注 册 地：天水市麦积区

主营业务：制作广告、打印

主要产品：实体广告、写真、喷绘、横幅等

从业人员数（人）：1

销售额（万元）：1

资产总额（万元）：1

0651 天水市麦积区伯阳镇家和婚庆店

注 册 地：天水市麦积区

主营业务：婚庆用品、车队、现场布置、婚庆主持、婚庆摄像

从业人员数（人）：3

资产总额（万元）：2

0652 麦积区花牛镇腾飞龙打印部

注 册 地：天水市麦积区

主营业务：打字、复印，广告牌的制作（涉及专项审批的项目凭有效许可经营）

从业人员数（人）：3

0653 麦积区桥南赫维印务部

注 册 地：天水市麦积区

主营业务：打字、复印

从业人员数（人）：3

资产总额（万元）：3

文化产品生产的辅助生产

0654 麦积区桥南仿古街醉墨轩书画装裱行

注 册 地：天水市开发区工商所

主营业务：书画装裱

从业人员数（人）：2

资产总额（万元）：1

0655 麦积区宏福印刷厂

注 册 地：天水市麦积区

主营业务：印刷服务：排版、制版、印刷、装订

从业人员数（人）：5

资产总额（万元）：30

0656 麦积区道北科技打字复印部

注 册 地：天水市麦积区

主营业务：打字、复印服务

从业人员数（人）：3

销售额（万元）：4

资产总额（万元）：21000

0657 麦积区古今集珍轩装裱行

注 册 地：天水市麦积区

主营业务：裱画、刺绣、字画销售

从业人员数（人）：3

资产总额（万元）：3

0658 天水市麦积区桥南腾升科技中心

注 册 地：天水市麦积区工商局

主营业务：打字复印、电脑组装及电脑配件的零售

从业人员数（人）：3

资产总额（万元）：2

0659 天水市麦积区道北达恒印务部

注 册 地：天水市麦积区

主营业务：打字、复印、电脑耗材的销售

从业人员数（人）：1

资产总额（万元）：5

0660 天水网盛电子网络技术有限公司

注 册 地：天水市麦积区

主营业务：制作广告、打印

主要产品：实体广告、写真、喷绘、横幅等

从业人员数（人）：5

0661 麦积区道南红绣房礼品店

注 册 地：天水市渭滨工商所

主营业务：工艺品、饰品、毛绒玩具、日用百货（不含易燃易爆危险品）的零售

从业人员数（人）：2

资产总额（万元）：0.8

0662 天水市麦积区桥南华源印务部

注 册 地：天水市麦积区

主营业务：其他印刷品的印刷、文化用品、印刷材料及纸、纸制品（不含新闻纸）的零售

从业人员数（人）：3

资产总额（万元）：5

0663 麦积区马跑泉镇文娟刺绣店

注 册 地：天水市麦积区

主营业务：刺绣加工制造、销售

主要产品：刺绣

从业人员数（人）：5

资产总额（万元）：8

0664 存仁照相馆

注 册 地：天水市麦积区

主营业务：制作广告、打印

主要产品：实体广告、写真、复印、喷绘、横幅等

从业人员数（人）：2

销售额（万元）：1.1

资产总额（万元）：3

0665 麦积区桥南仿古街泊远轩书画装裱行

注　册　地：天水市开发区工商所

主营业务：书画装裱

从业人员数（人）：4

资产总额（万元）：0.8

0666 盛达印务

注　册　地：天水市麦积区

主营业务：制作广告、打印

主要产品：实体广告、写真、喷绘、横幅等

从业人员数（人）：3

销售额（万元）：5

资产总额（万元）：20

0667 红广打字复印部

注　册　地：天水市麦积区

主营业务：制作广告、打印

主要产品：实体广告、写真、喷绘、横幅等

从业人员数（人）：1

销售额（万元）：1.1

资产总额（万元）：5

0668 金马打字复印部

注　册　地：天水市麦积区

主营业务：制作广告、打印

主要产品：实体广告、写真、喷绘、横幅等

从业人员数（人）：1

销售额（万元）：3

资产总额（万元）：2

0669 天水市麦积区桥南珍爱婚纱馆

注　册　地：天水市麦积区

主营业务：婚纱的批发、零售

从业人员数（人）：2

资产总额（万元）：2

0670 科技打印部

注　册　地：天水麦积区

主营业务：制作广告、打印

主要产品：实体广告、写真、喷绘、横幅等

从业人员数（人）：1

销售额（万元）：3

资产总额（万元）：5

0671 麦积区开发区中信印刷厂

注　册　地：天水市麦积区

主营业务：其他印刷品印刷服务

从业人员数（人）：4

销售额（万元）：10

资产总额（万元）：26

0672 麦积区马跑泉星宇打印部

注　册　地：天水市马跑泉工商所

主营业务：打字、复印

从业人员数（人）：1

资产总额（万元）：1

0673 天水市麦积区桥南鑫达印务部

注　册　地：天水市麦积区

主营业务：打字、复印服务

从业人员数（人）：1

资产总额（万元）：2

0674 麦积区道北新旺电脑件经销部

注　册　地：天水市麦积区

主营业务：制作广告、打印

主要产品：实体广告、写真、喷绘、横幅等

从业人员数（人）：2

销售额（万元）：5

资产总额（万元）：10

0675 麦积区桥南振兴打字复印部

注 册 地：天水市麦积区

主营业务：制作广告、打印

主要产品：实体广告、写真、喷绘、横幅等

从业人员数（人）：2

销售额（万元）：6

资产总额（万元）：10

0676 甘泉慧鑫文印部

注 册 地：天水市麦积区

主营业务：制作广告、打印

主要产品：实体广告、写真、喷绘、横幅等

从业人员数（人）：2

销售额（万元）：2.13

资产总额（万元）：11

0677 天水市麦积区文峰印刷厂

注 册 地：天水市麦积区

主营业务：彩印、其他印刷品印刷、排版制作及打字复印服务

从业人员数（人）：6

资产总额（万元）：5

0678 闻言广告部

注 册 地：天水市麦积区

主营业务：打印、喷绘、横幅

从业人员数（人）：4

销售额（万元）：12

资产总额（万元）：16

0679 麦积区开发区鑫达打字复印部

注 册 地：天水市麦积区

主营业务：打字复印

从业人员数（人）：2

资产总额（万元）：2.5

0680 麦积区桥南宏鑫印务店

注 册 地：天水市开发区工商所

主营业务：打字复印服务

从业人员数（人）：3

0681 天水市麦积区陇财印刷部

注 册 地：天水市麦积区

主营业务：打字、复印、印刷服务；广告制作

从业人员数（人）：4

资产总额（万元）：10

0682 天水宏福印刷厂

注 册 地：天水市麦积区

主营业务：打印、喷绘、横幅

从业人员数（人）：6

销售额（万元）：15

资产总额（万元）：40

0683 麦积区桥南鸿儒来打印部

注 册 地：天水市麦积区

主营业务：打字复印

从业人员数（人）：2

资产总额（万元）：5

0684 麦积区桥南海丞印务部

注 册 地：天水市麦积区

主营业务：打字、复印服务及办公耗材、日杂的零售

从业人员数（人）：3

资产总额（万元）：3

0685 马跑泉镇灵悦广告服务部

注 册 地：天水市麦积区

主营业务：制作广告、打印

主要产品：实体广告、写真、喷绘、横幅等

从业人员数（人）：1

销售额（万元）：3

资产总额（万元）：5

0686 麦积区道北惠民音像店

注　册　地：天水市道北工商所

主营业务：音像制品的出租

从业人员数（人）：1

资产总额（万元）：0.8

0687 麦积区道北润宝堂装裱书画部

注　册　地：天水市道北工商所

主营业务：书画装裱服务

从业人员数（人）：2

资产总额（万元）：0.28

0688 道南鑫航打印部

注　册　地：天水市麦积区

主营业务：制作广告、打印

主要产品：实体广告、写真、喷绘、横幅等

从业人员数（人）：1

销售额（万元）：3

资产总额（万元）：6

0689 桥南华元图文快印

注　册　地：天水市麦积区

主营业务：制作广告、打印

主要产品：实体广告、写真、喷绘、横幅等

从业人员数（人）：1

0690 天水市麦积区双义印刷厂

注　册　地：天水市麦积区

主营业务：其他印刷品的印刷、销售

从业人员数（人）：4

资产总额（万元）：5

0691 麦积区双义印刷厂

注　册　地：天水市麦积区

主营业务：打印、喷绘、横幅

从业人员数（人）：5

销售额（万元）：30

资产总额（万元）：30

0692 鸿儒来打印部

注　册　地：天水市麦积区

主营业务：制作广告、打印

主要产品：实体广告、写真、喷绘、横幅等

从业人员数（人）：2

销售额（万元）：2.2

资产总额（万元）：3

0693 文通读文快印部

注　册　地：天水市麦积区

主营业务：制作广告、打印

主要产品：实体广告、写真、喷绘、横幅等

从业人员数（人）：2

销售额（万元）：12

资产总额（万元）：10

0694 愈佳印务

注　册　地：天水市麦积区

主营业务：制作广告、打印

主要产品：实体广告、写真、喷绘、横幅等

从业人员数（人）：3

销售额（万元）：20

资产总额（万元）：5

0695 天水天星包装有限责任公司

注　册　地：天水麦积区

主营业务：打印、喷绘、横幅

从业人员数（人）：23

0696 天水雄博网络技术有限公司

注　册　地：天水市工商行政管理局麦积分局

主营业务：计算机软件、自动化控制系统的研制和开发，计算机综合布线服务，网站建

设服务，计算机技术咨询服务

资产总额（万元）：3

0697 商艺文化传媒

注 册 地：天水市麦积区

主营业务：制作广告，打印

主要产品：实体广告，写真，喷绘，横幅等

从业人员数（人）：2

销售额（万元）：5

资产总额（万元）：10

0698 麦积区正大商务中心

注 册 地：天水市麦积区

主营业务：制作广告、打印

主要产品：制作广告，写真，喷绘，横幅等

从业人员数（人）：2

销售额（万元）：3.5

资产总额（万元）：10

0699 天水智宇网络工程有限公司

注 册 地：天水市麦积区

主营业务：制作广告、打印

主要产品：实体广告，写真，喷绘，横幅等

从业人员数（人）：3

销售额（万元）：2.6

资产总额（万元）：10

0700 天水乐课教育咨询有限公司

注 册 地：天水市工商行政管理局麦积分局

主营业务：教育咨询、翻译和会议服务、承办展览展示服务、文化教育活动组织策划、组织文艺交流活动、企业管理教育服务、文教用品、设备销售和租赁服务

资产总额（万元）：20

0701 汇通印务经营部

注 册 地：天水市麦积区

主营业务：制作广告、打印

主要产品：实体广告、写真、喷绘、横幅等

从业人员数（人）：1

销售额（万元）：3.2

资产总额（万元）：1.8

0702 鸿达打印部

注 册 地：天水市麦积区

主营业务：制作广告、打印

主要产品：实体广告、写真、喷绘、横幅等

从业人员数（人）：1

销售额（万元）：2

资产总额（万元）：2

0703 麦积区广升印务部

注 册 地：天水市麦积区

主营业务：打字、复印、印刷服务及牌匾制作

从业人员数（人）：4

资产总额（万元）：10

0704 天水市麦积区桥南花田囍铺

注 册 地：天水市麦积区

主营业务：婚庆礼仪策划、录像主持、婚庆租赁、婚庆用品的批发

从业人员数（人）：2

资产总额（万元）：2

0705 天马艺术装饰部

注 册 地：天水市麦积区

主营业务：制作广告、打印

主要产品：制作广告、写真、喷绘、横幅等

从业人员数（人）：1

销售额（万元）：3

资产总额（万元）：5

0706 天水市麦积区桥南华元图文快印部

注 册 地：天水市麦积区

主营业务：标书装订、打字复印服务

从业人员数（人）：1

资产总额（万元）：2

0707 清水县红欣印务有限责任公司

注　册　地：天水市清水县

主营业务：其他印刷品印刷、文化体育用品、计算机及软件办公设备零售

从业人员数（人）：3

销售额（万元）：12

资产总额（万元）：15

简　　　介：清水县红欣印务有限责任公司由原来红欣打字复印部升级后，与2013年成立的一人有限责任公司，公司经营地址位于清水县中山路司法局1楼商铺，注册资金3万元，资产总额15万元。现有印刷设备3台，职工3人，经营面积55平方米。公司主要以印刷品印刷服务、文体用品零售为主。承接各类印制业务，打字复印、排版，是专业设计、制版、印刷为一体的印制企业。

0708 清水县集群电子商务有限责任公司

注　册　地：天水市清水县

主营业务：文化传媒，投资理财，营销策划，电子商务信息咨询服务，商务代理，企业产品代理销售，仓储，电器电子产品，保健器材，家具用品，日用百货，化妆品等批发、零售

主要产品：文化传媒，企业产品代理，电子商务信息咨询

从业人员数（人）：8

销售额（万元）：28

资产总额（万元）：100

简　　　介：清水县集群电子商务有限公司是一家围绕电子商务、网上交易、物联网应用、文化传媒、电子商务信息咨询为一体的商务

公司。公司现有职工8人，技术人员1人。

0709 秦安县成纪印刷有限公司

注　册　地：天水市秦安县

主营业务：印刷品

从业人员数（人）：20

销售额（万元）：100

资产总额（万元）：400

0710 甘谷县小何文印社

注　册　地：天水市甘谷县

主营业务：文字打印、名片制作及各种文件资料的复印

从业人员数（人）：3

销售额（万元）：4

资产总额（万元）：3

0711 甘谷县强力文印社

注　册　地：天水市甘谷县姚庄

主营业务：文字打印、名片制作及各种文件资料的复印

从业人员数（人）：2

销售额（万元）：4

资产总额（万元）：3

0712 甘谷县天工广告

注　册　地：天水市甘谷县

主营业务：文字打印、名片制作及各种文件资料的复印、大型喷绘条幅广告牌制作等

从业人员数（人）：6

销售额（万元）：12

资产总额（万元）：15

0713 甘谷县梦洁文印

注　册　地：天水市甘谷县

主营业务：文字打印、名片制作及各种文件资料的复印

从业人员数（人）：3

销售额（万元）：5

资产总额（万元）：12

0714 甘谷县冀城广告文印部

注 册 地：天水市甘谷县

主营业务：文字打印、名片制作及各种文件资料的复印

从业人员数（人）：5

销售额（万元）：9

资产总额（万元）：12

0715 甘谷县鑫艺广告制作中心

注 册 地：天水市甘谷县

主营业务：文字打印、名片制作及各种文件资料的复印、大型喷绘条幅广告牌制作等

从业人员数（人）：5

销售额（万元）：10

资产总额（万元）：12

0716 甘谷县春晖文印部

注 册 地：天水市甘谷县姚庄

主营业务：文字打印、名片制作及各种文件资料的复印

从业人员数（人）：2

销售额（万元）：4

资产总额（万元）：5

0717 甘谷县淼森文印部

注 册 地：天水市甘谷县大象山镇康庄东路

主营业务：文字打印、名片制作及各种文件资料的复印

从业人员数（人）：3

销售额（万元）：5

资产总额（万元）：3

0718 甘谷县枫叶文印部

注 册 地：天水市甘谷县安远镇西城村

主营业务：文字打印、名片制作及各种文件资料的复印

从业人员数（人）：2

销售额（万元）：4

资产总额（万元）：3

0719 甘谷县小兵广告部

注 册 地：天水市甘谷县磐安镇西街

主营业务：文字打印、名片制作及各种文件资料的复印

从业人员数（人）：3

销售额（万元）：4

资产总额（万元）：3

0720 甘谷县华浩广告制作中心

注 册 地：天水市甘谷县

主营业务：文字打印、名片制作及各种文件资料的复印、大型喷绘条幅广告牌制作等

从业人员数（人）：6

销售额（万元）：9

资产总额（万元）：12

0721 甘谷县春雨传媒

注 册 地：天水市甘谷县

主营业务：文字打印、名片制作及各种文件资料的复印、大型喷绘条幅广告牌制作等

从业人员数（人）：6

销售额（万元）：9

资产总额（万元）：12

0722 甘谷县黑马广告

注 册 地：天水市甘谷县

主营业务：文字打印、名片制作及各种文件资料的复印、大型喷绘条幅广告牌制作等

从业人员数（人）：5

销售额（万元）：9

资产总额（万元）：13

0723 甘谷县时代广告

注　册　地：天水市甘谷县

主营业务：文字打印、名片制作

从业人员数（人）：6

资产总额（万元）：15

0724 甘谷县腾达广告制作中心

注　册　地：天水市甘谷县

主营业务：大型喷绘条幅广告牌制作、文字打印、名片制作等

从业人员数（人）：5

销售额（万元）：12

资产总额（万元）：14

0725 甘谷县霞益文印部

注　册　地：天水市甘谷县

主营业务：文字打印、名片制作及各种文件资料的复印、大型喷绘条幅广告牌制作等

从业人员数（人）：5

销售额（万元）：6,

资产总额（万元）：14

0726 甘谷县锦权文印部

注　册　地：天水市甘谷县磐安镇西街

主营业务：文字打印、名片制作及各种文件资料的复印

从业人员数（人）：2

销售额（万元）：3

资产总额（万元）：2

0727 甘谷县仁和印务

注　册　地：天水市甘谷县新兴镇

主营业务：文字打印、名片制作及各种文件资料的复印

从业人员数（人）：2

销售额（万元）：4

资产总额（万元）：3

0728 甘谷县科达文印部

注　册　地：天水市甘谷县东大街

主营业务：文字打印、名片制作及各种文件资料的复印

从业人员数（人）：2

销售额（万元）：2

资产总额（万元）：3

0729 甘谷县人民广告

注　册　地：甘谷县

主营业务：文字打印、名片制作及各种文件资料的复印、大型喷绘条幅广告牌制作等

从业人员数（人）：3

销售额（万元）：6

资产总额（万元）：9

0730 甘谷县新华文印广告制作中心

注　册　地：天水市甘谷县

主营业务：文字打印、名片制作及各种文件资料的复印、大型喷绘条幅广告牌制作等

从业人员数（人）：6

销售额（万元）：11

资产总额（万元）：18

0731 甘谷县永红广告制作中心

注　册　地：天水市甘谷县

主营业务：文字打印、名片制作及各种文件资料的复印、大型喷绘条幅广告牌制作等

从业人员数（人）：6

销售额（万元）：9

资产总额（万元）：14

0732　甘谷县春雨传媒

注　册　地：天水市甘谷县

主营业务：文字打印、名片制作及各种文件资料的复印、大型喷绘条幅广告牌制作等

从业人员数（人）：5

销售额（万元）：9

资产总额（万元）：14

0733　甘谷县科艺文印部

注　册　地：天水市甘谷县

主营业务：文字打印、名片制作及各种文件资料的复印、大型喷绘条幅广告牌制作等

从业人员数（人）：5

销售额（万元）：8

资产总额（万元）：15

0734　甘谷县博彩广告部

注　册　地：天水市甘谷县大象山镇康庄东路

主营业务：文字打印、名片制作及各种文件资料的复印

从业人员数（人）：3

销售额（万元）：5

资产总额（万元）：3

0735　甘谷县亨鑫广告制作中心

注　册　地：天水市甘谷县

主营业务：文字打印、名片制作及各种文件资料的复印、大型喷绘条幅广告牌制作等

从业人员数（人）：6

销售额（万元）：9

资产总额（万元）：10

0736　甘谷县兴和文印社

注　册　地：天水市甘谷县

主营业务：文字打印、名片制作及各种文件资料的复印

从业人员数（人）：6

销售额（万元）：8

资产总额（万元）：13

0737　甘谷县新艺文印社

注　册　地：天水市甘谷县新兴镇

主营业务：文字打印、名片制作及各种文件资料的复印

从业人员数（人）：2

销售额（万元）：4

资产总额（万元）：3

0738　甘谷县宏业广告制作中心

注　册　地：天水市甘谷县

主营业务：文字打印、名片制作及各种文件资料的复印、大型喷绘条幅广告牌制作等

从业人员数（人）：5

销售额（万元）：12

资产总额（万元）：13

0739　甘谷县科达广告制作中心

注　册　地：天水市甘谷县

主营业务：文字打印、名片制作及各种文件资料的复印、大型喷绘条幅广告牌制作

从业人员数（人）：6

销售额（万元）：8

资产总额（万元）：10

0740　甘谷县科利达文印社

注　册　地：天水市甘谷县

主营业务：文字打印、名片制作及各种文件资料的复印

从业人员数（人）：2

销售额（万元）：4

资产总额（万元）：3

0741　甘谷县三石广告

注　册　地：天水市甘谷县

主营业务：文字打印、名片制作及各种文件资料的复印

从业人员数（人）：2

销售额（万元）：5

资产总额（万元）：3

0742 甘谷县瑞博广告

注　册　地：天水市甘谷县

主营业务：文字打印、名片制作及各种文件资料的复印、大型喷绘条幅广告牌制作等

从业人员数（人）：6

销售额（万元）：9

资产总额（万元）：14

0743 甘谷县鸣远广告

注　册　地：天水市甘谷县

主营业务：文字打印、名片制作及各种文件资料的复印、大型喷绘条幅广告牌制作等

从业人员数（人）：6

销售额（万元）：10

资产总额（万元）：13

0744 甘谷县恒信广告

注　册　地：天水市甘谷县

主营业务：文字打印、名片制作及各种文件资料的复印

从业人员数（人）：3

销售额（万元）：9

资产总额（万元）：21

0745 甘谷县瑞益文印部

注　册　地：天水市甘谷县

主营业务：文字打印、名片制作及各种文件资料的复印、大型喷绘条幅广告牌制作等

从业人员数（人）：6

销售额（万元）：6

资产总额（万元）：12

0746 武山县希望印刷有限责任公司

注　册　地：天水市武山县城关镇解放路

主营业务：印刷服务；文具、办公用品、纸张、耗材的零售

主要产品：文具、办公用品、纸张、耗材

从业人员数（人）：20

销售额（万元）：100

资产总额（万元）：50

简　　介：武山县希望印刷有限责任公司成立于 2012 年 7 月，现有员工 12 人，技术人员 4 人。

0747 武威海通印刷有限责任公司

注　册　地：武威市凉州区

主营业务：出版物及其他印刷品印制，设计、制作各类广告

主要产品：印刷品。

从业人员数（人）：11

销售额（万元）：120

资产总额（万元）：550

简　　介：武威海通印刷有限责任公司成立于 1998 年 4 月，是一家集印前制作、印刷及印后加工于一身的印刷企业。多年来承印了武威市党政机关等部门的大型会议材料、内部书刊。公司还承印了各种会议材料、办公用品、内部书刊、杂志、试卷表册、家谱画册、宣传彩页与内部资料性印刷品。

0748 武威市天力彩印包装有限责任公司

注　册　地：武威市凉州区

主营业务：包装装潢及其他印刷；包装纸板制造；纸、油墨、包装材料的批发和零售；废旧纸品的收购

从业人员数（人）：118

销售额（万元）：1079.6

资产总额（万元）：2118

简　　介：武威市天力彩印包装有限责任公司始建于1999年6月，位于武威市西关中路8号，公司法人史均天。公司产品集彩色胶印、柔印、凹印、纸箱、纸盒、吹塑膜、啤酒铝箔标等多个品种。现拥有职工118人，其中：技术人员24人。

0749　武威润森彩印包装有限责任公司

注　册　地：武威市凉州区

主营业务：印刷加工制作各种不同类型纸箱，纸盒，手工盒，手提袋，画册，台历，挂历，稿纸，笔记本，作业本及纸芯，圆筒，纸罐包装等

从业人员数（人）：85

销售额（万元）：600

资产总额（万元）：490

简　　介：武威润森彩印包装有限责任公司现位于武南工业园区，公司注册资本440万元，现有资产1469万元，其中固定资产490万元，流动资产944万元，占地30000多平方米，修建3600彩印车间两栋，2400平方米仓储库一栋及配套的办公，住宿，水，电等基础设施。目前公司拟在现有生产设备的基础上，引进国内先进的三层瓦楞纸板生产线一条，配套设施正在设计施工。公司现有职工85人，25人具有大专以上学历，70%具有高中以上学历，生产工人都是从事纸箱包装3年以上，具有熟练的生产操作技术和质量控制能力。公司下设办公室，财务部，生产部，销售部等职能部门建立了完善的质量管理体系和质量保证体系，确保产品质量。公司生产的包装纸箱，纸盒，高档工业包装纸箱主要销往青海、兰州、新疆、宁夏、内蒙古及省内河西等地区。

0750　武威市福利包装纸箱有限责任公司

注　册　地：武威市凉州区

主营业务：包装纸箱加工制造

从业人员数（人）：38

销售额（万元）：3598.5

资产总额（万元）：2249.3

简　　介：武威市福利包装纸箱有限责任公司，地处武威城东工业园区。公司于1996年开始筹建，于1997年5月18日进行投产，2008年搬迁武威城东工业园区，总投资为200万元，公司占地4572.9平方米，建筑面积3100平方米。公司于2008年引进国内最先进的五层瓦楞纸板生产线，大幅度的提高了生产力。近年来公司购置了彩印纸箱纸盒生产线一条，全自动高速覆面机流水线一条，现已实现生产年产500万只高档纸箱、2000万只彩印纸盒生产线，满足了市场高档产品的需求。公司现有员工25人，7人具有大专以上学历，70%具有高中以上学历，生产工人从事包装纸盒、纸箱生产工作均在5年以上，具有熟练的生产操作技术和质量控制能力。公司下设财务部、生产部、办公室等职能部门，管理体系规范；建立了完善的质量管理与质量保证体系，从而确保了产品质量。

0751　武威市文吉彩印厂

注　册　地：武威市凉州区

主营业务：其他印刷品及印刷，办公用品

从业人员数（人）：12

销售额（万元）：159.32

资产总额（万元）：350.9

简　　介：武威市文吉彩印厂成立于2000年11月，其前身为武威市农业银行印刷厂，现有固定资产近1200万元，具有法人资格的一般纳税人企业，是武威市印刷行业一家综合性彩色印刷厂。现有干部职工20多人，

其中具有高、中级工程师职称各 1 人，助理工程师职称 5 人。该厂拥有国内外一流的彩色电子出版系统，景德镇大四开单色印刷机 2 台、全开数控切纸机等先进印刷设备，日印刷能力 8 万对开印张。

0752 武威市华文印刷有限责任公司

注 册 地：武威市凉州区

主营业务：报纸、期刊、图书全国性连锁经营各类表册，教学器材，办公文化用品批发、零售

主要产品：出版物、包装装潢印刷品及其他印刷品

从业人员数（人）：46

销售额（万元）：1302

资产总额（万元）：2735

简 介：武威市华文印刷有限责任公司其前身是武威市印刷厂，2001 年 12 月 18 日改制为民营企业，占地面积 6000 多平方米，建筑面积 950 平方米，拥有各类机械设备 95 台（套），固定资产 1560 万元。公司下设武威建新文化用品有限责任公司、武威市知音广告有限责任公司两个分公司。公司现有员工 46 人，其中管理和专业技术人员 18 人。目前，公司已形成以印刷业为主，文化办公用品经销，印刷物资经销，多产业化发展为一体的综合性企业，业务范围辐射西北五省。

0753 武威华煜印刷有限责任公司

注 册 地：武威市凉州区

主营业务：印刷品印刷、办公用品、印刷材料零售

从业人员数（人）：15

销售额（万元）：83.8

资产总额（万元）：560

简 介：武威市华煜印刷有限责任公司成立于 2005 年，占地面积 1000 多平方米，公司为独立的企业法人，（现有设备 08 机一台，对开胶印机两台，双面四开机一台，全张切纸机两台。胶包机一台，订书机两台，磨刀机一台）。另公司从事各种印刷品、文化用品、办公用品、印刷材料的销售。现有员工 10 人，其中技术员 8 人。

0754 武威添彩纸品包装科技开发有限公司

注 册 地：武威市凉州区

主营业务：设计、生产、销售纸箱、纸类包装、生产纸制品、塑料包装、装潢制品、环保型书（本）皮、彩色印刷、印刷品及装潢、包装产品研发、生产、加工、销售

主要产品：出版物及其他印刷品

从业人员数（人）：10

销售额（万元）：90.

资产总额（万元）：276

简 介：武威添彩纸品包装科技开发有限公司坐落在文化古城——凉州，是一家专业从事多功能环保带书签书（本）皮研发、生产、销售的企业。公司占地 3300 平方米，现有员工 189 人，其中研究生 5 人、本科学历 23 人，大专学历 56 人，中专学历 83 人。

0755 武威宝林包装股份有限公司

注 册 地：武威市凉州区

主营业务：各类彩箱制作及包装装潢印刷品印刷

主要产品：各类高档彩色纸箱，纸盒，普通纸箱以及各种进口和国产箱板纸，白板纸和瓦楞纸

从业人员数（人）：18

资产总额（万元）：191

简 介：武威宝林包装股份有限公司是利宏（香港）发展有限公司的附属企业，是第一家香港在武威投资的企业，公司主要生产

各类高档彩色纸箱、纸盒、普通纸箱以及各种进口和国产箱板纸、白板纸和瓦楞纸。公司选址武威工业园区,占地100亩,总投资3亿元,整体设备投资约1.2亿元,主要设备均来自世界顶级品牌,其中包括德国罗兰彩色5+1、6+1等印刷机生产线三条;美国菲沃八色柔版印刷机生产线一条;台湾协旭七层瓦楞纸板生产线两条;还包括全自动上光机、全自动覆膜机、全自动贴面机、全自动模切机、全自动糊箱机等多台印刷后加工设备。

0756 武威市天元印刷有限责任公司

注　册　地:武威市凉州区

主营业务:出版物及其他印刷品印刷

主要产品:包装装潢印刷品

从业人员数(人):15

销售额(万元):101.3

资产总额(万元):184.9

简　　介:武威市天元印刷有限责任公司,成立于1998年,位于武威市祁连大道439号,公司占地面积1000多平方米。2005年被甘肃省新闻出版局核准为出版物印刷企业;甘肃省国家保密局秘密载体印刷复制定点单位;甘肃省邮政管理局标准信封定点印制单位。2010年被武威市保密局评为全市涉密载体、印刷复制先进集体。2011年被武威市工商行政管理局评为"重合同、守信誉"企业。公司拥有四色机、书刊印刷机、覆膜机、照排机、胶包机、折页机、多头骑订机等国内外先进的印刷配套设备,另有最新引进彩色柯美C6000及黑白奥西2110数码印刷设备。

0757 武威电力光明工贸有限责任公司

注　册　地:武威市凉州区

主营业务:胶版印刷,打字复印

从业人员数(人):8

销售额(万元):57.7

资产总额(万元):110.5

简　　介:武威电力光明工贸有限责任公司印刷部,具有完善的设备和先进的生产工艺技术,拥有技术人员3人,从业人员总8人。

0758 甘肃皓轩文化传媒有限公司

注　册　地:武威市凉州区北关西路32号

主营业务:文化艺术交流、企业品牌形象策划、旅游项目开发、市场营销;公关赛事活动、舞台艺术造型等策划;企业管理营销、商务信息咨询、投资管理;会展服务;婚庆礼仪;摄影;资料翻译;多媒体制作与后期服务;室内装饰设计、动漫设计、电脑图文设计制作、网站架设与设计;国内各类广告设计、制作、代理、发布;书刊简报、宣传彩页、海报等印刷品设计;日用百货、文化办公用品、电脑耗材、工艺品的批发和零售

从业人员数(人):2

0759 武威逊远投资管理有限公司

注　册　地:武威市凉州区步行街阳光商厦508室

主营业务:项目投资及资产管理、投资信息咨询;电子产品技术服务;企业形象策划;广告设计、制作、代理、发布;日用品、文化用品、体育用品、机械设备、电子产品、计算机软件及辅助设备、家用电器、通讯设备销售

主要产品:日用品、文化用品、体育用品、机械设备、电子产品、计算机软件及辅助设备、家用电器、通讯设备

从业人员数(人):5

销售额(万元):7

资产总额(万元):100

0760 武威市国泰广告有限责任公司

注　册　地：武威市凉州区西凉南市场8号商铺

主营业务：设计、制作、发布国内各类广告；礼仪庆典服务

从业人员数（人）：5

销售额（万元）：14

资产总额（万元）：5

简　　　介：国泰庆典成立至今，由原来单一礼仪公司扩展到今天集庆典活动承办、各种会议服务、展览展示、促销商演、灯光音响、舞台设计与实施、各类广告创意、企业宣传策划、广告代理及发布、气球拱门、礼仪乐队、开业庆典、奠基仪式、周年店庆、大型工程开工典礼、竣工仪式、公路开工通车仪式、室内外庆典于一身的综合礼仪广告公司。

0761 艺弘文化传播有限公司

注　册　地：武威市凉州区步行街阳光商厦

主营业务：商务信息咨询、企业管理咨询、展览展示服务、企业形象策划、会务服务、礼仪服务、摄影服务、舞台艺术造型策划服务、设计制作各类广告

从业人员数（人）：6

销售额（万元）：30

资产总额（万元）：120

简　　　介：武威艺弘文化传播有限公司是一家专注于企业形象设计、活动策划、执行，舞台艺术造型策划，市场营销策划，以及促销、路演等服务的专业化公司。

0762 甘肃财富品鉴文化传播有限公司

注　册　地：武威市凉州区

主营业务：杂志编辑发行，文化艺术品交流，文化艺术人力培训，艺术比赛服务

主要产品：《财富·品鉴》

从业人员数（人）：6

销售额（万元）：50

资产总额（万元）：150

简　　　介：甘肃《财富·品鉴》DM杂志是由甘肃品鉴文化传播有限公司策划发行的DM杂志。面向武威市工商联、各驻武商会、企业协会、行政企事业单位及河西周边城市发行。

0763 武威圈子电子商务有限公司

注　册　地：武威市凉州区西关中路8号

主营业务：文化信息交流，企业管理咨询服务、会议会展服务；企业营销策划服务；设计、制作、代理国内各类广告

从业人员数（人）：2

资产总额（万元）：1

0764 武威九鼎文化投资管理有限公司

注　册　地：武威市凉州区海藏路118号

主营业务：文化项目的研究与开发，文化产业的投资与管理

从业人员数（人）：3

简　　　介：武威九鼎文化投资管理有限公司成立于2014年4月22日。本公司主要从事文化项目的研究与开发，文化产业的投资与管理，投资理财的咨询服务。

0765 甘肃利川文化传媒有限公司

注　册　地：武威市古浪县

主营业务：大型活动、各种典礼、体育赛事、文化研讨、文艺演出；营销策划；户外广告制作；礼品研发、生产、销售

主要产品：字画、工艺品、红木家具、古董

从业人员数（人）：156

资产总额（万元）：5664

简　　　介：甘肃利川文化传媒有限公司，地处古浪县城商业步行街南口，占地面积4800平方米，建筑面积20000平方米。该公司于2010年7月启动实施，2013年4月正式投

入运营。公司下辖书画馆、书画馆接待厅、时代运动休闲馆、文化研究交流中心、儿童游乐馆、少儿读物馆、人文茶馆、利川华夏国际影城。

0766 古浪县文新印刷厂

注 册 地：武威市古浪县

主营业务：各种画册、宣传册、海报、宣传单、说明书、不干胶、信纸、信封等宣传品的印刷中高档彩色印刷及装订业务

从业人员数（人）：2

销售额（万元）：16

资产总额（万元）：18

0767 古浪县多彩印刷厂

注 册 地：武威市古浪县

主营业务：宣传彩页、彩色画册，表格，公文袋，信封，便签等

从业人员数（人）：8

销售额（万元）：50

资产总额（万元）：38.4

简　　介：古浪县多彩印刷有限公司的前身是成立于 2003 年的古浪县多彩文印部，2009 年搬迁至古浪县世纪路。拥有胶印机、速印机、高速复印机、彩色复印机、胶包机、切纸机、订书机等一系列印刷设备。2014 年 6 月，文印部经过改制，成立了古浪县多彩印刷有限公司。

0768 古浪印刷厂

注 册 地：武威市古浪县

主营业务：主要从事出版物，企业书刊，彩色画册，表格，公文袋，信封，便签等系列印刷品加工服务

从业人员数（人）：2

销售额（万元）：11

资产总额（万元）：12

0769 古浪县信和文印

注 册 地：武威市古浪县

主营业务：专业印刷宣传画册宣传彩页、海报、信封信纸、产品标签、手提纸袋、不干胶、等印刷服务

从业人员数（人）：2

销售额（万元）：7.5

资产总额（万元）：11

0770 古浪县文源勤工俭学有限责任公司

注 册 地：武威市古浪县

主营业务：学生作业本、表格、帐表册的印刷，服装加工、销售，图书租赁，太阳能热水器及配件、水暖器材销售

从业人员数（人）：9

销售额（万元）：60

资产总额（万元）：50

简　　介：古浪县文源勤工俭学有限责任公司，成立于 2004 年 7 月，注册资本 50 万元。现有从业人员 9 人，其中，技术人员 7 人。该公司经营地址在甘肃省武威市古浪县丰泉完全小学院内，主要从事经营学生作业本、表格、帐表册的印刷，服装加工、销售，图书租赁，太阳能热水器及配件、水暖器材销售。

0771 古浪县文燚印刷厂

注 册 地：武威市古浪县

主营业务：生产画册、说明书、中高档包装盒、手提袋、不干胶、信封、信笺、等各种纸张印刷品

从业人员数（人）：3

销售额（万元）：16

资产总额（万元）：18

简　　介：古浪县文燚印刷厂是一家融制作、印刷为一体的现代化印刷企业。主要专业生

产画册、说明书、中高档包装盒、手提袋、不干胶、信封、信笺、等各种纸张印刷品。

0772 民勤县双木印刷厂

注　册　地：武威市民勤县

主营业务：包装装潢及其他印刷

从业人员数（人）：14

销售额（万元）：120

资产总额（万元）：1000

简　　　介：民勤县双木印刷厂于2013年注册资金500万元，建筑面积1200平方米。公司拥有当前快印领域中顶级数码彩色印刷机柯美C6501和业内先进的多台爱普生、夏普、佳能等进口的数码打印设备、完整的配、订、折等后期加工设备以及高效的客户服务系统，更具有专业的从前期制作到后期装订一条龙服务的优秀团队。现有员工18人。

0773 民勤县荣华印刷厂

注　册　地：武威市民勤县

主营业务：包装装潢及期货印刷

从业人员数（人）：32

销售额（万元）：310

资产总额（万元）：2000

0774 民勤县万福彩印包装有限公司

注　册　地：武威市民勤县

主营业务：包装装潢及其他印刷

从业人员数（人）：24

销售额（万元）：300

资产总额（万元）：1600

简　　　介：民勤县万福彩印包装有限责任公司成立于2010年3月6日，是以经营纸包装、塑料筐加工、销售为主的民营企业，具有独立的法人资格，公司位于民勤县收成乡天成村，占地面积7400平方米，建筑面积4000多平方米。主要经营纸包装、塑料筐加工、

销售，农副产品（粮棉除外）购销。公司现有固定职工45人，其中管理人员8人。

0775 民勤县华迅印刷厂

注　册　地：武威市民勤县

主营业务：包装装潢及其他印刷

从业人员数（人）：36

销售额（万元）：360

资产总额（万元）：1900

简　　　介：民勤县华迅印务有限责任公司的前身是国营民勤县印刷厂，始建于1958年，于2002年企业改制时更名为民勤县华迅印务有限责任公司。公司占地面积4860平方米，建筑面积3800平方米，现有书刊印刷、纸质包装、特种票据印刷三条生产线。公司总资产908万元，各类印刷设备62台（件），现有职工36人。

0776 民勤县凯越印刷厂

注　册　地：武威市民勤县

主营业务：包装装潢及其他印刷

从业人员数（人）：10

销售额（万元）：80

资产总额（万元）：800

0777 新佳能印刷厂

注　册　地：武威市天祝县

主营业务：其他印刷品印刷

从业人员数（人）：5

销售额（万元）：4

资产总额（万元）：120

0778 新方圆印刷厂

注　册　地：武威市天祝县

主营业务：其他印刷品印刷

从业人员数（人）：6

销售额（万元）：30

资产总额（万元）：100

0779 天祝藏族自治县红洋印务中心

注 册 地：武威市天祝县

主营业务：其他印刷品印刷

从业人员数（人）：4

销售额（万元）：50

资产总额（万元）：54

0780 天祝藏族自治县勤工俭学服务公司

注 册 地：武威市天祝县

主营业务：其他印刷品印刷

从业人员数（人）：8

销售额（万元）：4

资产总额（万元）：30

0781 天祝藏族自治县方立电子服务中心

注 册 地：武威市天祝县

主营业务：打字复印

从业人员数（人）：4

销售额（万元）：3

资产总额（万元）：50

0782 甘肃启韵文化传播有限公司

注 册 地：张掖市民乐县县城东街

主营业务：文化艺术交流活动的策划、咨询，电脑图文设计制作，会议及展览布置服务，企业形象策划设计，路牌橱窗、霓虹灯的广告设计制作，影视广告设计制作，效果图设计制作；装饰装潢材料（危险化学品除外）的销售，办公用品的销售，庆典服务

主要产品：文化艺术交流活动的策划，路牌橱窗、霓虹灯广告，各类影视广告，各类效果图

从业人员数（人）：5

销售额（万元）：3

资产总额（万元）：10

0783 民乐县方圆文化传媒有限公司

注 册 地：张掖市民乐县县城中心广场

主营业务：文化艺术交流活动的策划、咨询，会议及展览布置服务，企业形象策划设计；路牌、橱窗、霓虹灯广告设计、制作、代理；书画装裱、销售；装饰装潢材料、办公用品的销售

主要产品：文化艺术交流活动的策划，路牌、橱窗、霓虹灯广告，各类效果图、装裱的各类书画

从业人员数（人）：4

销售额（万元）：20

资产总额（万元）：36

0784 高台县文光文化传媒有限公司

注 册 地：张掖市高台县

主营业务：设计、制作、代理、发布各类广告，图文设计制作，文化艺术交流策划，企业形象策划，教育培训策划，教育咨询，展览展示服务，会务服务，礼仪服务，摄影服务，婚庆礼仪服务，室内设计，室内装潢

主要产品：广告、室内设计

从业人员数（人）：14

销售额（万元）：87

资产总额（万元）：100

简　　介：高台县文光文化传媒有限公司成立于 2011 年 3 月，公司现坐落在高台县城关镇行政新区 15 号门店，现占地面积为 320 平方米，公司总投资 100 万元。

0785 民乐县海鸿印刷部

注 册 地：张掖市民乐县县府东街

主营业务：打字、复印

主要产品：纸制印刷品、装订的书籍及各类资料

从业人员数（人）：2

销售额（万元）：2

资产总额（万元）：5

0786 民乐县万能打印部

注 册 地：张掖市民乐县县府东街

主营业务：打字、复印

主要产品：纸制印刷品、装订的书籍及各类资料

从业人员数（人）：2

销售额（万元）：2

资产总额（万元）：5

0787 临泽县科奥电脑部

注 册 地：张掖市临泽县

主营业务：打字、复印

从业人员数（人）：1

销售额（万元）：8

资产总额（万元）：5

0788 临泽县审计打印部

注 册 地：张掖市临泽县

主营业务：打字、复印

从业人员数（人）：2

销售额（万元）：8

资产总额（万元）：4

0789 临泽县博泰文具打字复印店

注 册 地：张掖市临泽县

主营业务：打字、复印

从业人员数（人）：1

销售额（万元）：2

资产总额（万元）：2

0790 临泽县易乐广告装潢店

注 册 地：张掖市临泽县

主营业务：打字、复印

从业人员数（人）：1

销售额（万元）：8

资产总额（万元）：5

0791 临泽县腾飞打字复印部

注 册 地：张掖市临泽县

主营业务：打字、复印

从业人员数（人）：2

销售额（万元）：12

资产总额（万元）：6

0792 临泽县志诚文印社

注 册 地：张掖市临泽县

主营业务：打字、复印

从业人员数（人）：1

资产总额（万元）：5

0793 临泽县凌博丝文印部

注 册 地：张掖市临泽县

主营业务：打字、复印

从业人员数（人）：1

销售额（万元）：4

资产总额（万元）：5

0794 临泽县鼎盛电脑工作室

注 册 地：张掖市临泽县

主营业务：打字、复印

从业人员数（人）：2

销售额（万元）：7

资产总额（万元）：3

0795 临泽县非凡摄影工作室

注 册 地：张掖市临泽县

主营业务：打字、复印

从业人员数（人）：1

销售额（万元）：5

资产总额（万元）：3

0796 临泽县科苑打印部

注　册　地：张掖市临泽县

主营业务：打字、复印

从业人员数（人）：2

销售额（万元）：7

资产总额（万元）：5

0797 临泽县大文豪文印部

注　册　地：张掖市临泽县

主营业务：打字、复印

从业人员数（人）：2

销售额（万元）：7

资产总额（万元）：7

0798 临泽县创鸿高速打印部

注　册　地：张掖市临泽县

主营业务：打字、复印

从业人员数（人）：1

销售额（万元）：2

资产总额（万元）：1

0799 临泽县时代电脑

注　册　地：张掖市临泽县

主营业务：打字、复印

从业人员数（人）：1

销售额（万元）：2

资产总额（万元）：3

简　　　介：临泽县时代电脑位于临泽县健康路原武装部家属楼下，经营场所占地面积45平方米，主要从事打字复印、证卡名片、写真喷绘、标书装订、匾牌广告等业务。

0800 临泽县金大地打印部

注　册　地：张掖市临泽县

主营业务：打字、复印

从业人员数（人）：1

销售额（万元）：6

资产总额（万元）：4

0801 临泽县雅轩综合经营部（打字复印店）

注　册　地：张掖市临泽县

主营业务：打字、复印

从业人员数（人）：1

销售额（万元）：2

资产总额（万元）：5

0802 临泽县飞燕电脑经销部

注　册　地：张掖市临泽县

主营业务：打字、复印

从业人员数（人）：2

销售额（万元）：12

资产总额（万元）：8

0803 临泽县远琪打印部

注　册　地：临泽县

主营业务：打字复印

从业人员数（人）：1

销售额（万元）：7

资产总额（万元）：5

0804 临泽县志远文印社

注　册　地：张掖市临泽县

主营业务：打字复印

从业人员数（人）：1

销售额（万元）：4.5

资产总额（万元）：2

0805 高台县红蚂蚁庆典用品出租社

注 册 地：张掖市高台县

主营业务：公司礼仪和大型活动或婚庆组织
服务

从业人员数（人）：3

销售额（万元）：67.5

资产总额（万元）：530

0806 高台县现代印务部

注 册 地：张掖市高台县

主营业务：装订及印刷相关服务

从业人员数（人）：5

销售额（万元）：17.9

资产总额（万元）：120

0807 张掖市文化产业协会打字复印行业高台分会

注 册 地：张掖市高台县

主营业务：装订及印刷相关服务

从业人员数（人）：5

销售额（万元）：25.1

资产总额（万元）：120

0808 高台县艺彩装饰文印部

注 册 地：张掖市高台县

主营业务：装订及印刷相关服务

从业人员数（人）：3

销售额（万元）：18

资产总额（万元）：123

0809 高台县多元素设计工作室

注 册 地：张掖市高台县

主营业务：装订及印刷相关服务

从业人员数（人）：2

销售额（万元）：21

资产总额（万元）：89.1

0810 高台县花之语花艺店

注 册 地：张掖市高台县

主营业务：鲜花礼品、公司礼仪和大型活动
或婚庆组织服务

从业人员数（人）：3

销售额（万元）：125.6

资产总额（万元）：721

0811 高台县恒源印刷制品有限责任公司

注 册 地：张掖市高台县

主营业务：装订及印刷相关服务

从业人员数（人）：8

销售额（万元）：112

资产总额（万元）：891.2

0812 高台县宏桥电脑打字复印部

注 册 地：张掖市高台县

主营业务：装订及印刷相关服务

从业人员数（人）：2

销售额（万元）：11.6

资产总额（万元）：105.6

0813 高台县新概念文印部

注 册 地：张掖市高台县

主营业务：装订及印刷相关服务

从业人员数（人）：4

销售额（万元）：38

资产总额（万元）：68

0814 高台县恒通文印部

注 册 地：张掖市高台县

主营业务：装订及印刷相关服务

从业人员数（人）：3

销售额（万元）：45

资产总额（万元）：156

0815　高台县文东设计工作室

注　册　地：张掖市高台县

主营业务：装订及印刷相关服务

从业人员数（人）：3

销售额（万元）：34

资产总额（万元）：136

0816　高台县久红婚庆店

注　册　地：张掖市高台县

主营业务：开业庆典、婚礼庆典服务。

从业人员数（人）：3

销售额（万元）：38.2

资产总额（万元）：126.1

0817　高台县鸿宇商务文印部

注　册　地：张掖市高台县

主营业务：装订及印刷相关服务

从业人员数（人）：3

销售额（万元）：27

资产总额（万元）：117

0818　高台县婚庆文化产业协会

注　册　地：张掖市高台县

主营业务：高台县婚庆文化产业协会

从业人员数（人）：36

销售额（万元）：40

资产总额（万元）：410

0819　高台县大威文印装饰部

注　册　地：张掖市高台县

主营业务：装订及印刷相关服务

从业人员数（人）：5

销售额（万元）：43

资产总额（万元）：210

0820　高台县金喜鹊婚庆店

注　册　地：张掖市高台县

主营业务：公司礼仪和大型活动或婚庆组织服务

从业人员数（人）：3

销售额（万元）：41.5

资产总额（万元）：101.2

0821　高台县创新文印部

注　册　地：张掖市高台县

主营业务：装订及印刷相关服务

主要产品：装订及印刷相关服务

从业人员数（人）：2

销售额（万元）：24.4

资产总额（万元）：116.8

0822　高台县鸿泰装饰文印部

注　册　地：张掖市高台县

主营业务：装订及印刷相关服务

从业人员数（人）：5

销售额（万元）：46.8

资产总额（万元）：145

0823　高台县爱之爱专业婚庆店

注　册　地：张掖市高台县

主营业务：公司礼仪和大型活动组织服务

从业人员数（人）：5

销售额（万元）：81

资产总额（万元）：476

0824　高台县第一中学印刷厂

注　册　地：张掖市高台县

主营业务：本册印刷品的印刷和装订

从业人员数（人）：6

销售额（万元）：65.9

资产总额（万元）：500

0825 会宁县互联时空文化传播有限公司

注册地：白银市会宁县

主营业务：文化艺术交流及策划，会议及展览、展示服务，企业形象策划、企业管理咨询、市场营销策划、商务信息服务；广告的设计、制作和发布；计算机软件开发及软硬件产品的销售

从业人员数（人）：10

销售额（万元）：1

资产总额（万元）：10

0826 会宁县巍博文化传播有限公司

注册地：白银市会宁县

主营业务：企业咨询策划、会展服务、文化活动的组织策划、礼仪庆典服务、商务信息咨询、电脑动漫制作；装饰、装潢设计；国内各类广告的设计、制作、策划、发布

主要产品：《高露洁牙膏广告》

从业人员数（人）：5

销售额（万元）：50

资产总额（万元）：20

简　　介：会宁县巍博文化传播有限公司始创于2012年，位于会宁二中对面二楼，是会宁县广告协会第二届理事会理事单位。经过近多年发展，公司规模不断发展壮大，形成广告、装饰装潢、美术培训三位一体的发展模式。公司设有办公室、制作部、加工车间，占地面积200多平米，现有超远程舞台音响、雕刻机、户外压电机、室内写真机、刻字机等一流设备。2013年公司报送的《高露洁牙膏广告》平面设计荣获甘肃省广告创意大奖赛商业类银奖。

0827 白银新新潮商贸有限公司

注　册　地：白银市白银区体育街19号1-4

主营业务：文具零售

从业人员数（人）：11

销售额（万元）：133.9

资产总额（万元）：378

简　　介：白银新新潮商贸有限公司成立于2010年11月12日，注册资金额10万，占地面积160多平方米。主要从事文体用品、电脑耗材等批发、零售服务。

0828 白银新希望商贸有限公司

注　册　地：白银市白银区

主营业务：文化信息发布、代理、零售等业务服务

从业人员数（人）：5

销售额（万元）：195

资产总额（万元）：126

0829 靖远煤业有限责任公司印刷厂

注　册　地：白银市靖远县

主营业务：文件资料印刷

从业人员数（人）：4

销售额（万元）：28.8

资产总额（万元）：323.4

简　　介：靖远煤业有限责任公司印刷厂创建于1990年，位于白银市平川区宝积路24号，厂区占地面积1000平方米，注册资金200万元。现有职工20余人，其中管理人员2人，技术人员3人、会计师1人。公司拥有激光扫描仪、排照系统、硫酸纸打印机、打印复印一体机、制版机、晒版机、胶印机、打码胶印机、北人对开四色胶印机、国产单色与双色胶印机、切纸机、胶装机、装订机及各种系列印刷设备，年生产能力为10000令纸。

0830 白银中泰科贸有限公司

注　册　地：白银市平川区

主营业务：印刷

从业人员数（人）：16

销售额（万元）：440

资产总额（万元）：100

简　　介：白银中泰科贸有限公司位于甘肃省白银市平川区兴平北路 53 号，成立于 2011 年 07 月 12 日。经营范围包括文件、资料、图表、票证、名片印刷（凭有效许可证经营）；文具用品，计算机、软件及辅助设备，五金交电，家用电器，纸制品批发及零售。公司员工人数 8 人。

0831　白银鑫腾印刷纸业有限公司

注　册　地：白银市平川区

主营业务：印刷

从业人员数（人）：6

销售额（万元）：45

资产总额（万元）：100

简　　介：白银鑫腾印刷纸业有限公司创建于 2012 年，是平川首家行政管理登记注册的，具有一定规模的一体化综合性股份制企业。公司厂址位于白银平川区向阳路水沟沿大桥北侧，厂区占地面积 1000 平方米，注册资金 200 万元。现有职工 20 余人，其中管理人员 2 人，技术人员 3 人，会计师 1 人。公司拥有激光扫描仪、排照系统、硫酸纸打印机、打印复印一体机、制版机、晒版机、胶印机、打码胶印机、北人对开四色胶印机、国产单色与双色胶印机、切纸机、胶装机、装订机及各种系列印刷设备，年生产能力为 10000 令纸。

0832　白银华电投资开发有限公司

注　册　地：白银市平川区

主营业务：印刷

从业人员数（人）：16

销售额（万元）：200

资产总额（万元）：100

简　　介：白银华电投资开发有限公司位于白银市平川区，是国电靖远发电有限公司对原多种产业公司进一步改革重组、股权优化配置后而组建的股份制企业，于 2002 年 12 月 26 日正式挂牌运营。公司注册资本 2500 万元，现有员工 222 人（其中正式工 199 人、集体工 17 人、协议工 9 人），中级管理人员 12 人。由魏本良等 15 名股东及国电靖远发电有限公司集体资产管理协会共同出资组建，其中职工自然人股权占 95%，集体资产管理协会占 5%。公司实行董事会领导下的总经理负责制，下设综合工作部、经营发展部、财务管理部、安全技术部 4 个职能管理部门；下属华电物业管理有限公司、白银兴川建筑安装有限公司、白银华电通达工贸有限公司、白银华靖建材有限公司、白银聚成建材有限公司、甘肃华靖房地产公司等 6 个控股子公司。

0833　白银颐恒印刷有限公司

注　册　地：白银市

主营业务：包装装潢及其他印刷

从业人员数（人）：3

销售额（万元）：30

资产总额（万元）：36

0834　会宁雄心文化传媒有限责任公司

注　册　地：白银市会宁县

主营业务：广告设计制作、摄影摄像、文化艺术交流策划、企业管理咨询、商务信息咨询、会展服务、文化用品的销售及服务

从业人员数（人）：3

资产总额（万元）：100

简　　介：公司位于甘肃省白银市会宁县会师镇长征北路安居小区 1 幢 1 单元 101 室。公司现有员工 3 人，每个员工业务精湛、技术过硬、经历丰富。公司主要承接广告设计、

名片制作、平面设计、动画广告设计、制作宣传单、彩页、代做户外策划、摄影摄像、婚礼车队、企业形象策划、市场营销策划、房地产销售策划、舞台艺术、造型策划等。公司目前虽处于调查研究和起步的阶段，但是众员工已经形成一个共识，即在起步之初积极探索发展模式和方向，走一条有自己特色的路子，通过有效的资本运作，从而在会宁形成强有力的文化传媒公司。从吸引最小客户做起，以精益求精的务实态度与客户建立良好的长期合作伙伴关系，逐步扩大自己的知名度，打出品牌效应。

0835 会宁佳信文化发展服务中心

注 册 地：白银市会宁县

主营业务：大型庆典、文化节、艺术节的筹备、策划、组织活动；庆典礼仪服务；文化交流、文化讲座；摄像摄影活动；会议及展览服务；广告设计、制作；工艺美术品收藏、交流、销售；文化用品销售；计算机、软件及辅助设备销售

从业人员数（人）：6

销售额（万元）：16

资产总额（万元）：30

0836 会宁驮营金源文化服务中心

注 册 地：白银市会宁县

主营业务：民间、民俗传统文化、民间艺人交流活动；群众文化活动；庆典用品销售

从业人员数（人）：6

销售额（万元）：10

资产总额（万元）：60

0837 会宁县文苑印刷部

注 册 地：白银市会宁县

主营业务：打字、复印

从业人员数（人）：2

销售额（万元）：2

资产总额（万元）：3

0838 会宁鑫盛印刷厂

注 册 地：白银市会宁县

主营业务：文件、资料、图表、票证、证件、名片印制

从业人员数（人）：1

销售额（万元）：10

资产总额（万元）：50

简　　介：会宁鑫盛印刷厂是一家会宁甘肃省白银市第一批批准的个人独资企业，创建于1999年10月，前身为会宁县兴盛印刷社，2013年11月更名为会宁鑫盛印刷厂。现有一台对开胶印机和两台四开胶印机，一台全张切纸刀，一台自动装订机。以及配套齐全的各种印刷，制版设备，300平方米的厂房。

0839 会宁县永新印刷有限公司

注 册 地：白银市会宁县

主营业务：文件、资料、图表、票证、证件、名片印刷；广告设计、策划、制作

主要产品：票证、证件

从业人员数（人）：15

销售额（万元）：10

资产总额（万元）：52.21

0840 靖远兴华印刷厂

注 册 地：白银市靖远县

主营业务：印刷品、印刷装订

从业人员数（人）：4

销售额（万元）：70

资产总额（万元）：90

简　　介：靖远县兴华印刷厂成立于1998年，位于县城关家壕巷58号，建筑面积达1000多平方米。主要生产画册、说明书、作业本等各种纸张印刷品。

0841 靖远乌兰打印社

注 册 地：白银市靖远县

主营业务：打字、复印、速印

主要产品：图纸、名片、广告

从业人员数（人）：2

销售额（万元）：68

资产总额（万元）：95

0842 靖远兴达印刷有限公司

注 册 地：白银市靖远县

主营业务：印刷品印刷、印刷装订

从业人员数（人）：6

销售额（万元）：180

资产总额（万元）：150

简　　介：靖远兴达印刷有限公司原名靖远县兴达印刷厂，成立于 1994 年 6 月，注册资本 500 万，占地面积 1440 平方米。

0843 靖远县三源打印社

注 册 地：白银市靖远县工商行政管理局

主营业务：打字复印、喷绘、广告牌制作服务

从业人员数（人）：3

销售额（万元）：10

资产总额（万元）：5

0844 靖远县建德印刷有限公司

注 册 地：白银市靖远县

主营业务：印刷品印刷、包装加工

从业人员数（人）：15

销售额（万元）：120

资产总额（万元）：160

简　　介：靖远建德印刷厂成立于 2007 年，是一家专门从事教育行业配套印刷的企业。公司位于县城东大街，占地面积 400 多平方米，其中生产车间 200 平方米，库房 200 平方米。

0845 靖远华宇印刷有限公司

注 册 地：白银市靖远县

主营业务：印刷品、印刷装订

从业人员数（人）：20

销售额（万元）：200

资产总额（万元）：300

简　　介：靖远华宇印刷有限公司成立于 2003 年，位于县城乌兰东路 2 号，占地面积 1300 多平方米，其中生产车间 600 平方米，库房 300 平方米，办公楼职式用房 220 平方米。拥有对开胶印机一台，04 胶印机一台，06 胶印机两台，对开晒板机两台，进口数码机一台，折页机一台，裁纸刀两台及胶包机一台等。企业现有员工 20 人，其中生产技术人员 16 人，占 80%，大中专学历以上 4 人，中级职称以上 3 人，聘请了特大型企业的高级退休技术人员 2 人担任企业技术顾问。

0846 景泰县笑益印刷厂

注 册 地：白银市景泰县

主营业务：各种表格、稿纸，本册的印刷、制版；打字、复印

主要产品：表格、稿纸、本册等

从业人员数（人）：4

销售额（万元）：8

资产总额（万元）：10

0847 景泰县三人行文化有限公司

注 册 地：白银市景泰县

主营业务：文化艺术交流策划、企业管理咨询、商务信息咨询、礼仪服务、展览展示服务、会计服务、教育培训、广告设计发布、图文设计制作、摄影服务、网站建设与维护、计算机软硬件销售及维修，电子产品、通讯器材、音响、文化用品、摄影器材销售。

主要产品："景泰在线——石居·原创文学

网"计算机及周边设备、服务器、计算机软件、办公设备（复印机、打印机、传真机、一体机等）、网络设备、安防器材、通讯器材、摄影器材、办公耗材

从业人员数（人）：5

销售额（万元）：32

资产总额（万元）：20

简　　介：景泰县三人行文化有限公司成立于 2013 年 10 月，前身是 2003 年 10 月成立的"三人行多媒体"，是一家集网站建设运营、商务信息咨询、广告设计发布、图文装帧设计、计算机软硬件及办公设备销售维修于一身现代传媒运营公司。公司旗下网站"景泰在线"自 2003 成立以来，已发展成为融信息发布、本土文化宣传、互助学习、娱乐交友、原创文学发表为一体的综合性门户网站，并与一些知名网站和企业建立了良好的合作关系。公司旗下"一石居·原创文学网"，自 2006 年创建以来，是景泰县外界广大文学爱好者的交流平台，也是推广景泰县文化产业发展的宣传平台，现为"景泰县作家协会"及其杂志《景泰文学》官方网站。

0848　景泰县第四中学印刷厂

注 册 地：白银市景泰县

主营业务：出版物（仅限内部资料性出版物）、及其他印刷品印刷

从业人员数（人）：4

销售额（万元）：70

资产总额（万元）：210

0849　会宁县文苑印刷部

注 册 地：白银市会宁县

主营业务：打字、复印

从业人员数（人）：2

销售额（万元）：2

资产总额（万元）：3

0850　会宁县永新印刷有限公司

注 册 地：白银市会宁县

主营业务：文件、资料、图表、票证、证件、名片印刷；广告设计、策划、制作

主要产品：票证、证件

从业人员数（人）：15

销售额（万元）：10

资产总额（万元）：52.21

0851　会宁县文苑印刷部

注 册 地：白银市会宁县

主营业务：打字、复印

从业人员数（人）：2

销售额（万元）：2

资产总额（万元）：3

0852　会宁鑫盛印刷厂

注 册 地：白银市会宁县

主营业务：文件、资料、图表、票证、证件、名片印制

从业人员数（人）：1

销售额（万元）：10

资产总额（万元）：50

简　　介：会宁鑫盛印刷厂是甘肃省白银市第一批批准的个人独资企业，创建于 1999 年 10 月，前身为会宁县兴盛印刷社，2013 年 11 月更名为会宁鑫盛印刷厂。公司以经营本册，图表。经营纸张为主。现有一台对开胶印机和两台四开胶印机，一台全张切纸刀，一台自动装订机，以及配套齐全的各种印刷，制版设备。

0853　会宁县永新印刷有限公司

注 册 地：白银市会宁县

主营业务：文件、资料、图表、票证、证件、名片印刷；广告设计、策划、制作

主要产品：票证、证件

从业人员数（人）：15

销售额（万元）：10

资产总额（万元）：52.21

0854 景泰县平瑞印刷商务有限公司

注 册 地：白银市景泰县一条山镇东街

主营业务：文件、资料、图表、票据、证件、名片的印刷，纸的批发与零售

从业人员数（人）：4

销售额（万元）：90

资产总额（万元）：1000

0855 景泰县瑞盛印刷有限公司

注 册 地：白银市景泰县

主营业务：文件、资料、图书、票据、证件、名片印刷；印刷机械配套设备销售；打字、复印

主要产品：印刷品，纸质材料

从业人员数（人）：12

销售额（万元）：40

资产总额（万元）：50

0856 景泰县兴盛印刷厂

注 册 地：白银市景泰县

主营业务：各种本册、票证、稿纸、表格及其他印刷品、销售

主要产品：印刷品、稿纸、本册

从业人员数（人）：8

销售额（万元）：50

资产总额（万元）：40

简 介：景泰县兴盛印刷厂位于景泰县条山镇长城西路，占地 1200 平方米，现有生产车间、库房、办公场所 400 平方米，注册资金 28.6 万元，产值 30 多万元，年利税 2 万元。企业拥有固定资产 46 万元，从业人员 12 人，其中专业技术人员 2 人。

0857 景泰县东兴印刷厂

注 册 地：白银市景泰县一条山镇东兴路 11 号

主营业务：各种本册、票证、稿纸、表格及其他印刷品印刷销售

从业人员数（人）：5

销售额（万元）：40

资产总额（万元）：400

0858 靖远煤业有限责任公司印刷厂

注 册 地：白银市靖远县

主营业务：文件资料印刷

从业人员数（人）：4

销售额（万元）：28.8

资产总额（万元）：323.4

简 介：靖远煤业有限责任公司印刷厂创建于 1990 年，位于白银市平川区宝积路 24 号，厂区占地面积 1000 平方米，注册资金 200 万元。现有职工 20 余人，其中管理人员 2 人、技术人员 3 人、会计师 1 人。企业固定资产 180 万元，年产值达 300 多万元。公司拥有激光扫描仪、排照系统、硫酸纸打印机、打印复印一体机、制版机、晒版机、胶印机、打码胶印机、北人对开四色胶印机、国产单色与双色胶印机、切纸机、胶装机、装订机及各种系列印刷设备，年生产能力为 10000 令纸。

0859 泾川县神州数码图文工作室

注 册 地：平凉市泾川县

主营业务：数码摄像、照相；数码产品及电脑耗材销售

从业人员数（人）：1

资产总额（万元）：3

0860 泾川县彩梅打字复印部

注 册 地：平凉市泾川县

主营业务：打字、复印服务

从业人员数（人）：1

资产总额（万元）：1

0861 泾川县五州印务部

注 册 地：平凉市泾川县

主营业务：打字、复印；电脑耗材零售

从业人员数（人）：1

资产总额（万元）：1.5

0862 泾川县金利达印务部

注 册 地：平凉市泾川县

主营业务：印刷、打字、复印

从业人员数（人）：2

资产总额（万元）：8

0863 泾川县荔堡镇兴剑印刷厂

注 册 地：平凉市泾川县荔堡镇

主营业务：本册印制；打字、复印；文具用

品零售

主要产品：本册印制

从业人员数（人）：1

销售额（万元）：1

资产总额（万元）：5

0864 泾川县太阳影视图片工作室

注 册 地：平凉市泾川县

主营业务：打字、复印

从业人员数（人）：3

资产总额（万元）：5

0865 泾川蓝天印务有限责任公司

注 册 地：平凉市泾川县城北新街

主营业务：打字、复印、胶印；广告、电脑

耗材、办公用品零售

0866 泾川县东升印务部

注 册 地：平凉市泾川县

主营业务：胶印、打字、复印

从业人员数（人）：1

资产总额（万元）：2

0867 泾川县卓越印务部

注 册 地：平凉市泾川县

主营业务：打字、复印服务

从业人员数（人）：1

资产总额（万元）：3

0868 泾川县星艺广告制作部

注 册 地：平凉市泾川县

主营业务：办公耗材零售；打字、复印、其

他印刷品印刷

从业人员数（人）：2

资产总额（万元）：15

0869 泾川县万通打印部

注 册 地：平凉市泾川县

主营业务：打字、复印、打印及设备维修

从业人员数（人）：2

资产总额（万元）：8

0870 泾川县美辰印务部

注 册 地：平凉市泾川县

主营业务：打字、复印

从业人员数（人）：1

资产总额（万元）：2

0871 泾川县灵凤数码彩印部

注 册 地：平凉市泾川县

主营业务：打字、复印、传真、数码照相

从业人员数（人）：1

资产总额（万元）：3

0872 泾川县四通印务部

注 册 地：平凉市泾川县

主营业务：打字、复印

从业人员数（人）：2

资产总额（万元）：10

0873 泾川县宏鑫快印部

注　册　地：平凉市泾川县

主营业务：打字、复印；办公用品销售

从业人员数（人）：1

资产总额（万元）：8

0874 泾川县飞彩印务部

注　册　地：平凉市泾川县

主营业务：打字、复印、印刷、广告制作

从业人员数（人）：1

资产总额（万元）：8

0875 泾川县云达电脑经销部

注　册　地：平凉市泾川县

主营业务：电脑、办公耗材、家电零售；电脑、家电维修、打字、复印服务

主要产品：电脑

从业人员数（人）：1

销售额（万元）：3

资产总额（万元）：8

0876 泾川县源丰图文制作部

注　册　地：平凉市泾川县

主营业务：电脑耗材、办公用品零售；打字、复印

从业人员数（人）：1

资产总额（万元）：20

0877 泾川县飞云乡佳艺佳印务部

注　册　地：平凉市泾川县飞云乡

主营业务：打字、复印、大头贴

从业人员数（人）：1

销售额（万元）：2

资产总额（万元）：5

0878 泾川县乡音打印部

注　册　地：平凉市泾川县

主营业务：打字、复印；窗帘加工、零售

从业人员数（人）：1

资产总额（万元）：1

0879 泾川县鑫宇印务部

注　册　地：平凉市泾川县

主营业务：打字、复印；电脑耗材、办公用品销售

从业人员数（人）：2

资产总额（万元）：8

0880 泾川县越祥办公耗材经销部

注　册　地：平凉市泾川县

主营业务：办公耗材零售；打字复印、数码快照服务

主要产品：办公耗材

从业人员数（人）：1

销售额（万元）：4

资产总额（万元）：10

0881 泾川县新视野打印部

注　册　地：平凉市泾川县

主营业务：打字、复印服务

从业人员数（人）：1

资产总额（万元）：1

0882 泾川县伯乐印务部

注　册　地：平凉市泾川县

主营业务：打字、复印、胶印

从业人员数（人）：2

资产总额（万元）：10

0883 泾川县建博打字复印部

注 册 地：平凉市泾川县

主营业务：打字、复印服务

从业人员数（人）：1

资产总额（万元）：2

0884 泾川县飞越印务部

注 册 地：平凉市泾川县

主营业务：电脑耗材、办公用品零售；打字、复印

从业人员数（人）：2

资产总额（万元）：3

0885 泾川县玉都镇文盛印务

注 册 地：平凉市泾川县

主营业务：打字、复印服务

主要产品：纸张

从业人员数（人）：1

销售额（万元）：3

资产总额（万元）：6

0886 泾川县速成印务部

注 册 地：平凉市泾川县

主营业务：打字、复印、刻章

从业人员数（人）：1

资产总额（万元）：2.5

0887 泾川县玉都镇新兴印刷部

注 册 地：平凉市泾川县

主营业务：打字、复印、胶印服务；文具、纸张批发、零售

从业人员数（人）：1

销售额（万元）：3

资产总额（万元）：10

0888 泾川县魏巍印务部

注 册 地：平凉市泾川县

主营业务：胶印、打印、复印

从业人员数（人）：2

资产总额（万元）：12

0889 泾川县天天打字复印部

注 册 地：平凉市泾川县

主营业务：打字、复印

从业人员数（人）：1

资产总额（万元）：5

0890 泾川县同乐数码彩印部

注 册 地：平凉市泾川县

主营业务：打字、复印、数码快照

从业人员数（人）：1

资产总额（万元）：1.5

0891 泾川县腾龙打印部

注 册 地：平凉市泾川县

主营业务：打字、复印、快照；电脑、打印耗材零售

从业人员数（人）：1

资产总额（万元）：8

0892 泾川县得力印刷部

注 册 地：平凉市泾川县

主营业务：名片印刷、胶印、打字、复印

从业人员数（人）：4

资产总额（万元）：6

0893 泾川县新视界印务部

注 册 地：平凉市泾川县

主营业务：胶印、打字、复印服务

从业人员数（人）：1

资产总额（万元）：3

0894 泾川县新利达印务部

注 册 地：平凉市泾川县

主营业务：打字、复印、小型印刷

从业人员数（人）：2

资产总额（万元）：15

0895 泾川县海丰印务部

注 册 地：平凉市泾川县

主营业务：打字、复印、印刷；电脑耗材零售

从业人员数（人）：1

资产总额（万元）：2

0896 泾川县燕子印务部

注 册 地：平凉市泾川县

主营业务：印刷、打字、复印；电脑耗材、

纸张零售

从业人员数（人）：2

资产总额（万元）：10

0897 泾川县兰鑫印务部

注 册 地：平凉市泾川县

主营业务：打字、复印；纸张零售

从业人员数（人）：1

资产总额（万元）：9

0898 泾川县高平镇中时代文印部

注 册 地：平凉市泾川县高平镇

主营业务：打字、复印、名片印刷、刻章

从业人员数（人）：1

资产总额（万元）：1

0899 泾川县新利达印务部

注 册 地：平凉市泾川县

主营业务：打字、复印、小型印刷

从业人员数（人）：2

资产总额（万元）：15

0900 泾川县联众打印部

注 册 地：平凉市泾川县

主营业务：打字、复印

从业人员数（人）：1

资产总额（万元）：5

0901 泾川县胜达印务部

注 册 地：平凉市泾川县

主营业务：打字、复印服务

从业人员数（人）：1

资产总额（万元）：2.1

0902 泾川县彩红打印部

注 册 地：平凉市泾川县

主营业务：打字、复印服务；五金建材、日

杂百货零售

从业人员数（人）：1

资产总额（万元）：3

0903 泾川县启航印务部

注 册 地：平凉市泾川县

主营业务：印刷、打字、复印、喷绘、牌匾

制作；办公用品、电脑耗材销售

从业人员数（人）：2

资产总额（万元）：10

0904 泾川县华鑫印务部

注 册 地：平凉市泾川县

主营业务：打字、复印、印刷

从业人员数（人）：1

资产总额（万元）：10

0905 泾川县金色打印部

注 册 地：平凉市泾川县

主营业务：打字、复印；电脑耗材零售

从业人员数（人）：1

资产总额（万元）：20

0906 泾川县云玉打字复印部

注 册 地：平凉市泾川县

主营业务：胶印、打字、复印；电脑耗材零售

从业人员数（人）：1

资产总额（万元）：6

0907 泾川县金辉印务部

注 册 地：平凉市泾川县

主营业务：打字、复印服务

从业人员数（人）：1

资产总额（万元）：5

0908 泾川县儒林打字复印部

注 册 地：平凉市泾川县

主营业务：打字、复印服务

从业人员数（人）：1

资产总额（万元）：1

0909 泾川县尚锋打印部

注 册 地：平凉市泾川县

主营业务：打字、复印

从业人员数（人）：2

资产总额（万元）：5

0910 泾川县华美印务部

注 册 地：平凉市泾川县

主营业务：打字、复印服务

从业人员数（人）：1

资产总额（万元）：2

0911 泾川县荔堡镇兴剑印刷厂

注 册 地：平凉市泾川县荔堡镇

主营业务：本册印制；打字、复印；文具用品零售

主要产品：本册印制

从业人员数（人）：1

销售额（万元）：1

资产总额（万元）：5

0912 泾川县玉都镇王彩虹复印部

注 册 地：平凉市泾川县

主营业务：打字、复印服务

主要产品：纸张

从业人员数（人）：1

销售额（万元）：2

资产总额（万元）：5

0913 泾川县源丰图文制作部

注 册 地：平凉市泾川县

主营业务：电脑耗材、办公用品零售；打字、复印

从业人员数（人）：1

资产总额（万元）：20

0914 泾川县百通印务部

注 册 地：平凉市泾川县窑店镇

主营业务：打字、复印；文体用品、工艺品、小装饰品

从业人员数（人）：1

资产总额（万元）：3

0915 泾川县飞腾印务部

注 册 地：平凉市泾川县

主营业务：打字、复印、印刷

从业人员数（人）：1

资产总额（万元）：4

0916 泾川县世纪新打印部

注 册 地：平凉市泾川县

主营业务：打字、复印、刻绘服务

主要产品：办公耗材

从业人员数（人）：1

销售额（万元）：2

资产总额（万元）：5

0917 泾川县高平镇中时代文印部

注　册　地：平凉市泾川县高平镇

主营业务：打字、复印、名片印刷、刻章

从业人员数（人）：1

销售额（万元）：1

资产总额（万元）：1

0918 泾川县震江印务部

注　册　地：平凉市泾川县

主营业务：本册印刷、打字、复印

从业人员数（人）：3

资产总额（万元）：20

0919 泾川县书林印务部

注　册　地：平凉市泾川县

主营业务：打字、复印；预包装食品兼散装食品、乳制品（不含婴幼儿配方奶粉）、烟酒、日用百货、办公耗材零售

从业人员数（人）：2

资产总额（万元）：6

0920 灵台县皇甫谧文化旅游发展有限公司

注　册　地：平凉市灵台县

主营业务：民间、民俗文化艺术、旅游项目开发；旅游工艺品、纪念品开发销售；旅游咨询服务、客票代理、汽车租赁、土特产品销售，大型活动宣传策划；商务信息咨询，商务活动安排

主要产品：堆贴画、石艺、剪纸、根雕、麦秆画

从业人员数（人）：3

销售额（万元）：3

资产总额（万元）：80

简　　　介：公司位于灵台县东大街水保局一楼,成立于2012年4月,经营面积100平方米,主要从事民间、民俗文化艺术、旅游工艺品、纪念品的开发、制作和销售。

0921 灵台县乡土民俗物品汇展中心

注　册　地：平凉市灵台县

主营业务：旅游纪念品零售；民俗物品展览销售

从业人员数（人）：7

资产总额（万元）：5

0922 华亭县艺扬传媒有限责任公司

注　册　地：平凉市华亭县东华镇文化街北段

主营业务：广告媒体信息咨询服务、教育咨询

从业人员数（人）：2

销售额（万元）：14

资产总额（万元）：10

0923 甘肃仁信投资管理有限公司

注　册　地：平凉市华亭县华庄路6号

主营业务：企业管理策划、企业培训、广告代理、企业形象策划

从业人员数（人）：5

销售额（万元）：20

资产总额（万元）：2000

0924 双薪印务部

注　册　地：平凉市崇信县新西街

主营业务：喷绘、写真、打字、复印

从业人员数（人）：2

销售额（万元）：2

资产总额（万元）：12

0925 崇信县黑马印务部

注　册　地：平凉市崇信县新西街

主营业务：打字、复印

从业人员数（人）：2

销售额（万元）：8

资产总额（万元）：5

0926　崇信县鸿达艺术装潢行

注　册　地：平凉市崇信县团结路2号

主营业务：玻璃牌匾、广告条幅

从业人员数（人）：2

销售额（万元）：15

资产总额（万元）：10

0927　恒丰印刷有限责任公司

注　册　地：平凉市崇信县新西街

主营业务：学生用品、作业本

从业人员数（人）：6

销售额（万元）：38

资产总额（万元）：40

简　　　介：恒丰印刷有限责任公司创办于
1999年是县城大型印刷公司，主要生产学校
和办公用品，如需印刷业务，请到公司联系
洽谈具体事宜。

0928　崇信县鸿鹏印刷厂

注　册　地：平凉市崇信县金宇商贸楼

主营业务：各种表册印刷

从业人员数（人）：2

销售额（万元）：24

资产总额（万元）：20

0929　崇信县汇通印务

注　册　地：平凉市崇信县西南路

主营业务：打字、复印等

从业人员数（人）：1

销售额（万元）：2

资产总额（万元）：5

0930　静宁县灵创设计工作部

注　册　地：平凉市静宁县

主营业务：喷绘、写真；打字、复印

销售额（万元）：5

资产总额（万元）：12

0931　静宁县慧诺广告中心

注　册　地：平凉市静宁县

主营业务：打字复印、广告、喷绘服务、办
公用品、文具、电脑耗材零售

从业人员数（人）：4

资产总额（万元）：10

0932　静宁县锐源印刷有限公司

注　册　地：平凉市静宁县

主营业务：其他印刷品、印刷服务及各种纸
张零售

销售额（万元）：40

资产总额（万元）：100

0933　静宁县至诚电脑工作室

注　册　地：平凉市静宁县

主营业务：打字、复印；办公用品、耗材
零售

从业人员数（人）：2

销售额（万元）：5

资产总额（万元）：3

0934　静宁县天元科技电脑经销部

注　册　地：平凉市静宁县

主营业务：电脑及周边产品、办公耗材、办
公设备维修、网工程、监控安装；打字、复
印、广告制作

从业人员数（人）：4

销售额（万元）：5

资产总额（万元）：5

0935　静宁县天元科技电脑经销部

注　册　地：平凉市静宁县

主营业务：电脑及周边产品、办公耗材、办

公设备维修、网工程、监控安装；打字、复印、广告制作

从业人员数（人）：4

销售额（万元）：5

资产总额（万元）：5

0936 静宁县一中教育印刷厂

注 册 地：平凉市静宁县

主营业务：单据、表册、印刷、图书、报刊、作业本

主要产品：印刷

从业人员数（人）：45

销售额（万元）：25

资产总额（万元）：37.4

0937 静宁鼎元包装印务有限公司

注 册 地：平凉市静宁县

主营业务：纸箱、塑料包装加工、销售；原纸经销；包装装潢印刷品印刷

销售额（万元）：800

资产总额（万元）：2000

0938 静宁县四达广告部

注 册 地：平凉市静宁县

主营业务：打字、复印服务

从业人员数（人）：2

销售额（万元）：3.5

资产总额（万元）：1

0939 甘肃静宁印刷

注 册 地：平凉市静宁县

主营业务：出版物、包装装潢、印刷品及其他印刷品、商标印刷

从业人员数（人）：35

销售额（万元）：250

资产总额（万元）：300

0940 静宁县李宁打字复印部

注 册 地：平凉市静宁县

主营业务：打字、复印

从业人员数（人）：2

销售额（万元）：3

资产总额（万元）：0.5

0941 庆阳玮烨创意文化展览展示有限公司

注 册 地：庆阳市西峰区正南二路泰和居372 号

主营业务：创意策划、商业展览展示服务、庆典活动服务、文化产品研发营销、活动布展；文化创意项目承接及投资、培训咨询；广告营销、装潢装修、设计咨询

从业人员数（人）：12

销售额（万元）：44

资产总额（万元）：45

0942 西峰区华迪电脑科技服务部

注 册 地：庆阳市西峰区

主营业务：办公耗材；复印

从业人员数（人）：4

销售额（万元）：17

资产总额（万元）：30

0943 西峰区叶子广告设计服务部

注 册 地：庆阳市西峰区

主营业务：打字、复印、广告牌

从业人员数（人）：3

销售额（万元）：10

资产总额（万元）：10

0944 西峰区长平装饰设计部

注 册 地：庆阳市西峰区

主营业务：办公耗材、打印、胶印

从业人员数（人）：2

销售额（万元）：9

资产总额（万元）：15

0945 西峰区墨彩图文快印中心

注 册 地：庆阳市西峰区

主营业务：打字、复印

从业人员数（人）：2

销售额（万元）：8

资产总额（万元）：20

0946 西峰区杨婷婷复印门市部

注 册 地：庆阳市西峰区

主营业务：打字、复印

从业人员数（人）：2

销售额（万元）：7

资产总额（万元）：20

0947 西峰区盛彩佳广告装饰部

注 册 地：庆阳市西峰区

主营业务：打字、复印、广告耗材

从业人员数（人）：2

销售额（万元）：12

资产总额（万元）：18

0948 西峰区超全传媒工作室

注 册 地：庆阳市西峰区

主营业务：打字、复印、广告牌制作

从业人员数（人）：2

销售额（万元）：9

资产总额（万元）：27

0949 庆阳华耘文化艺术传播有限责任公司

注 册 地：庆阳市东仓巷108号

主营业务：名家字画批发销售；大型书画艺术活动策划、展览展示、艺术环境布置、文化咨询、书画培训、名人字画鉴赏、经典艺

术品、办公用品、电脑耗材、宣传品设计、广告设计制作、香包、刺绣、剪纸、皮影等民俗艺术品批发销售；文化艺术品、文化用品批发销售

从业人员数（人）：6

销售额（万元）：25

资产总额（万元）：640

0950 西峰区光和影图文广告部

注 册 地：庆阳市西峰区

主营业务：打字、复印、写真喷绘

从业人员数（人）：2

销售额（万元）：10

资产总额（万元）：25

0951 庆阳再明会展服务有限公司

注 册 地：庆阳市西峰区商业街

主营业务：商品展览、展示、促销活动的组织服务；会务组织服务；画册设计、制作；广告设计、制作、代理、发布

从业人员数（人）：6

销售额（万元）：40

资产总额（万元）：35

0952 庆阳市瑜华印务有限责任公司

注 册 地：庆阳市西峰区北大街408号

主营业务：出版物及其他印刷品印刷；纸张、文化用品的销售

从业人员数（人）：18

销售额（万元）：134

资产总额（万元）：218

0953 庆阳市大唐文化艺术发展有限公司

注 册 地：庆阳市西峰区兰州东路

主营业务：文艺演出、出租服务

从业人员数（人）：4

销售额（万元）：9

资产总额（万元）：500

简　　介：庆阳市大唐文化艺术发展有限公司成立于2005年元月31日，位于西峰区兰州东路(三力商贸城内)，注册资金500万元。现有职工5人，专业技术人员3人。主要经营文艺演出服务、商业庆典；文化娱乐节目制作等业务。

0954　庆阳市西峰区金鑫印刷厂

注　册　地：庆阳市西峰区肖金镇三不同村

主营业务：印刷

从业人员数（人）：4

销售额（万元）：30

资产总额（万元）：10

简　　介：西峰区金鑫印刷厂成立于2012年月15日，位于肖金镇三不同村。建筑面积近300平方米，总投资50万元。拥有上海人民机械厂对开双速胶印机，平凉人民机械厂全开切纸机，江苏泰兴晒版机厂对开晒版机，胶本机。专业承印档案盒、稿纸文头、文件凭证、信笺、书刊各类印刷。

0955　甘肃百谊印刷包装有限公司

注　册　地：庆阳市九龙南路137号

主营业务：包装装潢、出版物及其他印刷品印刷

从业人员数（人）：8

销售额（万元）：120

资产总额（万元）：300

简　　介：甘肃百谊印刷包装有限公司成立于2002年10月10日，公司主要经营包装装潢、出版物及其他印刷品印刷。该公司占地面积200平米，位于甘肃省庆阳市西峰区九龙南路。

0956　庆阳阿波罗文化艺术有限公司

注　册　地：庆阳市西峰区大什字新华书店四楼

主营业务：艺术类图书的批发、零售

从业人员数（人）：3

销售额（万元）：3

资产总额（万元）：10

0957　甘肃天脉文化科技有限公司庆阳枫林书社

注　册　地：庆阳市西峰区东大街

主营业务：图书、报刊的批发与零售

从业人员数（人）：5

销售额（万元）：40

资产总额（万元）：50

简　　介：该企业成立于2006年4月27日，面积29平方米位于庆阳市西峰区东大街。主营幼儿、小学、中学教辅、文学类、工具书和漫画、杂志。

0958　庆阳市西峰区慧源书屋

注　册　地：庆阳市安定东路

主营业务：书刊零售

从业人员数（人）：3

销售额（万元）：5

资产总额（万元）：5

简　　介：西峰慧源南苑书店于2012年7月底初建，店面面积29平方米，位于安定东路与南苑路交界口、主营幼儿、小学、中学教辅、文学类、工具书和漫画、杂志。

0959　西峰区凯钧文印部

注　册　地：庆阳市西峰区庆州西路市粮食局楼下

主营业务：打字、复印服务

从业人员数（人）：1

销售额（万元）：1

资产总额（万元）：5

0960 庆阳市西峰区三联印刷部

注　册　地：庆阳市凤凰路

主营业务：打字、复印、名片制作

从业人员数（人）：2

销售额（万元）：15

资产总额（万元）：20

简　　介：庆阳市西峰区三联印刷部是广告设计、纸类印刷、画册宣传册、纸盒包装等产品专业生产加工企业。

0961 西峰区裕铭广告印务部

注　册　地：庆阳市西峰区什社乡

主营业务：打字、复印

从业人员数（人）：1

销售额（万元）：0.2

资产总额（万元）：2

0962 西峰区三智书店

注　册　地：庆阳市西峰区九龙路

主营业务：图书、报刊零售

从业人员数（人）：2

销售额（万元）：10

资产总额（万元）：5

0963 庆阳市育宏彩印厂

注　册　地：庆阳市西峰区长庆北路

主营业务：商标标识、包装印刷、复印、装订

从业人员数（人）：2

销售额（万元）：38

资产总额（万元）：10

0964 庆阳市西峰区高宏伟印务部

注　册　地：庆阳市幼儿园巷

主营业务：纸张零售、其他印刷品印刷

从业人员数（人）：6

销售额（万元）：20

资产总额（万元）：60

0965 西峰区精彩印刷厂

注　册　地：庆阳市解放西路

主营业务：其他印刷品印刷

从业人员数（人）：6

销售额（万元）：15

资产总额（万元）：14

0966 西峰区紫缘打字复印部

注　册　地：庆阳市西峰区九龙南路延伸段

主营业务：打字、复印服务

从业人员数（人）：1

销售额（万元）：2

资产总额（万元）：5

0967 西峰区红光印刷部

注　册　地：庆阳市西峰区肖金镇三不同村

主营业务：印刷服务

从业人员数（人）：4

销售额（万元）：28

资产总额（万元）：10

0968 三人行书店（东方书局）

注　册　地：庆阳市西峰区九龙南路9号

主营业务：图书、文化用品零售

从业人员数（人）：2

销售额（万元）：5

资产总额（万元）：8

0969 庆阳市西峰区大不同文档印刷中心

注　册　地：庆阳市西峰区肖金镇三不同村

主营业务：其他印刷品、印刷服务

从业人员数（人）：4

销售额（万元）：31

资产总额（万元）：12

0970 西峰区天盛通印刷中心

注　册　地：庆阳市西峰区长庆南路

主营业务：打字、复印、胶印服务

从业人员数（人）：3

销售额（万元）：18

资产总额（万元）：80

0971 西峰区新颖彩印部

注　册　地：庆阳市西峰区解放西路（交校巷）

主营业务：胶印、彩印服务

从业人员数（人）：6

销售额（万元）：18

资产总额（万元）：20

0972 西峰区董杰图文工作室

注　册　地：庆阳市西峰区南苑路

主营业务：音像制品出租服务、音像制品零售

从业人员数（人）：2

销售额（万元）：5

资产总额（万元）：1

0973 庆阳市西峰区红光印刷部

注　册　地：庆阳市西峰区肖金镇三不同村

主营业务：印刷服务

从业人员数（人）：4

销售额（万元）：28

资产总额（万元）：10

简　　介：西峰区宏光印刷部是一家融设计，印刷、加工为一体的印刷部，成立于2012年4月27日，位于肖金镇三不同村。建筑面积近200平方米。拥有晒版机，四开胶印机，卡盒机，切纸机，装订机等设备，专业承印档案盒、稿纸文头、文件凭证、信笺、书刊各类印刷。

0974 西峰博通书店

注　册　地：庆阳市西峰区汽车南站

主营业务：图书零售

从业人员数（人）：2

销售额（万元）：1

资产总额（万元）：5

0975 正宁县恒雅源文化产业发展有限公司

注　册　地：庆阳市正宁县宫河镇王录村

主营业务：拉板糖研发、销售

主要产品：拉板糖。

从业人员数（人）：8

销售额（万元）：2

资产总额（万元）：30

简　　介：正宁县恒雅源文化产业发展有限公司是一家由农村妇女组织成立的公司。公司自成立以来，结合了多家"拉板糖"家庭作坊生产户，形成了一个"企业加作坊式"的研发、生产、销售网络。公司以"专注传统技艺，纯手工制作"为核心价值，一切以"绿色、健康"为中心，为客户提供优质的产品。

0976 庆城县昌源印务有限责任公司

注　册　地：庆阳市庆城县

主营业务：书籍印刷

从业人员数（人）：7

销售额（万元）：31

资产总额（万元）：87

0977 庆城县宏程商务有限责任公司

注　册　地：庆阳市庆城县

主营业务：书籍印刷

从业人员数（人）：9

销售额（万元）：45

资产总额（万元）：102

简　　介：庆城县宏程商务有限责任公司成立于1995年5月，位于庆城县北区，拥有员工9名，技术人员6名，总资产102万元，

年营业额达 45 万元。该公司目前有胶印机、制版机、切纸机等设备，主要承接各种书本印刷及文字排版、打字复印、广告牌喷绘等业务。

0978 庆城县兰星印刷厂

注　册　地：庆阳市庆城县
主营业务：本册印制
从业人员数（人）：9
销售额（万元）：37
资产总额（万元）：76
简　　　介：庆城县兰星印刷厂成立于 2008 年 4 月，位于庆城县钟楼巷 3 号，占地面积为 170 平方米，注册资金 52 万元，主要经营印刷、复印、打字。目前拥有职工 9 人，其中高级技师 1 名，中级技师 3 名，下岗职工 5 名。

0979 庆城县浩文印刷厂

注　册　地：庆阳市庆城县
主营业务：书籍印刷
从业人员数（人）：6
销售额（万元）：24
资产总额（万元）：53
简　　　介：庆城县浩文印刷厂成立于 2012 年 11 月，位于庆城县西大街。拥有员工 6 名。主要从事书籍、纸张册页印刷，文字排版等业务。

0980 庆城鑫汇印务有限责任公司

注　册　地：庆阳市庆城县
主营业务：书籍印刷
从业人员数（人）：6
销售额（万元）：21
资产总额（万元）：69

0981 庆城县新知商贸有限公司

注　册　地：庆阳市庆城县

主营业务：本册印制
从业人员数（人）：8
销售额（万元）：120
资产总额（万元）：381

0982 庆城县华光印刷厂

注　册　地：庆阳市庆城县
主营业务：本册印制
从业人员数（人）：4
销售额（万元）：21
资产总额（万元）：48

0983 庆城县庆城第二印刷厂

注　册　地：庆阳市庆城县
主营业务：本册印制
从业人员数（人）：10
销售额（万元）：67
资产总额（万元）：183
简　　　介：庆城县庆城第二印刷厂成立于 1985 年 11 月，是庆城县目前现有印刷厂中最先起步的一家企业。拥有员工 10 名，技术人员 6 名。该公司目前主要承接各种书本印刷及排版、打字复印、广告设计、大型广告牌喷绘等业务。

0984 庆城县鸿源印刷有限责任公司

注　册　地：庆阳市庆城县
主营业务：本册印制
从业人员数（人）：6
销售额（万元）：41
资产总额（万元）：76

0985 华池县梦想装饰部

注　册　地：庆阳市华池县华吴路
主营业务：喷绘、写真、印刷服务
从业人员数（人）：4
销售额（万元）：4

资产总额（万元）：6

0986　华池县祥博打字复印部

注　册　地：庆阳市华池县城中街

主营业务：打字、复印服务

从业人员数（人）：2

销售额（万元）：4

资产总额（万元）：3

0987　华池县新月印刷厂

注　册　地：庆阳市华池县城中街

主营业务：印刷、打字、复印服务；办公用品销售

从业人员数（人）：2

销售额（万元）：4

资产总额（万元）：3

0988　华池县文萃打字复印部

注　册　地：庆阳市华池县南亚商场2楼

主营业务：打字、复印服务

从业人员数（人）：2

销售额（万元）：4

资产总额（万元）：5

0989　华池县五蛟乡盈利打印部

注　册　地：庆阳市华池县五蛟乡街道

主营业务：打字、复印服务

从业人员数（人）：2

销售额（万元）：5

资产总额（万元）：4

0990　华池县正园印刷厂

注　册　地：庆阳市华池县城中街

主营业务：打字、复印服务

从业人员数（人）：2

销售额（万元）：5

资产总额（万元）：6

0991　华池县达源印刷厂

注　册　地：庆阳市华池县广场巷13号

主营业务：印刷、打字、复印服务

从业人员数（人）：2

销售额（万元）：4

资产总额（万元）：6

0992　华池县嘉诚电脑科技经营部

注　册　地：庆阳市华池县西关街

主营业务：电脑、打印机、复印机、传真机、视频监控、投影仪销售及维修

从业人员数（人）：3

销售额（万元）：6

资产总额（万元）：5

0993　华池县科教打印部

注　册　地：庆阳市华池县兴盛商场2楼

主营业务：打字、复印；耗材零售

从业人员数（人）：2

销售额（万元）：3

资产总额（万元）：4

0994　华池县红房子音像店

注　册　地：庆阳市华池县城聚源商场

主营业务：音像制品出租、零售

从业人员数（人）：1

销售额（万元）：3

资产总额（万元）：3

0995　华池县亮彩装璜门市部

注　册　地：庆阳市华池县城西关街

主营业务：打字、复印、喷绘、写真服务

从业人员数（人）：3

销售额（万元）：6

资产总额（万元）：7

0996 华池华新印刷厂

注　册　地：庆阳市华池县城中街 39 号

主营业务：印刷各种本册、打字、复印、喷绘、写真服务；各种纸张销售

从业人员数（人）：4

销售额（万元）：7

资产总额（万元）：9

0997 合水县嘉利广告部

注　册　地：庆阳市合水县

主营业务：喷绘写真、打字、复印服务

从业人员数（人）：3

销售额（万元）：6

资产总额（万元）：8

0998 合水县超凡装潢装饰有限责任公司

注　册　地：庆阳市合水县

主营业务：喷绘、写真、打字复印；办公用品、耗材的批发、零售

从业人员数（人）：2

销售额（万元）：25

资产总额（万元）：60

0999 合水县金象印刷有限责任公司

注　册　地：庆阳市合水县

主营业务：印刷、包装、装潢

主要产品：印刷品

从业人员数（人）：10

销售额（万元）：30

资产总额（万元）：110

1000 合水县艺源装饰工程有限责任公司

注　册　地：庆阳市合水县

主营业务：写真、喷绘，室内装饰，打字、复印服务

从业人员数（人）：3

销售额（万元）：20

资产总额（万元）：100

1001 合水县新时代印务店

注　册　地：庆阳市合水县

主营业务：打字、复印服务

从业人员数（人）：2

销售额（万元）：4

资产总额（万元）：5

1002 合水县永新印务中心

注　册　地：庆阳市合水县

主营业务：打字、复印、印刷服务

从业人员数（人）：3

销售额（万元）：5

资产总额（万元）：6

1003 宁县世民物资彩印厂

注　册　地：庆阳市宁县县城人民路

主营业务：印刷

从业人员数（人）：4

销售额（万元）：30

资产总额（万元）：50

1004 宁县宏兴印刷厂

注　册　地：庆阳市宁县腾达市场内

主营业务：印刷

从业人员数（人）：5

销售额（万元）：8

资产总额（万元）：120

1005 宁县早胜正方印刷厂

注　册　地：庆阳市宁县早胜镇北街

主营业务：其他印刷品印刷服务

从业人员数（人）：3

销售额（万元）：20

资产总额（万元）：10

1006 宁县朝晖印刷厂

注 册 地：庆阳市宁县县城人民路9号

主营业务：印刷

从业人员数（人）：6

销售额（万元）：10

资产总额（万元）：200

1007 宁县九州彩色冲印摄影部

注 册 地：庆阳市宁县人民路

主营业务：摄影、复印

主要产品：摄影

从业人员数（人）：2

销售额（万元）：30

资产总额（万元）：10

简 介：宁县九州彩色冲印摄影部位于宁县县城人民路，成立于2003年7月。主要经营婚纱照、艺术照、儿童照、工作照、团体照、全家福照、生日照、生活照及各种庆典活动的摄影摄像、影像编辑等业务。

1008 宁县新华印刷厂

注 册 地：庆阳市宁县县城辑宁路

主营业务：印刷

从业人员数（人）：4

销售额（万元）：50

资产总额（万元）：150

简 介：宁县新华印刷厂位于宁县县城辑宁路，法人代表陈宏明。该厂所成立于2003年4月，营业面积120多平方米，投资100多万元，从业人员4名，现有胶印机3台。印刷包括各类文件、资料、簿册等。

1009 庆阳七彩图文印刷有限公司

注 册 地：庆阳市宁县新宁镇辑宁路8号

主营业务：其他印刷品印刷；纸张及电脑耗

材销售

从业人员数（人）：6

销售额（万元）：80

资产总额（万元）：1000

1010 庆阳市墨轩斋印刷厂

注 册 地：庆阳市宁县太昌联合村

主营业务：印刷

从业人员数（人）：6

销售额（万元）：20

资产总额（万元）：50

1011 镇原县潜山传媒有限公司

注 册 地：庆阳市镇原县

主营业务：互联网信息服务；计算机网络设备的安装与维护

从业人员数（人）：5

销售额（万元）：15

资产总额（万元）：50

1012 镇原县孟坝中学印刷厂

注 册 地：庆阳市镇原县

主营业务：办公用品印刷

从业人员数（人）：2

销售额（万元）：20

资产总额（万元）：30

1013 镇原县华茂印刷厂

注 册 地：庆阳市镇原县

主营业务：本册印制

主要产品：作业本、图册、图书印刷

从业人员数（人）：3

销售额（万元）：70

资产总额（万元）：30

1014 镇原县陇东包装公司

注 册 地：庆阳市镇原县

主营业务：纸箱、卫生纸、黄板纸、纸盒、涂料、胶水塑料彩印

从业人员数（人）：50

销售额（万元）：400

资产总额（万元）：1100

1015 镇原县文汇印刷有限责任公司

注　册　地：庆阳市镇原县

主营业务：本册印制

从业人员数（人）：8

销售额（万元）：60

资产总额（万元）：100

1016 镇原县泰瑞农工贸有限责任公司

注　册　地：庆阳市镇原县

主营业务：包装装潢印刷、纸制品销售

销售额（万元）：50

资产总额（万元）：300

1017 庆阳市华夏文化传媒有限公司

注　册　地：庆阳市环县县城世纪大道

主营业务：文化艺术交流策划，商业演出及文艺晚会策划，庆典礼仪、婚庆司仪服务；企业形象策划；会议展示服务；专业舞台灯光音响租赁；演艺厅设计、安装；广告制作、发布；承接安防工程及亮化工程

从业人员数（人）：14

销售额（万元）：220

资产总额（万元）：168

1018 甘肃鹏程文化艺术发展有限公司

注　册　地：庆阳市环县曲子镇孟家寨村孟家湾组

主营业务：组织文化艺术交流活动；字画、工艺美术品销售；文化艺术产品研发

从业人员数（人）：9

销售额（万元）：200

资产总额（万元）：550

1019 环县杰彤教育科技有限公司

注　册　地：庆阳市环县银洲步行街

主营业务：教育咨询服务，教育文化活动的组织与策划，教育文化交流与推广，教育科技项目及软件的研究与开发；商务咨询；企业管理咨询，企业形象设计与策划；计算机软硬件开发与维护；广告设计、制作、发布；会务服务、办公用品销售

从业人员数（人）：5

销售额（万元）：80

资产总额（万元）：3

1020 定西天河印务有限公司

注　册　地：定西市安定区

主营业务：出版物（仅限内部资料性出版物）及其他印刷品印制（凭许可证有效期经营）

从业人员数（人）：10

销售额（万元）：55.3

资产总额（万元）：66.23

1021 甘肃恒瑞印业有限公司

注　册　地：定西市安定区

主营业务：书刊印刷

从业人员数（人）：30

销售额（万元）：448

资产总额（万元）：295.4

1022 甘肃定西网典印业包装有限公司

注　册　地：定西市安定区

主营业务：包装装潢及印刷

从业人员数（人）：78

销售额（万元）：1197

资产总额（万元）：200

1023 定西力源印刷中心

注 册 地：定西市安定区

主营业务：打字、复印以及其他印刷品印刷；纸张销售

从业人员数（人）：4

销售额（万元）：18

资产总额（万元）：7

1024 定西职业中专印刷厂

注 册 地：定西市安定区

主营业务：本册印刷

从业人员数（人）：25

销售额（万元）：300

资产总额（万元）：566

1025 甘肃天瑞包装有限公司

注 册 地：定西市安定区

主营业务：纸箱、纸板、纸盒、纸管加工、销售，彩色印刷品加工、销售

从业人员数（人）：38

销售额（万元）：1169

资产总额（万元）：7731

1026 甘肃新兴印务有限责任公司

注 册 地：定西市安定区

主营业务：出版物及其他印刷品印刷

从业人员数（人）：24

销售额（万元）：870

资产总额（万元）：190

1027 渭源县恒通印刷服务中心

注 册 地：定西市渭源县清源镇

主营业务：打印、复印印刷

从业人员数（人）：3

销售额（万元）：35

资产总额（万元）：60

简 介：渭源县恒通印刷服务中心原为恒

通印刷服务社，成立于 2001 年 6 月，2013 年 6 月为提升全市文化产业，注册 50 万元，更名为渭源县恒通印刷服务中心，属个人独资企业。该中心现有 6 开单色胶印机两台、切纸机一台、晒版机一台、制版机一台、高速打印机两台、彩色打印机两台。

1028 渭源县会川学华印刷厂

注 册 地：定西市渭源县会川镇

主营业务：其他印刷品印刷

主要产品：作业本

从业人员数（人）：7

销售额（万元）：26

资产总额（万元）：40

1029 渭源县华德印刷厂

注 册 地：定西市渭源县清源镇

主营业务：印刷、复印

从业人员数（人）：5

销售额（万元）：35

资产总额（万元）：80

1030 腾达印刷有限责任公司

注 册 地：定西市渭源县清源镇

主营业务：其他印刷品印刷

主要产品：作业本、宣传册、票据

从业人员数（人）：8

销售额（万元）：40

资产总额（万元）：160

1031 临洮县教育印刷厂

注 册 地：定西市临洮县洮阳镇

主营业务：学生簿本、试题、表册印刷、制版、装订

主要产品：学生簿本、试题、表册

从业人员数（人）：30

销售额（万元）：20

资产总额（万元）：72

1032 临洮县博达印刷厂

注 册 地：定西市临洮县洮阳镇

主营业务：其他印刷品的印刷、制版、装订、销售

从业人员数（人）：6

销售额（万元）：43

资产总额（万元）：68

1033 文县友龙照相馆

注 册 地：陇南市文县城关镇

主营业务：打字复印、照相

从业人员数（人）：1

销售额（万元）：5

资产总额（万元）：3

1034 文县新兴印务中心

注 册 地：陇南市文县城关镇

主营业务：打字、复印

从业人员数（人）：2

销售额（万元）：4

资产总额（万元）：3

1035 文县慧通打字复印部

注 册 地：陇南市文县城关镇

主营业务：打字复印

从业人员数（人）：2

销售额（万元）：12

资产总额（万元）：16

1036 文县新桥文印部

注 册 地：陇南市文县城关镇

主营业务：打字复印

从业人员数（人）：1

销售额（万元）：3

资产总额（万元）：2

1037 文县诚信文印

注 册 地：陇南市文县城关镇

主营业务：打字复印

从业人员数（人）：3

销售额（万元）：15

资产总额（万元）：20

1038 文县职兴文印中心

注 册 地：陇南市文县城关镇鸪一坝村

主营业务：打字复印

从业人员数（人）：2

销售额（万元）：10

资产总额（万元）：30

1039 文县东升文印部

注 册 地：陇南市文县城关镇

主营业务：打字复印

从业人员数（人）：1

销售额（万元）：2

资产总额（万元）：2

1040 文县长新文化服务部

注 册 地：陇南市文县城关镇

主营业务：打字复印

从业人员数（人）：1

销售额（万元）：5

资产总额（万元）：5

1041 文县诚信打字复印部

注 册 地：陇南市文县中庙乡

主营业务：打字复印

从业人员数（人）：1

销售额（万元）：3

资产总额（万元）：5

1042 文县亨通文印

注 册 地：陇南市文县城关镇

主营业务：打字复印

从业人员数（人）：2

销售额（万元）：6

资产总额（万元）：5

1043 文县欣欣文化服务部

注 册 地：陇南市文县城关镇

主营业务：打字复印

从业人员数（人）：1

销售额（万元）：3

资产总额（万元）：3

1044 文县金凤打字复印部

注 册 地：陇南市文县城关镇

主营业务：打字复印

从业人员数（人）：1

销售额（万元）：4

资产总额（万元）：3

1045 文县科新文化服务部

注 册 地：陇南市文县城关镇

主营业务：打字复印

从业人员数（人）：1

销售额（万元）：5

资产总额（万元）：5

1046 文县秀芳打字复印部

注 册 地：陇南市文县中庙乡

主营业务：打字复印

从业人员数（人）：1

销售额（万元）：4

资产总额（万元）：5

1047 文县阳光综合文印部

注 册 地：陇南市文县城关镇

主营业务：打字复印

从业人员数（人）：1

销售额（万元）：3

资产总额（万元）：2

1048 康县联艺打印部

注 册 地：陇南市康县城关镇中街

主营业务：打字复印

从业人员数（人）：2

销售额（万元）：2.5

资产总额（万元）：4.6

1049 康县同创打印部

注 册 地：陇南市康县大堡镇街道村

主营业务：打字复印

从业人员数（人）：1

销售额（万元）：2.3

资产总额（万元）：5

1050 东盛诚信印务广告中心

注 册 地：陇南市康县城关镇中街

主营业务：打字复印

从业人员数（人）：3

销售额（万元）：10

资产总额（万元）：20

1051 天行数码阁打印部

注 册 地：陇南市康县豆坪乡周家坝村

主营业务：打字复印

从业人员数（人）：1

销售额（万元）：5

资产总额（万元）：6

1052 陇南大地测绘工程院康县经营部

注 册 地：陇南市康县城关镇半面街

主营业务：打字复印

从业人员数（人）：3

销售额（万元）：10

资产总额（万元）：15

1053 康县吉祥打印部

注　册　地：陇南市康县阳坝镇街道村

主营业务：打字复印

从业人员数（人）：2

销售额（万元）：1.25

资产总额（万元）：3

1054 康县南街打印部

注　册　地：陇南市康县城关镇南街

主营业务：打字复印

从业人员数（人）：3

销售额（万元）：6

资产总额（万元）：9

1055 康县兴康打印部

注　册　地：陇南市康县城关镇中街

主营业务：打字复印

从业人员数（人）：3

销售额（万元）：6.3

资产总额（万元）：16.9

1056 朝阳打印部

注　册　地：陇南市康县城关镇东街

主营业务：打字复印

从业人员数（人）：2

销售额（万元）：4

资产总额（万元）：6

1057 康县实达打印部

注　册　地：陇南市康县城关镇中街

主营业务：打字复印

从业人员数（人）：2

销售额（万元）：3.4

资产总额（万元）：5.1

1058 康县图艺打印部

注　册　地：陇南市康县大堡镇街道村

主营业务：打字复印

从业人员数（人）：1

销售额（万元）：2

资产总额（万元）：6

1059 陇汉磊金印务店

注　册　地：陇南市康县城关西街

主营业务：打字复印

从业人员数（人）：1

销售额（万元）：4

资产总额（万元）：5

1060 康县燕河打印部

注　册　地：陇南市康县城关镇中街

主营业务：打字复印

从业人员数（人）：2

销售额（万元）：4.2

资产总额（万元）：7.1

1061 康县阳光打印部

注　册　地：陇南市康县城关镇中街

主营业务：打字复印

从业人员数（人）：3

销售额（万元）：4

资产总额（万元）：9

1062 昱翔打印部

注　册　地：陇南市西和县

主营业务：打字复印

从业人员数（人）：1

销售额（万元）：3.6

资产总额（万元）：4

1063 彩源印务有限公司

注　册　地：陇南市西和县

主营业务：打字复印

从业人员数（人）：4

销售额（万元）：14.4

资产总额（万元）：60

1064 诗雅打印部

注 册 地：陇南市西和县

主营业务：打字复印

从业人员数（人）：1

销售额（万元）：1.8

资产总额（万元）：4

1065 乞巧文稿中心

注 册 地：陇南市西和县

主营业务：打字复印

从业人员数（人）：2

销售额（万元）：4.8

资产总额（万元）：5

1066 文汇印刷

注 册 地：陇南市西和县

主营业务：打字复印

从业人员数（人）：3

销售额（万元）：9.6

资产总额（万元）：9

1067 好运印刷中心

注 册 地：陇南市西和县

主营业务：打字复印

从业人员数（人）：3

销售额（万元）：8.4

资产总额（万元）：9

1068 美达印刷厂

注 册 地：陇南市西和县

主营业务：印刷

从业人员数（人）：4

销售额（万元）：19.2

资产总额（万元）：14

1069 浩浩文化用品

注 册 地：陇南市西和县

主营业务：文化用品销售

从业人员数（人）：3

销售额（万元）：7.2

资产总额（万元）：7

1070 西和一中印刷厂

注 册 地：陇南市西和县

主营业务：印刷

从业人员数（人）：5

销售额（万元）：48

资产总额（万元）：24

1071 诚信印务中心

注 册 地：陇南市西和县

主营业务：打字复印

从业人员数（人）：2

销售额（万元）：7.2

资产总额（万元）：6

1072 同创办公服务中心

注 册 地：陇南市西和县

主营业务：办公用品销售

从业人员数（人）：3

销售额（万元）：9.6

资产总额（万元）：7

1073 大方印刷厂

注 册 地：陇南市西和县

主营业务：印刷

从业人员数（人）：4

销售额（万元）：24

资产总额（万元）：15

1074 阳光打印中心

注 册 地：陇南市西和县

主营业务：打字复印

从业人员数（人）：2

销售额（万元）：3.6

资产总额（万元）：4.5

1075 博艺电脑服务中心

注 册 地：陇南市西和县

主营业务：打字复印

从业人员数（人）：1

销售额（万元）：4.8

资产总额（万元）：4

1076 两当县君荣印刷厂

注 册 地：陇南市两当县

主营业务：广告制作；办公服务；字画装裱；
印刷品销售

从业人员数（人）：10

销售额（万元）：120

资产总额（万元）：240

1077 堡子彩印包装有限责任公司

注 册 地：临夏州临夏市穆斯林公墓区桥头
向北 100 米处

主营业务：印刷制品

从业人员数（人）：30

销售额（万元）：46

资产总额（万元）：150

1078 勤学教育印刷厂

注 册 地：临夏州临夏市环城东路职教中心
院内

主营业务：印刷制品

从业人员数（人）：8

销售额（万元）：28

资产总额（万元）：50

简　　介：勤学教育印刷厂位于临夏市环城
东路职教中心院内，成立于 2002 年，占地

面积为 200 平方米，印刷设备 2 台，从业人
数 5 人。

1079 临夏市中学印刷厂

注 册 地：临夏市新生路 36 号

主营业务：印刷制品

从业人员数（人）：30

销售额（万元）：139.13

资产总额（万元）：224.98

简　　介：临夏市中学印刷厂位于临夏市新
生路 36 号，占地面积为 120 平方米，印刷
设备 2 台。从业人数 10 人，大专以上学历 2 人。

1080 临夏市利民印刷厂

注 册 地：临夏州临夏市新华街 3 号楼院内

主营业务：印刷制品

从业人员数（人）：10

销售额（万元）：60

资产总额（万元）：88

简　　介：临夏市利民印刷厂位于临夏市新
华街 3 号楼院内，占地面积为 280 平方米，
印刷设备 6 台，共有工作人员 5 人。公司新
引进了大型印刷机 2 台（其中对开机 1 台），
色彩更加细腻丰富，极大的提高了印刷套色
的准确性和完美性。公司在印后装帧方面，
拥有 PJLX450 胶装联动线及烫金、覆膜、压
痕、模切、折页、锁线、骑马订、打孔、裁切、
压平等全套生产线，可为客户生产加工不同
需求不同层次的印刷品。

1081 临夏市星光印刷厂

注 册 地：临夏州临夏市红园路 4 号

主营业务：印刷制品

从业人员数（人）：7

销售额（万元）：34

资产总额（万元）：81

1082 临夏市名族印刷有限责任公司

注　册　地：临夏州临夏市滨河东路

主营业务：印刷制品

从业人员数（人）：35

销售额（万元）：109

资产总额（万元）：476

1083 兴强印刷厂

注　册　地：临夏州临夏县

主营业务：图书印刷

从业人员数（人）：8

销售额（万元）：25

资产总额（万元）：50

简　　　介：兴强印刷厂成立于 2009 年 12 月，位于临夏县土桥镇粮站院内，占地面积 200 平方米，拥有三台印刷设备，共有 8 名工作人员，主要从事课本印刷业务。

1084 临夏州印杰印务有限责任公司

注　册　地：临夏州临夏县

主营业务：课本印刷

从业人员数（人）：16

销售额（万元）：150

资产总额（万元）：200

1085 艺神电脑服务部

注　册　地：临夏州临夏县

主营业务：电脑维修；打字复印

从业人员数（人）：1

销售额（万元）：0.5

资产总额（万元）：1.5

1086 鎏色印影工作室

注　册　地：临夏州临夏县

主营业务：照相；打字复印

从业人员数（人）：1

销售额（万元）：2

资产总额（万元）：3

1087 博文印刷厂

注　册　地：临夏州临夏县

主营业务：课本印刷

从业人员数（人）：9

销售额（万元）：46.6

资产总额（万元）：55

1088 康乐县振宏印刷厂

注　册　地：临夏州康乐县何家沟

主营业务：印刷

从业人员数（人）：4

销售额（万元）：7

资产总额（万元）：50

1089 康乐县明达印刷厂

注　册　地：临夏州康乐县陈家磨

主营业务：印刷

从业人员数（人）：7

销售额（万元）：11.7

资产总额（万元）：50

1090 康乐县文化教育印刷厂

注　册　地：临夏州康乐县中元村 28 号

主营业务：印刷

从业人员数（人）：4

销售额（万元）：80

资产总额（万元）：60

1091 康乐县广源印刷厂

注　册　地：临夏州康乐县县城南街 77 号

主营业务：广告制作、打字复印、印刷

主要产品：广告制作

从业人员数（人）：18

销售额（万元）：407

资产总额（万元）：60

1092 永靖县嘉艺科技有限责任公司

注 册 地: 临夏州永靖县

主营业务: 打字复印、广告制作

从业人员数（人）: 4

销售额（万元）: 10

资产总额（万元）: 15

1093 永靖县艺诚广告传媒有限责任公司

注 册 地: 临夏州永靖县

主营业务: 打字复印、广告制作

从业人员数（人）: 8

销售额（万元）: 20

资产总额（万元）: 30

简 介: 永靖县艺诚广告传媒有限责任公司是由 1996 年成立的利民打印部发展起来的, 是一家技术先进、实力雄厚, 集打字复印、广告设计、户外广告、楼顶广告、数码写真、喷绘、条幅、锦旗招牌、标牌于一身的综合性广告公司。主要经营门头 LED 发光字、吸塑发光字、超薄灯箱、水晶灯箱、吸塑灯箱、水晶字、PVC 字、标志标牌。公司现有工作人员 8 名, 3 名设计, 3 名安装师, 2 名学徒。

1094 临夏州瑞阳印刷有限公司

注 册 地: 临夏州广河县城光镇

主营业务: 文头、表格、联单、高速复印、无线胶装

从业人员数（人）: 3

销售额（万元）: 2

资产总额（万元）: 100

1095 和政县南阳印刷厂

注 册 地: 临夏州和政县

主营业务: 主要生产学生作业本、办公稿纸、各种表格、文件等

从业人员数（人）: 8

销售额（万元）: 234

资产总额（万元）: 400

简 介: 和政县南阳印刷厂成立 1985 年 1 月, 生产厂地在新庄乡槐庄村, 经营铺面在县城东街 25—1 号, 厂房及营业面积 650 平方米, 现有员工 16 人, 有各种印刷机、切纸机等 6 台, 电脑及附属设施 8 台。主要生产学生作业本、办公稿纸、各种表格、文件等。

1096 和政县一中印刷厂

注 册 地: 临夏州和政县

主营业务: 教学办公及印刷品

从业人员数（人）: 8

销售额（万元）: 218

资产总额（万元）: 350

1097 国燕文化用品店

注 册 地: 临夏州积石山县临夏路

主营业务: 打字复印

从业人员数（人）: 1

销售额（万元）: 3

资产总额（万元）: 2

1098 凌云现代化办公服务中心

注 册 地: 临夏州积石山县环城西路

主营业务: 打字复印

从业人员数（人）: 1

销售额（万元）: 7.5

资产总额（万元）: 20

1099 积石山逸晨广告

注 册 地: 临夏州积石山县临夏路

主营业务: 打字复印

从业人员数（人）: 1

销售额（万元）: 4

资产总额（万元）: 3

1100 鸿宇广告

注 册 地：临夏州积石山县环城西路

主营业务：打字复印

从业人员数（人）：1

销售额（万元）：4

资产总额（万元）：3

1101 酷拍天下特效摄影

注 册 地：临夏州积石山县滨河路

主营业务：打字复印

从业人员数（人）：1

销售额（万元）：4

资产总额（万元）：7

1102 积石山县宗来打字复印部

注 册 地：临夏州积石山县银川街道

主营业务：打字复印

从业人员数（人）：1

销售额（万元）：3.5

资产总额（万元）：2

1103 积石山县吹麻滩宏运工程图文店

注 册 地：临夏州积石山县临夏路

主营业务：打字复印

从业人员数（人）：3

销售额（万元）：6

资产总额（万元）：10

1104 积石山县新艺影数码照相

注 册 地：临夏州积石山县别藏街道

主营业务：打字复印

从业人员数（人）：1

销售额（万元）：3.2

资产总额（万元）：1.5

1105 星光传媒复印部

注 册 地：临夏州积石山县二环北路

主营业务：打字复印

从业人员数（人）：1

销售额（万元）：12

资产总额（万元）：20

1106 义龙打字复印装饰部

注 册 地：临夏州积石山县文化路

主营业务：打字复印

从业人员数（人）：1

销售额（万元）：5.4

资产总额（万元）：6

1107 积石山县佳友文体

注 册 地：临夏州积石山县居集街道

主营业务：打字复印

从业人员数（人）：1

销售额（万元）：3.5

资产总额（万元）：2

1108 积石山县松鹤打字复印

注 册 地：临夏州积石山县银川街道

主营业务：打字复印

从业人员数（人）：1

销售额（万元）：2

资产总额（万元）：1.5

1109 积石山县海林打字复印

注 册 地：临夏州积石山县居集街道

主营业务：打字复印

从业人员数（人）：1

销售额（万元）：3

资产总额（万元）：2

1110 虹桥电脑科技

注 册 地：临夏州积石山县利民街

主营业务：打字复印

从业人员数（人）：1

销售额（万元）：8.5

资产总额（万元）：20

1111 义龙艺术装饰

注　册　地：临夏州积石山县大河路

主营业务：打字复印

从业人员数（人）：1

销售额（万元）：3

资产总额（万元）：1.5

1112 积石山县智源打字复印部

注　册　地：临夏州积石山县文化路

主营业务：打字复印

从业人员数（人）：1

销售额（万元）：3.5

资产总额（万元）：3

1113 积石山县天卓印务有限公司

注　册　地：临夏州积石山县振兴路

主营业务：打字复印

从业人员数（人）：2

销售额（万元）：13

资产总额（万元）：50

1114 燕燕复印部

注　册　地：临夏州积石山县利民街

主营业务：打字复印

从业人员数（人）：1

销售额（万元）：7

资产总额（万元）：7

1115 利源影楼打字复印

注　册　地：临夏州积石山县居集街道

主营业务：打字复印

从业人员数（人）：2

销售额（万元）：6.3

资产总额（万元）：7

1116 新华快印

注　册　地：临夏州积石山县临夏路

主营业务：打字复印

从业人员数（人）：1

销售额（万元）：5.5

资产总额（万元）：6

1117 程云数码

注　册　地：临夏州积石山县居集街道

主营业务：打字复印

从业人员数（人）：1

销售额（万元）：3

资产总额（万元）：2

1118 宏伟打字复印

注　册　地：临夏州积石山县局集街道

主营业务：打字复印

从业人员数（人）：1

销售额（万元）：3.5

资产总额（万元）：3

1119 春瑞数码婚纱摄影

注　册　地：临夏州积石山县大河家镇

主营业务：打字复印

从业人员数（人）：1

销售额（万元）：15

资产总额（万元）：10

1120 艺海装饰部

注　册　地：临夏州积石山县文化路

主营业务：打字复印

从业人员数（人）：1

销售额（万元）：3

资产总额（万元）：2

1121 启慧打字复印室

注　册　地：临夏州积石山县花园路

主营业务：打字复印

从业人员数（人）：1

销售额（万元）：3

资产总额（万元）：1.2

1122 博艺广告

注 册 地：临夏州积石山县利民街

主营业务：打字复印

从业人员数（人）：1

销售额（万元）：5.5

资产总额（万元）：3

1123 炫彩广告

注 册 地：临夏州积石山县文化路

主营业务：打字复印

从业人员数（人）：1

销售额（万元）：2.5

资产总额（万元）：5

1124 新科刻章复印店

注 册 地：临夏州积石山县振兴街

主营业务：打字复印

从业人员数（人）：1

销售额（万元）：3

资产总额（万元）：2

1125 积石山县丽影照相馆

注 册 地：临夏州积石山别藏街道

主营业务：打字复印

从业人员数（人）：1

销售额（万元）：3

资产总额（万元）：1.5

1126 东方打字复印

注 册 地：临夏州积石山县大河家街道

主营业务：打字复印

从业人员数（人）：2

销售额（万元）：12

资产总额（万元）：10

1127 鑫源装饰

注 册 地：临夏州积石山县文化路

主营业务：打字复印

从业人员数（人）：1

销售额（万元）：3.5

资产总额（万元）：1.5

1128 积石山县顺鑫复印店

注 册 地：临夏州积石山县文化路

主营业务：打字复印

从业人员数（人）：1

销售额（万元）：2.5

资产总额（万元）：4

1129 翔凤装饰设计制作室

注 册 地：临夏州积石山县文化路

主营业务：打字复印

从业人员数（人）：1

销售额（万元）：3

资产总额（万元）：1

1130 星光传媒复印部

注 册 地：临夏州积石山县二环北路

主营业务：打字复印

从业人员数（人）：1

销售额（万元）：12

资产总额（万元）：20

1131 甘肃盛源电子科技有限公司甘南州分公司

注 册 地：甘南州

主营业务：主要经营 HP 全系列产品，承接系统集成、网络安全、安防监控、电子教室，网站建设等工程

从业人员数（人）：5
销售额（万元）：35
资产总额（万元）：1000
简　　介：甘肃盛源电子科技有限公司甘南州分公司成立于 2007 年，注册资金 1000 万元。从业人员 5 人，用户涉及政府，企业，教育，交通等多种行业。

1132　玛曲县蕙森神舟电脑复印部

注 册 地：甘南州玛曲县
主营业务：打字复印；打印机、复印机销售及维修

从业人员数（人）：3
销售额（万元）：1
资产总额（万元）：10

1133　玛曲县恒丰印刷厂

注 册 地：甘南州玛曲县
主营业务：联单、宣传单、文件处理单、文头纸、便函印刷
从业人员数（人）：4
销售额（万元）：3
资产总额（万元）：10

甘肃省文化资源名录

　　在甘肃进行全面性的文化资源普查属于首次，将普查成果汇编成大型的文化资源名录在国内也属于前列。《甘肃省文化资源名录》是按照《甘肃省文化提升行动协调推进领导小组工作方案》和《甘肃省文化资源普查和分类分级评估工作实施方案》要求推出的重要成果。经过甘肃省文化资源普查和分类分级评估工作领导小组办公室组织 40 多名专家学者，在甘肃省文化资源普查平台数据库基础上，历时两年精心编排，终于完成书稿，这是参与全省文化资源普查的所有工作人员集体智慧的结晶。

　　甘肃省委原常委、省委宣传部原部长连辑，甘肃省委常委、省委组织部部长梁言顺，甘肃省委常委、省委宣传部部长陈青，先后领导和部署了本名录的编辑出版工作。省委宣传部原副部长、省社科院原院长范鹏研究员协调推进了本名录的编写。甘肃省社科院院长王福生研究员组织实施了本名录的策划设计、内容编排、审定并最终定稿。甘肃省社科院副院长马廷旭研究员负责了审稿、统稿和出版发行事宜。刘玉顺同志全程负责了书稿编排工作。

　　在《甘肃省文化资源名录》面世之际，感谢甘肃省文化提升行动协调推进领导小组各位领导的大力支持与关心，感谢参与普查工作的各市（州）县（区）、有关省直厅局的鼎力相助，感谢参与普查的专家学者和基层工作人员的辛勤付出，感谢中国书籍出版社为本名录的出版所做的努力，感谢所有关心关注本名录的人们。《甘肃省文化资源名录》是从盘清全省文化资源家底的角度入手，收录范围极其宽泛，有部分内容还存在缺项，有的资源没有资源简介，有的资源缺图片等等，给该书的出版留下了遗憾（该套丛书普查数据截至 2012 年 12 月 31 日）。同时，由于我们的水平有限，可能还有错讹疏漏之处，恳请读者随时批评指正，以便在将来进一步完善和修订。

甘肃省社会科学院

2017 年 7 月

甘肃省文化资源名录
总书目

甘肃省文化资源名录
总书目